Dipl.-Mil.-Wiss. Peter Hofmann

FRIEDLAND

Mecklenburg

Chronik einer Stadt
in den Wirren der Geschichte

ISBN 3-9805343-2-4
© Verlag Druckerei Steffen GmbH

Zusammenstellung: Dipl.-Mil.-Wiss. Peter Hofmann
Satz, Druck und Bindung: Druckerei Steffen, Friedland/Meckl.

Blick über den Mühlenteich zur Marienkirche

Weg am Mühlenteich

Ehrenmal für die Gefallenen des Deutsch-Französischen Krieges 1870/71

Der August-Bebel-Platz

Der „Mecklenburger Hof" und das Neubrandenburger Tor

Der Boulevard von Friedland

Friederike-Krüger-Schule

Das Neubrandenburger Tor

Das Friedländer Heimatmuseum

Friedland aus der Vogelperspektive

Vorwort

Siebenmal zerstörten Kriege unsere Stadt Friedland. Kriege, die auf dem Rücken der Friedländer ausgetragen wurden. Kriege, die sie eigentlich nichts angingen.
Immer wieder sorgten der Fleiß und der Mut der Einwohner Friedlands für das Weiterleben der Stadt und für die Beseitigung der Wunden, die die Kriege schlugen. Und immer wieder war es die feste Verwurzelung mit ihrer Heimatstadt Friedland, die den Bürgern Mut und Kraft für einen Neubeginn gaben.

Diesen Heimatsinn gilt es, auch für die heute lebenden Generationen Friedländer Bürger zu wahren und weiterzuentwickeln, um die schweren vor uns noch stehenden Aufgaben zu meistern, die die Zeitenwende mit sich brachte.

Heimat, das ist im engeren Sinne die nähere Umgebung, in der ein Mensch aufwächst. Es ist die Eigenart der Landschaft, die Sitten und Gebräuche der Region. Und nicht zuletzt sind es die Traditionen und die geschichtlichen Erfahrungen, die Konflikte und der Streit, Aufblühen und Niedergang und wieder Aufblühen eines Gemeinwesens. All das ist auch verbunden mit der Stadt, in der wir leben, all das ist unsere Heimat, all das ist ein Stück von uns. Der bekannte Friedländer Heimatkundler Karl Spietz sagte einmal: „Die Heimat kann man nur lieben, wenn man sie kennt."

Drei Chronisten haben die Geschichte unserer Stadt bereits beschrieben: Enoch Friedrich Simonis 1739, Dr. Werner Reinhold 1838 und Pastor Achim Meyer 1896.
Viele weitere Arbeiten befaßten sich in den vergangenen Jahrzehnten mit der 750jährigen Entwicklung unserer Stadt. Vor allem sind hier zu nennen die heimatgeschichtlichen Arbeiten von Herrn Karl Spietz und Herrn Frank Erstling.

Mein Anliegen war es, auf der Grundlage der vorhandenen alten Chroniken und der unzähligen einzelnen Veröffentlichungen alles Wissenswerte über die Stadt Friedland zu sammeln und zu einer neuen Chronik zusammenzustellen. Besonderer Dank gilt dabei

Herrn Lehrer Kaehler. Er hat in vielen Gesprächen vorhandenes Material durch seine eigenen Erfahrungen und Erlebnisse ergänzt und privates Material zur Auswertung bereitgestellt. Ein Dankeschön gebührt ebenfalls Herrn Alfred Schulz von der Mecklenburger Landsmannschaft für die Ermunterung zu dieser Arbeit, die grundlegenden Materialien, die er zur Verfügung stellte, und die vielen korrigierenden Hinweise. Damit hat Herr Schulz ebenfalls zur Bereicherung der vorliegenden Arbeit beigetragen.

Möge diese neue Chronik helfen, in den lebenden und den folgenden Generationen die Verbundenheit zu ihrer, unserer Stadt Friedland zu festigen.
Möge sie allen Bürgern dieser schönen Stadt im schönen Land Mecklenburg/Vorpommern Kraft geben, wie ihre Vorfahren mit allen Unbilden der Zeitenläufe fertig zu werden.
Möge die Zeit kommen, in der Friedland – wie der Name es sagt – uns allen eine Heimat in Frieden bleibt.

Friedland, im November 1998   Peter Hofmann

Inhalt

Anhang 1:   Das Stadtwappen der Stadt Friedland
Anhang 2:   Bürgermeister der Stadt
Anhang 3:   Rektoren der Gelehrtenschule,
                                des Realreformgymnasiums und des Gymnasiums
Anhang 4:   Friedländer evangelische Prediger
Anhang 5:   Friedländer katholische Prediger
Anhang 6:   Stammtafel des mecklenburgischen Fürstenhauses

Quellennachweis
Meßtischblatt Friedland

„Wer keine Vergangenheit haben will,
hat auch keine Zukunft."
(Alexander von Humboldt)

1. Die Ur- und Frühgeschichte (bis zum Beginn unserer Zeitrechnung)

Die Region um unsere Stadt Friedland nahm in allen geschichtlichen Perioden eine besondere Stellung ein. Sie verdankt dies ihrer geographischen Lage und ihrer Oberflächenstruktur. Entstanden ist diese Oberflächenstruktur in der letzten, pleistozänen Eiszeit. Es war die Epoche umfangreicher Vereisungen in Nord- und Mitteleuropa. Warm- und Kaltzeiten wechselten einander ab.

Infolge des Abfalls und Wiederanstiegs der Jahresmitteltemperaturen drangen die eiszeitlichen Gletscher aus dem skandinavischen Raum mehrmals über die heutige Ostsee nach Süden vor. Sie legten sich dann als geschlossene Inlandeisdecke über große Gebiete des hiesigen Tieflandes.

Beim Abschmelzen hinterließen sie Gesteinsschutt, den sie beim Vorrücken aus dem Untergrund aufgenommen hatten. Solche Ablagerungen sind auch in der Friedländer Region zu erkennen. Anhäufungen solchen Gesteinsschutts finden sich beispielsweise in der Ramelower Gegend.

Eine Eisrandlage zum Ende der letzten Eiszeit, der sogenannten Weichseleiszeit, schuf das Inlandeis auch in der weiteren Umgebung Friedlands. Hier entstanden mehrere hintereinanderliegende Endmoränenbögen und Schmelzwasserrinnen. So wurden zum Beispiel südlich von Ferdinandshof durch die Eismassen Geländepressionen ausgeschürft. Heute befindet sich dort der Galenbecker See.

Auch der Putzarer und Lübkower See sind Überreste einer gewaltigen Wasserfläche aus Schmelzwasser der Eiszeitgletscher. Die ausgeschürften Massen bei Ferdinandshof wurden weiter südlich wieder aufgestaucht. Es entstand der markante Endmoränenzug, die sogenannte Rosentaler Staffel, zu der auch die Brohmer Berge gehören.

Der für Friedland charakteristische blaugraue Ton wurde ebenfalls tief unter der Oberfläche zusammengepreßt und an die Oberfläche gedrückt. Diese Tonlagerstätten bilden nach Ansicht von Geologen eine oberflächlich nicht mehr erkennbare Fortsetzung der bereits genannten Rosentaler Staffel.

Viele Totsteinblöcke und Sandablagerungen zeugen heute noch von den Bewegungen der Eiszeit in unserer Gegend. Auch das Becken des Tollensesees entstand durch das Vorrücken von Gletschern bis in den Bereich des heutigen Neubrandenburgs. Erst um das 10. Jahrtausend vor unserer Zeitrechnung klang die Eiszeit im norddeutschen Gebiet ab. Bis zu dieser Zeitspanne war eine Besiedlung dieser Region nicht möglich.

Die in Europa wichtigste Periode nach der letzten Eiszeit war die Mittelsteinzeit (etwa 8000 bis 3000 v. u. Z.). Von dieser Zeit an läßt sich eine Besiedlung im Norden Europas nördlich und südlich der Ostsee nachweisen. Es trat eine allgemeine Erwärmung ein. Durch das entstandene feuchtwarme Klima entwickelte sich ein üppiger, undurchdringlicher Pflanzenbewuchs. Viele Urwälder bildeten sich. Sie waren durchsetzt mit Eichen, Linden, Ulmen und Ahorn. Und die sich am Ende der Eiszeit durch das Abschmelzen der Gletscher bildenden Seen und Wasserläufe waren sehr bald fischreich. Vor allem Hechte und Brassen tummelten sich in ihnen. In den Urwäldern lebten viele Wildarten – Ur, Bär, Elch, Wildschwein, Rothirsch und Reh, aber auch Wolf, Iltis, Luchs und Fischotter waren Tiere in unserer Gegend, die jagdbar waren. Damit waren Nahrungsquellen für eine menschliche Besiedlung vorhanden.

Unsere Gegend wurde etwa um 8000 v.u.Z. von Menschen besiedelt. Es waren nomadisierende Gruppen von Steinzeitmenschen, die die Wälder hier durchstreiften. Bei diesen Horden herrschte noch eine aneignende Wirtschaftsform. Neben Jagd und Sammeln wurde Fischfang betrieben.

Das Gebiet um das heutige Friedland war zu urgeschichtlicher Zeit schwer zugänglich und bot natürlichen Schutz. Es lag auf einer von Moor, Wasserläufen und Seen umgebenen Erhöhung. Kein anderer Teil des Gebietes bot eine so günstige Schutzlage an. Das begünstigte in der Folgezeit die Entwicklung zur seßhafteren Lebensweise in unserer Region.

Etwa um 4000 v.u.Z., also zu Beginn der Jungsteinzeit (4500 bis 1800 v.u.Z.), drangen von Süden Stämme mit einer höher entwikkelten Produktionsweise in unser Gebiet ein. Sie brachten aus dem Donaugebiet eine völlig neue Wirtschaftsweise nach dem Norden mit. Diese Stämme betrieben bereits Ackerbau und Viehzucht. Sie bevorzugten eine seßhafte Lebensweise.

Die hier im Norden lebenden Steinzeitmenschen wurden durch diesen Einfluß ebenfalls langsam seßhaft. Auch in unserer Region setzten sich Ackerbau und Viehzucht zur Bestreitung des Lebensunterhaltes durch. Dabei stand der Ackerbau bei den hier ansässigen Menschen an zweiter Stelle. Sie waren in erster Linie Viehzüchter.

Ab etwa 3000 v.u.Z. beginnt man in unserem Territorium Haustiere zu halten und zu züchten. Und erst ab zirka 1200 v.u.Z. erlangt der Ackerbau hier bei uns eine steigende Bedeutung.

Durch die Entwicklung zur Seßhaftigkeit ergab sich die Notwendigkeit, kleine weilerartige feste Siedlungen anzulegen. Die sehr unterschiedlichen Wettererscheinungen in den vier Jahreszeiten begünstigten die Entstehung geschlossener Wohnstätten. Innerhalb der Wohnstätte, mitten im Raum, errichtete man die offene Feuerstelle. Sie war an den Seiten durch Feldsteine begrenzt. In diesen Wohnstätten spielte sich das ganze Leben der gesamten Sippe ab.

Diese Entwicklung erstreckte sich über mehrere Jahrtausende. Man bezeichnet sie als „Agrarische Revolution der Produktivkräfte". Akker- und Weideland wurden zu den wichtigsten Produktionsmitteln der Menschen. In dieser Periode gingen auch die Menschen in unserer Gegend zur bewußten Aneignung von Nahrungsmitteln durch

Ackerbau und Viehzucht über. Neue handwerkliche Fertigkeiten wie Steinschliff und -bohrung, Töpferei, Spinnen und Weben bildeten sich heraus. Hauptverarbeitungsmaterialien waren Naturrohstoffe wie Holz, Leder, Stein, Knochen, Bast usw. Besonders wichtig war die Entwicklung der Töpferei und der Gewebeherstellung in dieser Periode. Typische Keramikformen der Jungsteinzeit in unserer Gegend waren die Trichterbecher- und Kugelamphorentechnik, wie zahlreiche Funde beweisen.

Die Gentilordnung in Form der Sippe und Großfamilie hatte sich voll ausgebildet. Darauf lassen Ausgrabungen von geschlossenen Siedlungen und gefundene Gruppenbestattungen schließen. Die Bestattung der toten Sippenangehörigen erfolgte zunächst in Flachgräbern. Hier im Norden kam später die Großsteingrabsitte auf.

Eine solche etwa 4000 Jahre alte Körperbestattung fand man unter anderem auf dem Gelände des alten Friedländer Wasserwerkes an der Woldegker Chaussee in der Nähe des heutigen Schwimmbades.

Im Laufe der Entwicklung ging man dazu über, die Toten zu verbrennen. Die meisten wurden dann in Urnen aus Ton, seltener aus Holz, zusammen mit Resten des Scheiterhaufens beerdigt. Häufig findet man in unserer Gegend die „Steinkistengräber". Sie lösten in der letzten Periode der Steinzeit die Hünengräber ab. In diesen Steinkistengräbern bestatteten die Menschen nach der Verbrennung die Urnen. Um die Urnen herum und darüber setzte man kunstvoll Steine. Diese Steinkistengräber wurden aus großen, meist rechteckigen Steinen verschiedener Länge und Höhe aufgebaut. Die Breitseite der Steine war stets nach innen gestellt. Einen Eingang gab es nicht. In der Regel waren diese Gräber mit einer einzigen Platte überdeckt. Bis zu 5000 kg schwere Platten konnten zu einem Grab gehören.

Die revolutionierende Entwicklung der Produktionsweise in der Jungsteinzeit führte zu einem Überschuß an Nahrungsmitteln. Das wiederum begünstigte das Anwachsen der Bevölkerung. Arbeitsteilung und Kooperation innerhalb der Gemeinschaften entwickelten sich. Neue gesellschaftliche Organisationsformen innerhalb der Sippen entstanden. In der Jungsteinzeit erreichte die Urgesellschaft ihre höchste Blüte. Aus Grabbeigaben und -ausstattungen läßt sich gleichlaufend eine fortschreitende soziale Differenzierung nachweisen.

Im Gebiet um Friedland und Neubrandenburg setzte sich diese neue Produktionsweise nur langsam durch. Die hier ansässigen Sippen waren zwar relativ seßhaft. Sie behielten aber Jagd und Fischfang als Hauptzweig des Nahrungserwerbs bei. Das hing sicher mit dem Leben in einer urwald- und wasserreichen Gegend hier in unserer Region zusammen. Die Großfamilien, die unsere Gegend bewohnten, betrieben nur eine geringe Vorratswirtschaft. Auch in der Umgebung von Friedland sind Überreste jungsteinzeitlicher Besiedlung an mehreren Fundorten nachzuweisen.

Durch die Suche nach neuen Jagdrevieren und während ihrer Wanderungen mit den Viehherden begannen die Menschen Kontakte mit anderen, südlicher wohnenden Stämmen aufzunehmen. Sie tauschten Fleisch und andere Tierprodukte gegen die bei diesen Stämmen bereits aufkommende Bronze.

Nachweisbar ist die Verarbeitung von Metall, vor allem Bronze und Kupfer, erstmalig mit Beginn der Bronzezeit (1800 bis 750 v.u.Z.). Die dabei erforderliche Weiterentwicklung der Arbeitsweisen führte zwangsläufig zu einem weiteren gewaltigen Anstieg der Produktivkräfte. Gleichzeitig löste die Einführung der Bronze einen großen kulturellen Aufschwung aus. Das ästhetische Empfinden der Menschen bei der Verarbeitung der Materialien wie Bronze, Ton und anderen wuchs. Dieser kulturelle Aufschwung wirkte sich bis in gesellschaftliche Bereiche aus. Es kam zum Zusammenschluß von Sippen und Stämmen zu Stammesgruppen. Die Gentilordnung bildete sich weiter aus. Es entwickelte sich die soziale Differenzierung der Urgesellschaft.

Der Gebrauch von Bronzegegenständen setzte sich im Gebiet um Friedland – Neubrandenburg etwa um 1800 v.u.Z. durch. Die zunehmende Spezialisierung in der Verarbeitung der Bronze leitet auch die Entstehung des Handwerks ein. Nach und nach bilden sich die sozialen Schichten der Handwerker und notwendigerweise der Händler heraus. Häuptlinge und Priester erhoben sich als soziale Oberschicht.

Da in unserer Gegend Kupfer und Zinn als Rohstoffe für die Herstellung von Bronze nicht vorhanden waren, machte sich ein sparsamer Einsatz der eingetauschten Bronze notwendig. Deshalb wurden in unserem Gebiet die bisherigen Rohstoffe wie Knochen und Stein weiterhin verwendet.

Bereits während dieser frühen Bronzezeit bildete sich gegenüber den südlichen Regionen im gesamten späteren mecklenburgischen Gebiet eine eigenständige wirtschaftliche und kulturelle Entwicklung heraus. Das wird auch durch Fundstücke aus der Gemarkung Friedland belegt.

Eine weitere Folge des stetigen Anstieges der Produktivkräfte und der Weiterentwicklung der Gentilordnung war das Entstehen von Siedlungsplätzen. Es waren meist großzügig angelegte Siedlungen mit Wohn- und Stallbauten. Acker- und Weideland umgaben sie. Der Ackerbau erlangte wieder zunehmende Bedeutung. Die herrschende Hausform war ein Haus mit meist unregelmäßigem viereckigem Grundriß. Senkrechte, auf einer Steinunterlage ruhende und seitlich mit Steinen verkeilte Pfosten wurden durch waagerecht übereinandergelegte dicke und mit Ruten zusammengebundene Baumstämme verbunden. Eine Mittelwand schied das Haus in einen größeren Herdraum und einen kleineren Vorhallenraum. Daneben entstanden stark befestigte Burgwälle als Stammeszentren mit entsprechenden Verteidigungsanlagen.

Seit Beginn der Bronzezeit wurde die Urnenbestattung wieder von einer Leichenbestattung abgelöst. Die Bestattung erfolgte zunächst in Flachgräbern, später in Hügelgräbern (Hügelgräberkultur) als Körperbestattung in Form der Hocker. In der Regel wurden ein bis zwei Tote in einem solchen Hügelgrab bestattet. Sozial höher-

stehende Sippenangehörige erhielten oft ein extra großes Hügelgrab.

Die ältesten in unserer Region gefundenen Grabstätten aus dieser
Epoche sind einige Flachgräber und ein Großsteingrab im Nordwest-
zipfel der Gemarkung Friedland. Besonders interessant waren die
archäologischen Funde in den Hügelgräbern von Salow, Dishley,
im Schwanbecker Holz, Lübbersdorf, Sandhagen, Kotelow und
Klockow. Diese Funde beweisen, daß in der Gegend um das heutige Friedland bereits in der Bronzezeit menschliche Siedlungen bestanden haben müssen, deren Bewohner nach ihrem Tod in diesen
Gräbern beigesetzt wurden.

Eine weitere Entwicklung des Totenkults zeigte sich ab etwa 1200
v.u.Z. Man ging wieder zur Brandbestattung über. Bei der Leichen-
verbrennung wurden die Knochenreste nach sorgfältiger Reinigung
in der Regel in Urnen beigesetzt. Diese Urnengräber bildeten Urnen-
felder mit oft mehreren hundert Einzelgräbern.

In der Religion der bronzezeitlichen Menschen nahm die Sonne
einen zentralen Platz ein. Sie wurde in der Vorstellung der Menschen von einem Wagen über den Himmel gezogen. Auch der
Fruchtbarkeitskult, der Toten- und Opferkult und Beschwörungen
entwickelten sich in dieser Periode. Das alles spielte eine wichtige
Rolle im Leben der damaligen Gemeinschaften. Davon zeugen auch
die eigentümlichen, sicher als Fruchtbarkeitszauber dienenden „Kes-
selwagen" von Peckatel.

Etwa im 9. Jahrhundert v.u.Z. brachen, wahrscheinlich durch
Stammesverschiebungen, die Tauschwege nach Süden zusammen.

Die Einfuhr des Rohstoffes Bronze zur Werkzeuggestaltung und
der Produktion anderer Erzeugnisse kam fast zum Erliegen. Notge-
drungen wurde wieder auf die alten Rohstoffe wie Stein und Knochen zur Werkzeug- und Schmuckherstellung zurückgegriffen.

Um das 6. Jahrhundert v.u.Z. endete im gesamten Gebiet von
Nordeuropa die nordische Bronzezeit.

Ab etwa 600 v.u.Z. spricht man von der Eisenzeit. Sie ist die jüngste der urgeschichtlichen Zeitperioden. Oft nennt man sie auch die Germanenzeit, weil sie durch die in Nordeuropa weit über die Eisenzeit hinaus lebenden germanischen Stämme geprägt wurde.

Nach dem Versiegen der Rohstoffquellen für die Bronzeherstellung mußte ein Äquivalent für die Herstellung von Werkzeugen, Schmuck und Hausgeräten gefunden werden. Von den südlicher lebenden Kelten lernten die hier im Norden ansässigen Stämme schließlich die Nutzung von Eisen als Rohstoff. Man begann, aus Raseneisenerz im Hüttenverfahren Eisen zu gewinnen. Da dieses Raseneisenerz auch hier im Norden gefunden wurde, war man von der Zuführung von Metallrohstoffen aus anderen Gebieten unabhängiger geworden. Der allmähliche Übergang zur Gewinnung und Verarbeitung von Eisen war ein wichtiger wirtschaftlicher Fortschritt. Im Laufe der Zeit spezialisierten sich einzelne Stammesangehörige bei der Herstellung der für das Leben erforderlichen Waffen und Gerätschaften. Sie produzierten diese Gegenstände für alle Stammesangehörigen nach Bedarf. Gefäße aus Ton und Stoffe dagegen wurden nach wie vor in Hausarbeit von jeder Familie selbst gefertigt. Bronze blieb aber als Schmuckmetall weiter in der Verwendung.

Die germanische Kultur war ein weiterer Höhepunkt in der urgeschichtlichen Entwicklung. Töpferei und Bronzekunst erreichten eine neue Blüte. Vor allem die Keramikherstellung aus dem in unserem Gebiet vorhandenen blauschwarzen Ton brachte rädchenverzierte Gefäße und Terrinen hervor.

Aus dieser Zeit sind auch zahlreiche Siedlungsplätze in unserer Gegend gefunden worden. Sie lassen auf eine relativ dichte Besiedlung schließen. Ein solcher Siedlungsplatz ist nordöstlich von Friedland, unweit der Friedländer Tannen bei Heinrichshöh zu suchen. Man nutzte ihn wahrscheinlich bis ins 6. Jahrhundert u.Z. Ausgewiesen wurde er durch ein Urnenfeld, das man bei Abtragungen in der ehemaligen Kleinbahnkiesgrube fand.

Diese Siedlungen bestanden meist aus mehreren Gehöften von Großfamilien. Mehrere solcher Siedlungen gehörten zu einem ger-

manischen Stamm. Nahrungsgrundlage war nach wie vor die Viehzucht; in zweiter Linie Ackerbau, Jagd und Fischfang.

Durch die Zunahme der Arbeitsteilung und den teilweisen Übergang zur einfachen Warenproduktion bildete sich eine höhere Form
der Gentilordnung heraus. Es entstand eine Gentilaristokratie. Befestigte Herrensitze wurden errichtet. Die einflußreichen Angehörigen einer Stammesoberschicht, Häuptlinge und Adlige, scharten
andere Stammesangehörige als Gefolgsleute um sich. Es bildeten
sich ständige Kriegerscharen heraus. Diese Stammesoberschicht
löste sich nach und nach aus den blutsverwandschaftlichen Bin-
dungen ihres Stammes. Sie beteiligten sich auch nicht mehr an der
Sorge um die Bereitstellung der Nahrung für sich und ihren Stamm.

Rechtsstreite und alle anderen Stammesfragen klärten die sogenannten freien Angehörigen des jeweiligen Stammes auf dem zentralen Versammlungsplatz, dem Thingplatz.

Die Sitte der Leichenverbrennungen wurde in dieser Periode wei-
terhin ausgeübt. Als Grabformen findet man bei Ausgrabungen
Brandgraben- und Brandschüttungsgräber sowie Urnengräber. Die
Grabausstattungen waren allerdings in dieser Zeit mehr als dürftig.
Auch der Umfang und die Anlage der Grabstätten wurden immer
geringer.

Gegen Ende der urgeschichtlichen Periode begann man in unserer Gegend auch reiche Grabanlagen, sogenannte „Fürstengräber"
oder „Waffengräber" zu errichten. Sie lassen auf die weitere Her-
ausbildung eines Kriegeradels schließen.

Etwa vom 8. Jahrhundert v.u.Z. machte sich ein deutlicher Um-
schwung in der Ausbreitung der germanischen Stämme bemerkbar.
Eine ständige Klimaverschlechterung brachte es mit sich, daß weite
Gebiete an der Nordgrenze des germanischen Raumes in Skandi-
navien die dort wohnenden Stämme nicht mehr ernähren konnten.
Sturmfluten und Landsenkungen an den Küsten vernichteten ihre
Siedlungsgebiete. Die betroffenen Sippen und Stämme zogen nach
Süden in neue Gebiete im Gebiet der unteren Weichsel. Es ent-

stand im Laufe der Zeit entlang der Oder eine deutliche Stammes-
grenze. Längs dieser Oderlinie hatte sich am Ende der urgeschichtlichen Periode die Trennung zwischen West- und Ostgermanen her-
ausgebildet.

Die urgeschichtliche Periode endet in der geschichtlichen
Periodeneinteilung mit dem Beginn unserer Zeitrechnung.

2. Das Altertum

(vom Beginn der Zeitrechnung bis etwa 800 u.Z. / Völkerwanderung)

Durch die Ausbreitung des seit 30 v.u.Z. existierenden römischen Kaiserreiches nach Norden machte sich ein zunehmender Einfluß des römischen Reiches auf die bestehenden militärdemokratischen Verhältnisse der germanischen Stämme auch unseres Gebietes bemerkbar.

Mit dem Sieg von Arminius dem Cherusker im Jahre 9 unserer Zeitrechnung über drei römische Legionen unter Varus in der Schlacht im Teutoburger Wald wurde aber die Zerstörung des römischen Reiches durch die Germanen eingeleitet. Der Zusammenbruch des römischen Reiches und sich ungünstig entwickelnde Klimaverhältnisse gaben immer wieder den Anstoß, daß germanische Sippen und Stämme in neue Gebiete zogen. Die aristokratischen Oberschichten der Stämme und ihre Gefolgsleute suchten neues Land, Beute und Tribut zu erlangen.

Im 3. Jahrhundert u.Z. etwa trat auch eine Ausdehnung der germanischen Besiedlung unseres Gebietes ein. Und als 375 u.Z. das Reitervolk der Hunnen von Osten her aus den Steppen Asiens nach Westen und bis ins Reich der Franken vordrangen, löste dieser Vorgang die berühmte Völkerwanderung aus. Ende des 4. Jahrhunderts beginnt der Hauptansturm. Das Weströmische Reich zerfiel.

Auch unser Gebiet wurde weitestgehend von den hier ansässigen westgermanischen Stämmen westwärts verlassen. Im angehenden 5. Jahrhundert waren nur noch wenige germanische Sippen im Land. Archäologische Funde bei Gräberuntersuchungen in der Region zeigen aber auch, daß im Friedländer Raum bis ins 5. und 6. Jahrhundert eine germanische Restbesiedlung vorhanden war. So wurde das Friedländer Gräberfeld mit einer Fläche von zirka 50 ha nachweislich bis in das 6. Jahrhundert genutzt. Reiche Grabanlagen ab dem 2. Jahrhundert weisen auf einen vorhandenen Adel hin.

Weitere germanische Bestattungsplätze aus dieser Zeit liegen bei Dishley, Heinrichhöh und Schwanbeck.

Urnen und Beigefäße eines Gräberfeldes aus der Zeit der Völkerwanderung bei Friedland (F. Pl. 89)

Eine Großsiedlung von etwa 19 ha aus dem 1. und 2. Jahrhundert entdeckte man bei Ausgrabungen südlich vom Friedländer Burgfeld. Sie liegt 3,1 km südlich der heutigen Stadtmitte auf dem Gelände des jetzigen Schwimmbades. Dieser Siedlungsplatz wurde offensichtlich ebenfalls bis ins 5. und 6. Jahrhundert genutzt.

Zum Ende der Völkerwanderung gerieten auch die slawischen Völkerschaften in den östlichen Gebieten in Bewegung. Sie stießen weit nach Westen über die Oder vor.

Etwa um 600 wanderten große slawische Gruppen in unser Gebiet ein und nahmen das freigewordene Land zwischen Oder und Elbe friedlich in Besitz. Diese slawischen Stämme ließen sich auf bereits von den Germanen urbar gemachten Kulturflächen nieder. Gleichzeitig brachten sie eine völlig andere Kultur aus ihren angestammten Gebieten mit. Das Vorhandensein von germanischer Restbevölkerung und der Einwanderung von slawischen Stämmen läßt den Schluß zu, daß es seit dieser Zeit Kontakte zwischen den restlichen germanischen und den eingewanderten slawischen Siedlern gegeben haben muß.

Die einwandernden Slawen nutzten jede sich bietende Siedlungsmöglichkeit aus. Es war ein zäher, stiller Menschenschlag. Bei ihrem Vordringen unterwanderten sie die hier lebende Bevölkerung und vermengten sich mit ihr. Auch im Gebiet um Friedland zeigen Fundplätze, daß eine neue Besiedlung während dieser Endphase der Völkerwanderung stattfand.

Die Slawen wohnten gern am Wasser. Häufig lebten sie in sumpfigen Niederungen oder innerhalb von Burgwällen auf Anhöhen. So entstanden neue, slawische Siedlungen und stark befestigte Burgwälle als politische Stammeszentren. In kriegerischen Zeiten boten sie den Siedlern der Umgebung Schutz. Die Haupterwerbstätigkeit der slawischen Siedler waren Landwirtschaft und daneben Fischerei.

Überreste einer solchen slawischen Burganlage wurden hier in Friedland bei Ausgrabungsarbeiten an der westlichen Stadtmauer nahe der Fischerburg gefunden. Die Anlage hatte einen fast quadratischen Grundriß. Sie nahm eine Fläche von etwa 1 ha ein und reichte ursprünglich bis an den heutigen Mühlenteich heran. Umgeben war sie von einer Palisade auf einem Erdwall. Reste der Palisade wurden im ehemaligen Garten der früheren Sonderschule „Altes Wasserwerk" gefunden. Dem Wall war außerhalb ein Wassergraben vorgelagert.

Der Innenausbau der Palisade bestand aus kasemattenartigen Holzausbauten. Überreste einer aufgelockerten Bebauung fanden sich in der Innenfläche der Burganlage. Erbaut wurde diese Burganlage etwa um die Mitte des 7. Jahrhunderts, also kurz nach der Einwanderung der Slawen in unser Gebiet. Zugrundegegangen ist sie vermutlich am Ende des 9. Jahrhunderts. Wahrscheinlich haben Kampfhandlungen eine Brandkatastrophe ausgelöst, die zur Zerstörung der Burganlage führte. Leider ist der Name der Burganlage nicht überliefert.

Burgwälle aus der slawischen Besiedlungszeit sind auch in den Brohmer Bergen in der Nähe von Wittenborn sowie in Jatzke und Pleetz gefunden und ausgewertet worden. Auch diese Burganlagen stammen aus dem 7. bis 9. Jahrhundert.

Die eingewanderten westslawischen Stämme gehörten zu den pommerschen und elbslawischen Stämmen, Wenden genannt. Sie hatten sich aus verschiedenen Untergliederungen und Stämmen entwickelt. In alten Urkunden und Geschichtsbeschreibungen kennt man nur den Begriff Wenden. Der Begriff Slawen ist erst im 18. Jahrhundert entstanden. Wenden ist also ein historischer Begriff; Slawen eine politische Version. Von der Besiedlung durch die Wenden zeugen noch heute zahlreiche Dorf- und Flurnamen wendischen Ursprungs mit der Endsilbe -ow, -itz und -in. Auch in dieser Chronik soll im weiteren der historische Begriff Wenden benutzt werden.

Die Umgebung des heutigen Friedland war zu dieser Zeit bereits von den Wenden besiedelt. In der näheren und weiteren Umgebung waren wendische Siedlungen vorhanden. Sie befanden sich zum Beispiel am südlichen Ufer des Hagedorns, an der Abzweigung des Güntersfelder Weges von der Schwanbecker Chaussee, zwischen der Rieselwiese links von dieser Chaussee, am Bollbruch bei Bauersheim, beim Wendenfriedhof am Galgenbrink und an den Altermannswiesen unweit der Wassermühle.

Damals bedeckten mächtige Urwälder große Teile unseres Gebietes. Sie hielten es feucht und moorig. Es hatten sich mit Buschwerk bestandene Sümpfe gebildet. Auch das lange Tal der Datze vom heutigen Neubrandenburg bis zum Landgraben war tiefes, unzugängliches Moor. Nur hier in der Region des heutigen Friedland am Landgraben traten die festen Talränder dichter aneinander. Sie bildeten einen natürlichen Übergang, eine Furt. Von jeder Seite liefen naturgemäß an dieser Furt Handelswege zusammen. Sie waren die einzige Verbindung zu dem „Werder" (das heißt Insel) und zum damaligen Gau Beseritz. Die einzige Möglichkeit, den Landgraben zu überqueren, gab es am Kavelpaß.

Hier lag also ein für Verkehr, Handel und Verteidigung günstiges Gebiet. Wendische Siedler und Händler legten aus diesem Grund sehr bald an dieser Stelle eine dörfliche Siedlung an, ein sogenanntes Angerdorf. Das Angerdorf befand sich in einer Größe von etwa 40 ha um die heutige Nikolaikirche und war eingekeilt zwischen der Datze und einer Niederung aus Wiese, Moor und Wasser. Umgeben war die Siedlung von einem Palisadenzaun und einem Graben. Als letzten Zufluchtsort bei Gefahr errichteten die Bewohner die bereits erwähnte Niederungsburg in der Nähe des Mühlenteichs.

Etwa im 8. und 9. Jahrhundert schlossen sich die einzelnen eingewanderten wendischen Stämme zu größeren Stammesverbänden zusammen. Es entstanden unter anderem die Stämme der Wilzen im östlichen Mecklenburg und im Peeneraum. Zu den Wilzen gehörten die Kessiner, die Zirzipanen, die Tollenser und die Redarier.

Mit ihnen verbunden waren auch die Ukrer und die Wolliner. Eine genaue Abgrenzung der Siedlungsgebiete ist nicht möglich. Im Jahre 789 wurden die Wilzen unterworfen und tributpflichtig gemacht. Die Rede ist bei den Wilzen von einem Oberkönig Dragowitz. Dieser unterwarf sich neben anderen Wilzenfürsten dem Frankenkönig. Etwa ab dem 10. Jahrhundert wurden die Wilzen von den deutschen Chronisten auch Lutizen genannt.

Ebenso bildete sich das Siedlungsgebiet der Obodriten (auch Abodriten) heraus. Obodriten ist die Bezeichnung für die wendischen Stämme im heutigen Ostholstein und Mecklenburg. Sie unterstützten in den blutigen Kriegen von 772 bis 804 Karl den Großen im Kampf gegen den westgermanischen Stamm der Sachsen. Dessen Siedlungsgebiet reichte über das spätere Nordwestdeutschland vom Rhein bis zur Elbe.

Im Jahre 798 schlug Thrasico, Fürst der Obodriten, die nordalbingischen Sachsen. Mit Billigung Karls des Großen besetzten die Wenden das spätere Holstein und das Wendland, also weite Teile Niedersachsens. Die Obodriten wie die Lutizen waren damit zu unmittelbaren Nachbarn des Frankenreiches geworden.

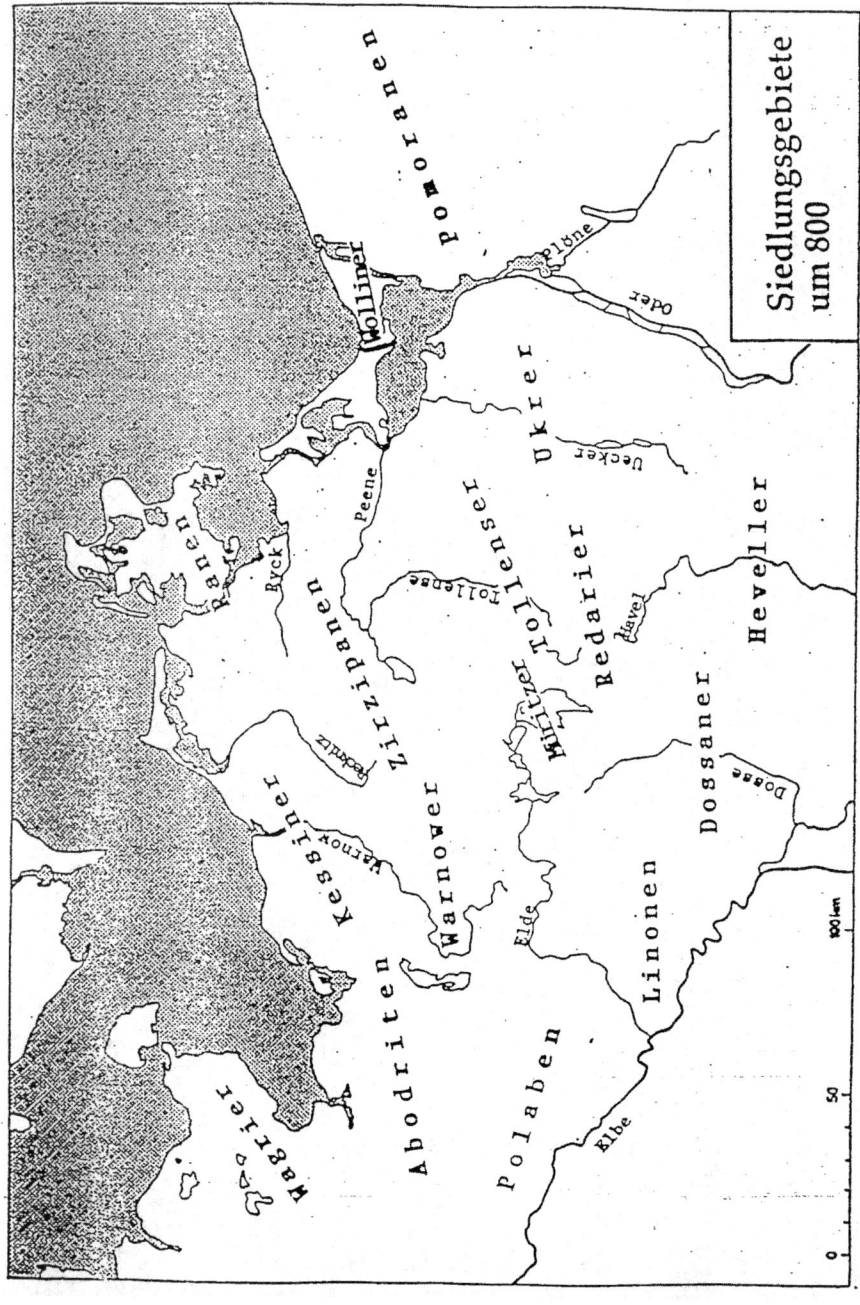

Siedlungsgebiete um 800

3. Das Mittelalter
(vom 8. /9. Jahrhundert bis zur Reformation 1517)

Das Mittelalter gilt als wichtiger Abschnitt der deutschen Geschichte. In dieser Zeit bildeten sich entscheidende Grundlagen für die moderne Geschichte und die Gegenwart heraus. Es war in Europa die Zeit der Spannungen und einer gewaltigen weltanschaulichen Auseinandersetzung. Diese fand statt zwischen den bestehenden Kulturwelten des Altertums und der geistigen Macht des Christentums.

Im Gebiet zwischen Unterelbe und Ostsee waren die Obodriten seßhaft geworden. Es entstand das Fürstenhaus der Obodriten. Das wendische Heiligtum dieser Stämme war der Ort Rethra. Es war dem Gott Radigast geweiht. Von hier aus wurde unter anderem der Widerstandskampf gegen die feudale deutsche Ostexpansion geführt.

Nach Berichten alter Chronisten befand sich Rethra „vier Tagesreisen" östlich von Hamburg. Neuesten Erkenntnissen nach lag die wendische Stadt Rethra wahrscheinlich an der Lieps, am Südende des Tollensesees auf der Fischerinsel bei Wustrow.

In der Slawenchronik Helmholds (um 1175) heißt es: „Eine hölzerne Brücke diente zum Übergang, der jedoch nur denen, die Opfer darbringen oder die Antwort des Gottes auf vorgelegte Fragen einholen wollten, gestattet war." Und Otto Vitense beschreibt später weiter: „Vor dem eigentlichen Heiligtum war noch eine dreieckige Burg erbaut, die man zunächst passieren mußte. Ein einsamer Pfad, nach Osten und an den See weisend, führte zum Tempel, der auf einem Untergrund von allerlei Hörnern ruhte; die Außenwände waren mit Bildern von Göttern und Göttinnen verziert, im Innern waren die Standbilder vieler Götzen wiedergegeben, in der Mitte unter ihnen das des Radegast aus Gold."

Deutscher König war zu dieser Zeit Heinrich I. (Regierungszeit 919 bis 936). Heinrich I. hatte auf der Grundlage einer starken

Radegast und andere slawische Götter

wirtschaftlichen und politischen Basis aus den Trümmern des zer-
rütteten Ostfrankenreiches einen relativ starken Staat aufbauen können. Er begann 928/29 mit der Eroberung der von den Obodriten
bewohnten Gebiete. Dadurch erweiterte er die östlichen Marken
seines Reiches. Im Jahre 929 wurden die Lutizen an der Elbe geschlagen und der Stamm der Redarier von Heinrich I. unterworfen.
Aber die Redarier lehnten sich wiederholt gegen diese Herrschaft
auf.

Nach dem Tode Heinrich I. im Jahre 936 wählte man Otto I.,
Heinrichs Sohn, in Aachen zum König (Regierungszeit 936 bis 973).
Er versuchte, in Deutschland eine starke Zentralgewalt zu errichten. Die Deutschen wurden unter seiner Herrschaft zum ersten
Volk der Christenheit. Otto I. erweiterte die östlichen Marken seines Reiches durch weitere planmäßige Expansionen. Sein Ziel war
die Eingliederung weiterer wendischer Gebiete in den Reichs-

verband. So unterwarf er im Oktober 955 erneut die Obodriten und Lutizen.

Mehr und mehr deutsche Siedler sickerten nun ins Land. Zwingburgen verdeutlichten überall den Machtanspruch der deutschen Fürsten. Nahezu ohnmächtig mußten die wendischen Bewohner zusehen, wie sich deutsche Neusiedler in den fruchtbaren Landstrichen niederließen. Die Markgrafen Hermann Billung und Gero wurden von Otto I. mit der Verwaltung und Sicherung der eroberten Nordmark, d. h. der wendischen Gebiete bis hin zum Oderhaff, betraut. Zu diesem Gebiet gehörte auch die Region um das heutige Friedland.

Im Zuge dieser Feldzüge wurde im Jahre 955 Rethra zerstört. Überlieferungen berichten, daß das Wendenheiligtum Rethra später auf drei Inseln wieder hergestellt wurde. Nach wie vor bekannten sich die Wenden trotz christlicher Missionsversuche zu ihren eigenen Göttern.

Otto I., genannt der Große, begründete das Heilige Römische Reich Deutscher Nation, dessen Kaiser er 962 wurde. Sein Sohn Otto II. (Regierungszeit 973 bis 983) übernahm 973 die Herrschaft im Reich. Kurz vor seinem Tode im Jahre 983 erreichte Otto II. die Nachricht von einem erneuten Aufstand der unterworfenen Obodriten. Es war die letzte Auflehnung der Obodriten.

Im Frühsommer 983 müssen die wendischen Priester einen günstigen Zeitpunkt für einen Sieg vorausgesagt haben. Deshalb machte sich das Heer der Stämme der Lutizen auf zu einem Feldzug Richtung Westen. In den nächsten Wochen gingen überall deutsche Burgen und Ansiedlungen in Flammen auf. Bis Ende 983 waren alle Deutschen aus dem Gebiet zwischen Oder und Elbe vertrieben. Die Lutizen hatten dadurch erst einmal zirka 150 Jahre Ruhe vor den mächtigen deutschen Nachbarn. Aber es gelang ihnen nicht, einen eigenen Staat zu begründen. Die sozialökonomische Macht der Lutizen erwies sich dazu als zu schwach.

Anfang September 995 führte Otto III., seit dem Tode Otto II. im Jahre 983 deutscher König, einen erneuten Eroberungsfeldzug gegen die Wenden durch. Er war wieder in erster Linie gegen die Obodriten gerichtet. Die Heerscharen Otto III. verwüsteten das Land und zerstörten die Siedlungen und Burganlagen der Wenden. Sie drangen in diese Gebiete so weit vor, wie zuvor keine andere deutsche Heerschar. Am 3. Oktober 995 hält sich Otto III. selbst in der Gegend der heutigen Tollense auf.

Von 1002 bis 1024 regierte im Heiligen Römischen Reich Deutscher Nation Heinrich II., der Heilige. Er hatte nach dem Tode des kinderlosen Königs Otto III. Anspruch auf den deutschen Königsthron erhoben. Im Jahre 1003 unterwarf dieser die elbslawischen Stämme der Obodriten erneut.

Unsere Gegend wurde im 11. Jahrhundert von dem Stamm der Redarier besiedelt. Die Ausgrabungen von Siedlungen aus dieser Zeit lassen auf ebenerdige Blockhäuser schließen. Auch die Funde bei den Ausgrabungen der wendischen Burg hier in Friedland zwischen Gänsemarkt und Fischerburg lassen die Schlußfolgerung zu, daß dieser Platz im 11. und 12. Jahrhundert wendisch besiedelt war. Vorher lag er etwa 200 Jahre nach der Zerstörung der ersten Burganlage brach. Fundstücke bewiesen, daß die hier ansässigen Siedler bereits Handel mit den schon zum Christentum missionierten Franken trieben. Andere Fundstücke bei den Ausgrabungen beweisen den militärischen Charakter dieser Burganlage bis ins 13. Jahrhundert. Auch die Anwesenheit des wendischen Stammesadels läßt sich durch Fundstücke nachweisen. Die Wenden siedelten hier in unserer Region länger als in anderen Gegenden.

In den Jahren 1056/57 herrschte Bruderkrieg zwischen den vier Hauptstämmen der Wenden. Die Kessiner und Zirzipanen bekämpften die Tollenser und Redarier. Das machten sich Dänen und Sachsen zunutze, um Teile des Lutizenbundes zu unterwerfen. Bedroht wurden die Lutizen zusätzlich vom polnischen Feudalstaat. Unter Boleslaw Schiefmund setzte dieser seine Expansionsbestrebungen durch. Er rückte im 12. Jahrhundert bis an die Müritz vor.

In die Zeit um die Wende vom 11. zum 12. Jahrhundert fiel auch die Missionierung der hier ansässigen wendischen Stämme durch Otto, Bischof von Bamberg, genannt der Apostel der Pommern.

Im Jahre 1123 unternahm er auf Bitte des Polenherzogs Boleslaw III. die Bekehrung der Pomoranen, eines ebenfalls slawischen Stammes. Dieser bewohnte die Gebiete ostwärts der Oder.

Herzog Boleslaw III. hatte in langen Kriegen ganz Pommern bis zur Oder erobert. In den folgenden Jahren drang der Pommernherzog Wartislaw über die Oder westwärts in lutizisches Stammesgebiet vor. Er eroberte Gebiete, die noch nicht christlich waren. Deshalb rief Herzog Wartislaw den Bischof Otto von Bamberg erneut ins Land. Im Jahre 1128 unternahm Otto von Bamberg seine zweite erfolgreiche Missionsreise. Sie führte in die von Herzog Wartislaw eben erst eroberten Gebiete um Demmin, Usedom, Wolgast und Gützkow.

Pfingsten 1128 entschied der pommersche Adel während eines Landtages auf der Burg Usedom über die Annahme des christlichen Glaubens. Die Oberen des Landes stimmten auf dieser Versammlung für die Einführung des Christentums in ihrem Herrschaftsgebiet. Im Jahre 1140 entstand das Bistum Pommern mit Sitz in der Stadt Wollin unter Bischof Adalbert.

In der christlichen Kirche kam bereits gegen Ende des 11. Jahrhunderts der Ruf zum Kampf gegen die „Ungläubigen" auf. Die Initiative ging vom Papsttum aus. Dahinter verbarg sich das Streben der christlichen Kirche nach Ausdehnung ihres Einfluß- und Machtbereiches und der Steigerung ihres gesellschaftlichen Ansehens. Der Papst hoffte, seine weltliche und geistige Einflußsphäre unter anderem durch Kreuzzüge gegen die Ungläubigen, deren Unterwerfung und Bekehrung zum christlichen Glauben auszudehnen. Der erste Kreuzzug begann im Jahre 1096.

1147 rief Papst Eugen III. zum zweiten Kreuzzug nach Palästina auf. Aber die norddeutschen Fürsten verspürten kein Verlangen, ins ferne Heilige Land zu ziehen. Sie wollten die Heiden in ihrer Nähe bekehren und damit ihren eigenen Machtbereich vergrößern. Damit meinten sie die Teile der wendischen Stämme im heutigen Mecklenburg und Vorpommern, die noch nicht zum christlichen Glauben übergegangen waren. Der Papst gab ihrem Begehren nach.

So rüsteten die norddeutschen Fürsten und die Ritterschaft zum „Wendenkreuzzug".

Im Jahre 1147 drangen zwei Kreuzfahrerheere in die wendischen Gebiete westlich der Oder vor. Das eine Heer wurde geführt vom sächsischen Herzog Heinrich der Löwe aus dem Hause der Welfen (Regierungszeit 1142 bis 1180) und dem Bremer Erzbischof Adalbero. Es rückte mit etwa 40 000 Mann von der Ostseeküste aus in Westmecklenburg gegen die Obodriten vor.

Ein zweites Heer unter Markgraf Albrecht von Brandenburg sowie dem Erzbischof von Havelberg Anselm zog von Magdeburg nordwärts nach Vorpommern gegen die Lutizen. Es hatte eine Stärke von zirka 20 000 Mann.

Insgesamt 60 000 Mann ernährten sich in diesem Feldzug von dem besiedelten Land, das sie durchzogen. Sie machten Beute und verwüsteten Dörfer. Sehr schnell stellte sich dieser Feldzug als reiner Raub- und Eroberungskrieg heraus. Als Vertreter des Papstes führte Bischof Anselm von Havelberg den gesamten Heereszug an. Der wichtigste weltliche Fürst innerhalb des zweiten Kreuzfahrerheeres war Markgraf Albrecht von Brandenburg, genannt der Bär (Regierungszeit 1123 bis 1170). Dieser Askanierfürst zeichnete sich bei den Feldzügen besonders aus.

Bischof Anselm verkündete im Namen der Kirche als Parole für den Kreuzzug: Bekehrung oder Ausrottung der Wenden. Keine Verhandlungen sollten den Wenden gewährt, keine Tributzahlung von ihnen angenommen werden.

Größere Schlachten während dieses Kreuzzuges sind nicht überliefert. Bekannt ist aber, daß im Jahre 1150 des Wendenheiligtum Rethra von Heinrich dem Löwen endgültig vernichtet wurde. Die wendischen Siedlungsgebiete waren während des Wendenkreuzzuges vollkommen in den Machtbereich der norddeutschen Fürsten gelangt.

Im Jahre 1160 begann Heinrich der Löwe einen weiteren Feldzug gegen die im heutigen mecklenburgischen Raum ansässigen

Wendenstämme. Es war die Zeit der frühfeudalen deutschen Ost-
expansion und der zielgerichteten Ostkolonialisierung. Heinrich der
Löwe besetzte schließlich das gesamte Gebiet des Wendenlandes
und deutschte es ein. Bis zum Jahre 1164 dehnte er sein Herrschafts-
gebiet bis zur Peene aus. Es entstanden die Bistümer Ratzeburg,
Oldenburg und Mecklenburg. Unter seiner Herrschaft wurde die
Grundlage für ein deutsches Mecklenburg gelegt. Das eroberte
Gebiet wurde fest in das deutsche Reichsgebiet integriert.

Der Name Mecklenburg, der auf das gesamte Land der Obodriten
und Lutizen übertragen wurde, bezog sich im 10. Jahrhundert zunächst nur auf eine Burg mit einer Ansiedlung südlich des heutigen
Wismar. Sie war vermutlich ein Hauptsitz der obodritischen Fürsten. Der Name leitete sich von „Michelenburg" her. Erst später
wurde der Begriff zum Namen eines ganzen Landstrichs im Norden Deutschlands.

Im Zuge dieser Ostexpansion wanderten viele Deutsche, vor allem aus dem niedersächsischen und magdeburgischen Gebiet, aus
ihrer zu klein gewordenen Heimat nach Mecklenburg ein. Die ansässigen Herzöge nahmen sie gern auf. Durch sie wurden neue
Werkzeuge und Produktionsweisen bekannt. Ihr Arbeitswille, Fleiß
und ihre Gründlichkeit waren größer als bei den hier lebenden Wenden. Diese waren der gewachsenen kulturellen und wirtschaftlichen Konkurrenz bald nicht mehr gewachsen. Die meisten Wenden verließen nun ihre Heimat nach und nach freiwillig in südlicher Richtung. Ein Teil der wendischen Altsiedler verschmolz auch
mit den deutschen Neusiedlern. Die wendischen Stämme verschwanden daher langsam zwischen Elbe und Oder.

Nach den Wendenkreuzzügen formte sich zusammen mit Kreuz-
rittern, dem deutschen Zuzug aus Westen und Südwesten und den
verbliebenen Wenden das, was wir heute unter Mecklenburg ver-
stehen.

Im Jahre 1163 erhoben sich die Wenden noch einmal unter der
Führung der Söhne des Obodritenfürsten Niklot, Pribislaw und
Wartislaw. Wartislaw wurde gefangen und im heutigen Malchow

hingerichtet. Pribislaw leistete länger Widerstand. Schließlich wurde eine Übereinkunft zwischen den kriegführenden Parteien erreicht. Auf dem Reichstag zu Frankfurt/Main am 5. Januar 1170 erhob Kaiser Friedrich I. Rotbart den Obodritenfürsten Pribislaw I. zum Fürsten des *Sacrum Imperium*. Pribislaw wurde mit einem Großteil der obodritischen Herrschaft seines Vaters belehnt. So entstanden um 1170 die Kerngebiete der mecklenburgischen Geschichte zunächst mit einer wendischen Dynastie unter deutscher Führung.

Das Herrschaftsgebiet auf dem wendischen Gebiet, das mit dem späteren Mecklenburg identisch ist, war damit als christlicher Staat und Bestandteil des Reiches anerkannt. Die Wendenfürsten aus dem Hause der Obodriten nannten sich ab 1179 Fürsten. Erstmalig im Jahre 1179 hieß der Reichsfürst Heinrich Borwin I. (1126 bis 1276) Fürst zu Mecklenburg. Damit begann eine nicht abreißende Kette wendischer Fürstenhäuser in Mecklenburg. Mit der Aufnahme der Obodriten als Fürsten des Reiches begann auch die Entwicklung der Stände, der hohen Geistlichkeit, Bürgermeister und Lehnsträger. Sie bewilligten in der Folgezeit die Gelder und übten Einfluß auf die Regierungsgeschäfte aus.

Am Ende des 12. Jahrhunderts gerieten die Stämme der Redarier und Tollenser unter die Herrschaft der pommerschen Herzöge. Die von diesen Stämmen bewohnten Länder Stargard, Beseritz und Wustrow waren rund 600 Jahre umstritten. Wustrow lag am Südwestende des Tollensesees. Der Gau Beseritz, der große Werder, trug seinen Namen nach einer wendischen Gauburg. Mit wechselndem Erfolg kämpften immer wieder die Fürstenhäuser von Mecklenburg, die pommerschen Herzöge und Dänemark im Zuge der frühfeudalen Ostexpansion um die politische Zugehörigkeit dieses Gebietes.

Entscheidend für die weitere Entwicklung im Stargarder Gebiet, zu dem auch die Region um das heutige Friedland gehörte, erwies sich der Sieg einer Koalition norddeutscher Fürsten und der Stadt Lübeck über den dänischen König Waldemar II. In der Schlacht von Bornhöved in Schleswig-Holstein im Jahre 1227 schlugen sie den Dänenkönig vernichtend. An diesem Kampf beteiligten sich auch die mecklenburger Fürsten mit ihrem Heer.

Zur gleichen Zeit kämpften die askanischen Markgrafen Johann I. und sein Bruder Otto III., genannt der Fromme, um einen Zugang zur Ostsee für die Markgrafschaft Brandenburg. Die beiden Brüder stammten aus dem Geschlecht Albrecht des Bären, Markgraf von Brandenburg und Stammvater der sächsischen und anhaltinischen Askanier. Sie regierten seit dem Jahre 1221 bis 1258 gemeinschaftlich als Markgrafen von Brandenburg.

Aus einer starken militärischen Position heraus gelang es ihnen, in dem nördlich der Markgrafschaft Brandenburg gelegenen Wendengebiet große Landgewinne zu erzielen. Auch das Land Stargard unterwarfen sie militärisch. Bis zum Jahre 1231 gewannen die beiden Markgrafen außerdem die Landschaften Teltow, Bornim und die südliche Uckermark dazu.

Im Dezember 1231 verlieh ihnen Kaiser Friedrich II. (Regierungszeit 1215 bis 1250), Sohn Heinrichs IV. und Enkel des Kaisers Friedrich Barbarossa aus dem Geschlecht der Staufer im Ergebnis dieser Eroberungspolitik die Lehnshoheit über die Mark Brandenburg einschließlich der Gebiete des Herzogtums Pommern. Auf diese Weise gelangten die nordöstlich gelegenen Gebiete um das heutige Strasburg, Fürstenberg und Lychen sowie weitere Teile der Uckermark ins Interessengebiet der brandenburgischen Markgrafen. Der Einfluß der Pommernherzöge in diesem Gebiet schwand .

Im Jahre 1233 drang der dänische König Waldemar II. erneut in das Territorium Pommern-Demmins ein. Er besetzte die Burg Demmin. Doch mit Hilfe der Lübecker gelang es 1234 dem Pommernherzog Wartislaw III. die Dänen wieder zurückzudrängen.

Aber bereits 1235 mußte der Pommernherzog einen weiteren Verlust hinnehmen. Fürst Wizlaw von Rügen, ein dänischer Vasall, nahm ihm das Land Wolgast ab. Mehr und mehr war der Pommernherzog jetzt mecklenburgischen Angriffen ausgesetzt. In seiner Not suchte Wartislaw III. Hilfe bei den Markgrafen Johann I. und Otto III. von Brandenburg. Die Lage veränderte sich zunehmend zugunsten der Askanier. Durch den Vertrag von Kremmen vom 20. Juni 1236 mußte schließlich der Herzog von Pommern-Demmin Wartislaw III. den Brandenburgern die Länder Stargard, Wustrow

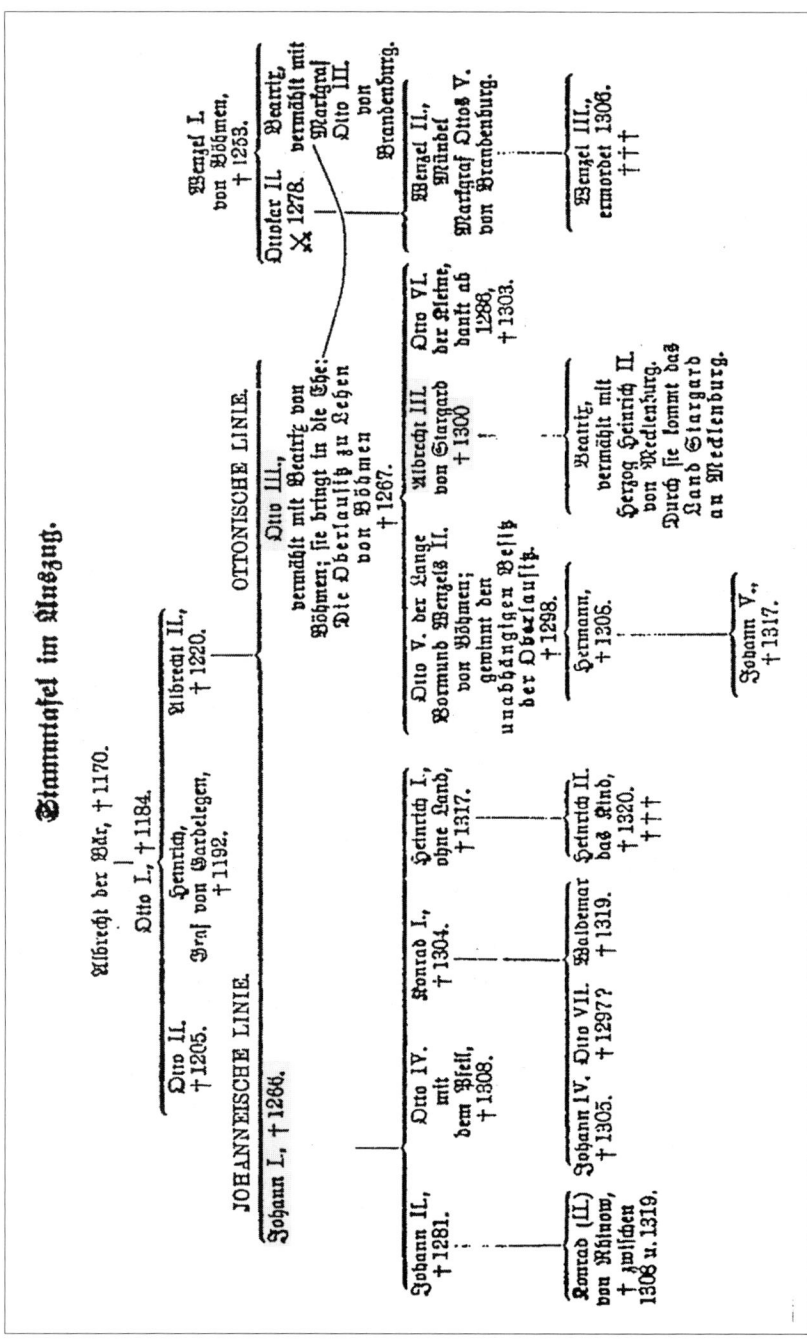

Stammtafel der brandenburgischen Markgrafen aus askanischen Hause

(Penzlin) und Beseritz als Entgelt für ihre Vermittlung und ihren Beistand gegen seine Feinde in den hoheitlichen Besitz der beiden brandenburgischen Markgrafen abtreten. Er erhielt diese Länder von den Askaniern zum Lehen zurück.

Die Länder waren durch die vorausgegangenen Kriege zu dieser Zeit fast zur Einöde geworden. Städte gab es in diesem Gebiet nicht. Um ihre Vorherrschaft in den gewonnenen Gebieten militär-strategisch zu sichern, begannen die Askanier Burgen, Klöster und befestigte Siedlungen zu errichten. Die Gründungen von Burgen, Klöstern, Dörfern und die Installation von geistlichen Institutionen banden die neugewonnenen Gebiete fester an das Markgrafentum Brandenburg.

Den beiden Markgrafen von Brandenburg Johann I. und Otto III. gelang es, das verödete Land wieder aufzubauen. Sie stellten die Ordnung in dem eroberten Gebiet wieder her. So begannen sie unter anderem, das Land Stargard einzudeutschen. Deutsche Handwerker, Kaufleute und Siedler zogen in die gewonnenen Gebiete ein. Die deutschen Siedler brachten die bereits voll entwickelte feudalistische Wirtschafts- und Gesellschaftsform in die eroberten, noch rückständigen wendischen Gebiete. Ein Teil der wendischen Oberschicht wurde Teil der deutschen Feudalklasse.

Die Region um das heutige Friedland gehörte bereits damals zum Land Stargard. Die Geschichte unserer Region und unserer Stadt ist also eng mit der nach Norden gerichteten Expansionspolitik vor allem der brandenburgischen Markgrafen verbunden. Durch ihre geographisch günstige Lage am Kreuzungspunkt wichtiger Handelsstraßen gewann die hier vorhandene wendische Siedlung auf dem Territorium des heutigen Friedland militärische Bedeutung für die Sicherung dieser Handelsstraßen.

Das Gebiet um den Kreuzungspunkt der Handelsstraßen war umgrenzt von Wäldern, Wiesen, Seen und Flußläufen. Im Süden erstreckte sich ein Höhenzug. Die höchsten Erhebungen darin waren die Brohmer Berge mit 132 m über NN und der Helpter Berg mit 179 m über NN. Im Westen wurde es durch teilweise sehr fruchtbare Ackerflächen begrenzt. Durchbrochen war es von einer

Wiesenniederung mit dem Datzetal. Im Norden begann das Niede-
rungsmoor mit dem Landgraben als natürliche Begrenzung. Dahinter schob sich ein Höhenzug, der Cavel-Berg mit 47 m über NN
vor. In östlicher Richtung vergrößerte sich das Moorgebiet wieder.
Es beinhaltete den Putzarer und den Lübkower See. Daran anschlie-
ßend lag die Restfläche des großen Niederungsmoores mit dem
Galenbecker See.

Zur Sicherung dieses wichtigen Platzes war es notwendig, unweit
der etwa 3 km entfernten Grenze zu Pommern einen markgräflichen Vorposten zu errichten. Aber auch der Widerstand der dies-
seits der Grenze zu Pommern wohnenden Wenden, denen man
dieses Land genommen hatte, war nicht vollständig gebrochen.
Vor allem an den langgestreckten Mooren im Norden hatte sich das
Wendentum zum Teil erhalten. Immer wieder entbrannten Fehden
um die ehemaligen wendischen Siedlungen und die Paßorte.

Die beiden Markgrafen Johann I. und Otto III. von Brandenburg
hatten inmitten dieses riesigen Niederungsmoores eine Tonscholle
zur Errichtung ihres Vorpostens gegenüber dem pommerschen Gebiet gewählt. Diese Tonscholle war geschickt ausgesucht. Wer von
Nord nach Süd oder von Ost nach West wollte, mußte diese feste
Tonscholle passieren. Der Platz lag geographisch wie militärisch
günstig nahe des Kavelpasses am südlichen Ende eines trockenen
Übergangs über den Landgraben. Dieser Übergang führte nach
Norden ins Herzogtum Pommern. Nach Westen führte er auf ganz-
jährig nutzbarem Weg über die Datze-Niederung. An dieser Stelle
überquerte also die wichtige Nord-Süd-Verbindung, die das märki-
sche Land mit der Peenemündung verbindet, den Landgraben. Eine
weitere wichtige Landstraße führte vom heutigen Stettin über das
jetzige Pasewalk und Neuensund entlang der Großen Wiese und
den Brohmer Bergen weiter westwärts über das Gebiet von
Altentreptow, Malchin und Güstrow nach Wismar und Rerik an die
Ostsee.

Am 6. März 1244 wurde von dem brandenburgischen Markgrafen Johann I. und seinem Bruder Otto III. die Gründungsurkunde
für die Stadt Vredeland (*„que Vredeland appelatur"*) ausgestellt.

Die Stadt Friedland erwuchs also aus einem nicht namentlich iden-
tifizierten Siedlungsort der Wenden.

Diese neue Stadt Vredeland sollte sowohl Sicherung gegen die
aus diesem Gebiet vertriebenen Wenden als auch gleichzeitig Ausgangspunkt für weitere Osterweiterungen der Brandenburger sein.
Sie entstand als Grenzfeste gegenüber Pommern.

Mit der Gründungsurkunde stifteten die Askanier Vredeland als
erste Stadt im neuen Herrschaftsgebiet des Landes Stargard. Im
Fundations- und Dotationsbrief bezeichneten die beiden Markgrafen Vredeland als *civitatem Nostram novellam*, „unsere neue
Stadt". Mit dem Namen Vredeland/ Friedland brachten die Gründer ihren Wunsch zum Ausdruck, daß sie nicht nur in den Grenzen
der Stadt, sondern auch im ganzen Land Stargard als Grenzfeste
den Bewohnern beständigen Frieden geben möge.

In der Gründungsurkunde sprachen sie der neuen Stadt beachtliche Privilegien zu. Sie erhielt große Ländereien und wurde mit vielen Rechten ausgestattet. So übereigneten die Askanier der Stadt
ein Stadtfeld von 200 Hufen (zirka 1500 ha) Land, davon 50 Hufen
als Weidefläche und 150 Hufen als Ackerland. Dadurch war es
möglich, Siedler in die neue Stadt zu ziehen. Jeder Neusiedler erhielt eine Baustelle, Ackerland, das Recht auf Wiesennutzung und
es wurden ihm vier Freijahre gewährt. In der Hauptsache kamen
die neuen Siedler aus dem ostfälischen und niedersächsischen
Raum.

Die beiden brandenburgischen Markgrafen beauftragten Konrad
von Tserevist (Konrad von Zerbst), Johann und Heinrich Grevendorp,
Friedrich von Kerkhhagen und Berenghero (Beringer) mit der Errichtung der Stadt Vredeland. In der Chronik von Rektor Simonis
aus dem Jahre 1730 wurde angenommen, daß man mit dem ernst-
haften Bau der Stadt erst 1246 begann.

Konrad von Zerbst wurde von den Askaniern als Vogt in der Stadt
eingesetzt. Er nahm die stadtherrliche Gerichtsprechung für die deutschen Bewohner Vredelands vor. Die noch ansässigen Teile der
wendischen Bevölkerung unterlagen weiterhin landesherrlicher
Rechtsprechung.

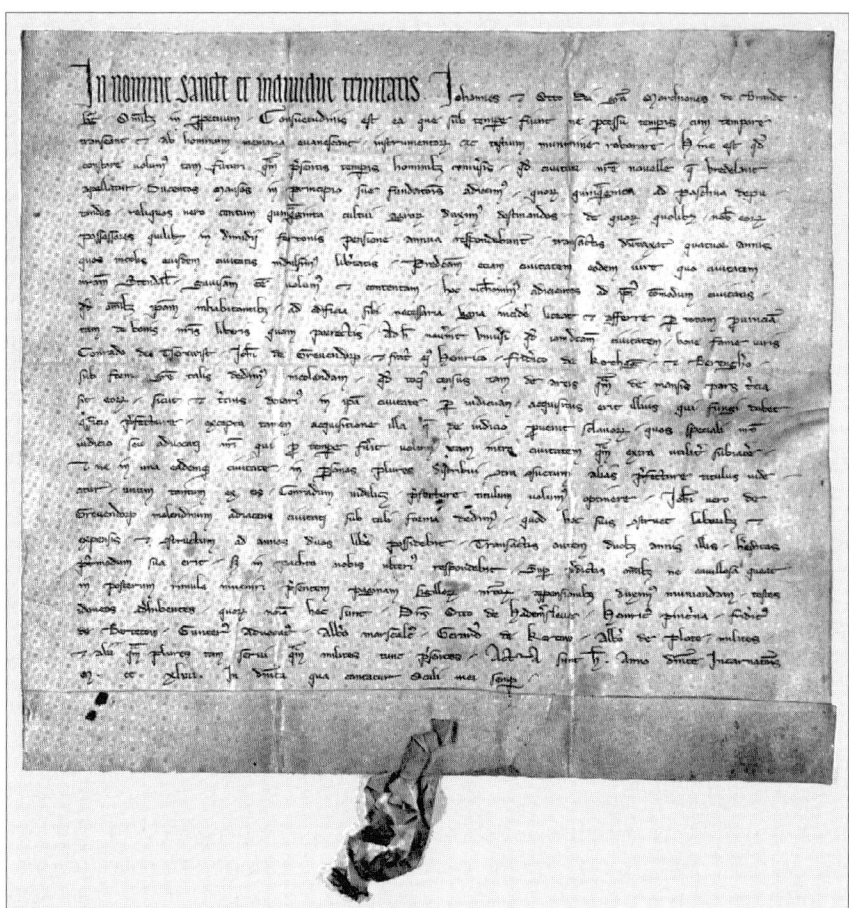

Die Stiftungsurkunde Friedlands

Übersetzung der Stiftungsurkunde von H. Klüver 1738:

„Im Namen der heiligen und unheilbaren Dreifaltigkeit! Wir, Johann und Otto von
Gottes Gnaden Markgrafen von Brandenburg, allen zum ewigen Gedächtnis. Es
ist ein übliches, so' in der Zeit geschehen, damit sie nicht in Verfleißung der Zeit
verlöschen und aus menschlichem Gedächtnisse verschwinden mögen, wird
Urkunden und Zeugen bewahren und befestigen. Danach sei jedem Menschen
jetziger und künftiger Zeit kund, daß wir unserer neuen Stadt friedland 200 Hufen
im Anfang ihrer erbauung zugegeben, von welchen wir 50 zur Weide, die welche
und jeder derselben sollen uns ihre Einhaber nach Ablauf von 4 Jahren welche wir
der Stadt Einwohner freigelassen, ein halb Lot jährliche Pension zu geben schulen
seien. Auch wollen wir, daß gedachte Stadt sich des rechtes, damit unsere Stadt
Stendal bewidmet, zu erfreuen habe und begnügt sei, dies auch der Stadt zum

besten hinanhangende, daß alle Einwohner notwendig Holz zu ihren Wohnungen fällen und durch unsere ganzen Lande sowohl aus unseren freien Gütern holen mögen.

Zu dem sei auch männiglichen bewust, das wir genannte Stadt dem wohlbenehmten Konrad von Zerbst, Johann von Grevensdorp und seinen Bruder Heinrich, Friedsrich von Kerkhagen und Berenger mit dieser Begnadigung zu bewohnen eingeben, das alle Zinsen, sowohl von Wiesen als Hufen seine, zu dem soll auch der Gerichtspfennig, so viel die Stadt durch Gericht erobert, dem anheimfallen, der das Richteramt verwalten wird, ausgenommen die Hebung, die von dem wendischen Gericht fallen wird, welche wir unserem eigenen oder unseres Amtsverwalters, derzu jeder Zeit sein wird, Gericht sowohl innerhalb als auch außerhalb der Stadt wollen nützlich unterworfen haben, und damit in einer Stadt der Titel Hauptmannschaft nicht unter viel Personen wider Gewohnheit zugeteilt zu seien, angesehen werde. Als wolen wir, das von ihnen einer, namlich der Konrad, den Titel des Hauptmanns gebrauchen, daß nun hinfüro in diesem allen keine beträglichen Ausflüchte mögen gefunden werden, so haben wir mit unserem Insiegel gegenwärtigen Brief befestigen wollen und glaubwürdige Zeugen hinzugezogen.

Ihre Namen sind diese:
Herr Otto von Hadersleben, Heinrich der Schenke, Friedrich von Bertikow, Günter von Amtmann, Albo der Marschall, Gerhard von Kerkow, Albo von Platen, Ritter und viel und mehr andere, sowohl Ritter als Diener zugegen. Dies aber ist geschehen im Jahr nach unseres Herrn Geburt. Eintausend Zweihundert vier und vierzig am Sonntage Oculli.

Durch Funde im nordwestlichen Teil der heutigen Stadt untermauert wird vermutet, daß sich im Gebiet der heutigen Altermannswiesen unterhalb des Eichenwalls noch eine wendische Unterstadt befand. Indirekt weist bereits ein in der Gründungsurkunde aufgeführtes wendisches Gericht auf einen vorhandenen wendischen Bevölkerungsteil hin. Die Rechte des wendischen Volkes wurden also gewahrt. Es gab in der Stadt einen Slawenvogt, der darüber wachte.

Alle fünf Erbauer der Stadt erhielten als Sonderrechte für ihre Ämter 1/3 der Einkünfte aus dem Hufen- und Baustellenzins. Ritter Johann von Grevendorp wurde von den Markgrafen beauftragt, eine Stadtmühle zu erbauen. Er erhielt als Honorar für seine Ämter diese Stadtmühle zur Nutzung. Zwei Jahre war sie für ihn pachtfrei. Danach konnte er sie gegen einen Pachtzins weiter nutzen.

Die alte Wendenburg der Stadt wurde nach der Stadtgründung weiterbenutzt und ausgebaut. Die Gräben wurden vertieft und verbreitert. Die unmittelbare Nähe zur Wassermühle läßt den Schluß zu, daß diese Befestigung der Rittersitz Johann von Grevendorps war.

Die Stadt Vredeland wurde von ihrer Gründung an nach dem sogenannten Stendalschen Recht regiert. Dieser Nordost-Vorstoß des Stendalschen Rechts ist kennzeichnend für das Gebiet des heutigen Mecklenburg-Strelitz, der Uckermark und der unteren Oder.

Das Stendalsche Recht besagte, daß kein Bürger der Stadt vom Landesfürsten, seinen Nachfolgern oder anderen fremden Personen oder Gerichten verklagt werden durfte. Klagen gegen Bürger der Stadt sollten nur in der Stadt vor Schöffen und Schulzen der Stadt Vredeland gerichtet werden.

Mit der Erbauung der Stadt wurde der Datzeübergang des wichtigen Handelsstraßenkreuzes an der Furt gesichert. Vredeland erhielt nach Art der damaligen Zeit im Osten und Südosten feste Palisadenmauern, starke Türme, breite Gräben, hohe Wälle und andere zur Abwehr von Angriffen dienende Anlagen. Die anderen Seiten waren durch sumpfiges Gelände geschützt. Man führte die Straßen der Stadt zum westlichen und östlichen Stadttor. Damit sicherte man die Beherrschung des Verkehrs und die Zölle als Einnahmequelle für die brandenburgischen Landesherrn. Die durch die Landschaftsbedingungen notwendige ovale Anlage der Stadt innerhalb der Wälle entsprach mit dem Marktplatz in der Mitte und dem jetzigen Pferdemarkt als Nebenmarkt sowie den sich rechtwinklig schneidenden Parallel- und Querstraßen dem bei der deutschen Kolonisation des Ostens im 12. und 13. Jahrhundert allgemein angewandten Stadtplan.

Vredeland war das erste Bollwerk der brandenburgischen Markgrafen im ehemals wendischen Land zur Sicherung der Grenzübergänge und Pässe an der Grenze des neu eroberten Besitztums, über die die alten Handelsstraßen führten.

In der Folgezeit, nach der Stadtgründung Vredelands im Jahre 1244, wurden in der Region weitere Städte gegründet. Es folgten Neubrandenburg 1248, Stargard 1259, Woldegk 1271, Wesenberg 1276, Fürstenberg 1318 und Strelitz 1349.

Neubrandenburgs Stadtgründung diente den Brandenburgern zur Sicherung des zugewonnenen Gebietes im Westen. Woldegk erfüllte diese Aufgabe als Sicherung zur Uckermark. Die drei neu gegründeten Städte Friedland, Neubrandenburg und Woldegk bildeten ein Festungsdreieck. Es war die Zeit des Faustrechts und der Raubritter. Ein Schutz des eroberten Gebietes nach allen Seiten war also geboten.

Im Abstand von einer Meile errichtete man deshalb in diesem Städtedreieck Burgen. Zwischen Friedland und Woldegk war dies die Burg Galenbeck. Die Städte selbst waren etwa 3 Meilen, das heißt etwa 25 Kilometer voneinander entfernt (1 Landesmeile in Mecklenburg = 7532,48 m). Sie konnten sich so innerhalb eines Tages bei kriegerischen Auseinandersetzungen gegenseitig zur Hilfe kommen

Man nimmt auch an, daß das Gründungsjahr der Friedländer St. Marienkirche um die 50er Jahre des 13. Jahrhunderts, etwa um 1248, lag. Stadtgründungen waren meist mit der Errichtung eindrucksvoller christlicher Gotteshäuser verbunden.

Im Jahre 1250 verlor der Herzog von Pommern-Stettin noch die nördliche Uckermark an die Brandenburger Markgrafen.

1258 teilten die beiden brandenburgischen Markgrafen, die als Kurfürsten von 1221 an gemeinsam regierten, ihre Länder. Das Land Stargard, zu dem Friedland gehörte, fiel an den jüngeren Bruder Otto III. Er war einer der tüchtigsten Fürsten seiner Zeit. Im Jahre 1256 war er nahe daran, zum deutschen Kaiser erhoben zu werden. Sein Bruder Johann I. starb 1266.

Otto III. beschloß am 9. Oktober 1267 sein tatenreiches Leben in Brandenburg. Die Regierungsgewalt übernahm nun der branden-

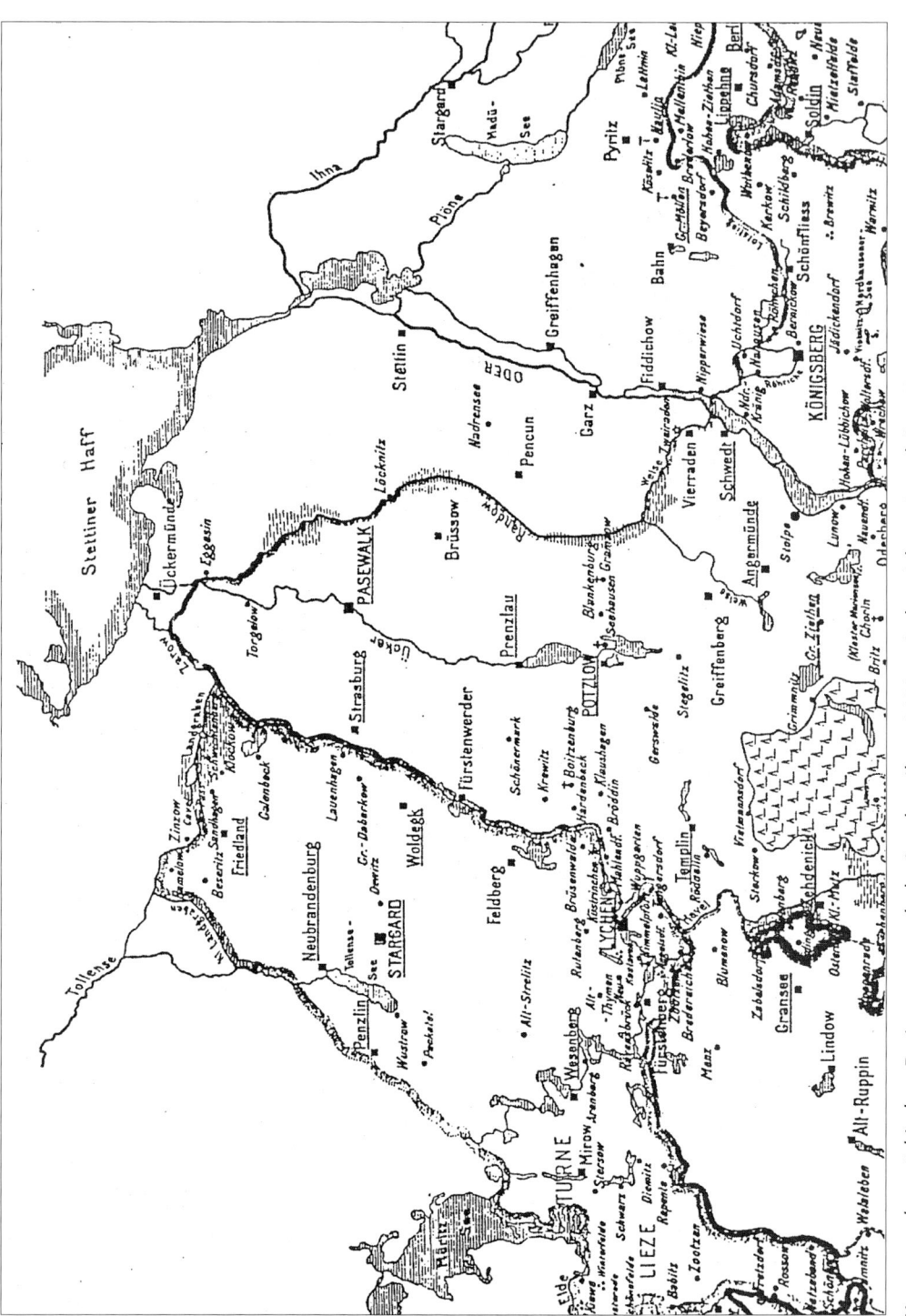

Karte von den märkischen Besitzungen nach der Landesteilung 1258 zwischen Johann I. und Otto II.

burgische Markgraf Albrecht III. Unter seiner Herrschaft sind seit 1276 Landtagsprotokolle (Reversales) nachgewiesen.

Die Stadt Friedland nahm eine besondere Stellung im Grenzbereich zu Pommern durch ihre Lage am Kavelpaß ein. Außerdem war sie gegenüber den anderen Stadtgründungen die ältere Stadt und hatte sich bereits wirtschaftlich gut entwickelt.

Die für Handel und Gewerbe geographisch günstige Lage zwischen dem Landgrabental, der Datze-Niederung und der Großen Wiese machten Friedland schnell zu einer bedeutenden und verhältnismäßig reichen Stadt. Ausschlaggebend dafür waren nicht zuletzt die umfangreichen Privilegien und Rechte aus der Stiftung der Stadt. So wurde Friedland ein Stützpunkt des Fernhandels der Kaufleute und Handwerker.

Ausdruck dessen war unter anderem die Übergabe der Zollgewalt über die Stadt Neubrandenburg laut Urkunde vom 23. April 1276, unterschrieben in Eberswalde. Der Sohn Otto III., Albrecht III. von Stargard übertrug darin den Friedländern wegen ihrer rühmlichen Verdienste das eigene und das Zollrecht der Stadt Neubrandenburg.

Im Jahre 1282 wurde der Stadt Friedland auch der Marktzoll übertragen. Durch Landkäufe stärkte die Stadt ihre ökonomische Macht innerhalb des Feudalsystems weiter. Bereits im Jahre 1288 hatte die Stadt Friedland in der Feldmark Schwichtenberg von Markgraf Albrecht III. 20 Hufen Land erhalten.

Durch die Heirat des mecklenburgischen Fürsten Heinrich II. am 11. August 1292 mit der zweiten Tochter des brandenburgischen Markgrafen Albrecht III., Beatrix, gelangte das Land Stargard und damit auch die Stadt Friedland gegen den Willen der anderen Mitglieder des markgräflichen Hauses als Mitgift in den Besitz des mecklenburgischen Fürstenhauses. Da Markgraf Albrecht III. keinen männlichen Nachkommen besaß, verlieh er seinem mecklenburgischen Schwiegersohn das Land Stargard als Hochzeitsbeigabe. Die Hochzeit wurde in der ältesten Kirche der Hauptstadt des Stargarder Landes, in der Neubrandenburger St. Nikolaikirche vollzogen. Sie befand sich in unmittelbarer Nähe des Friedländer Tores der Stadt Neubrandenburg. Durch diese Heirat kam der weibliche Arm mit dem Ring in das mecklenburgische Wappen. Es ist anzunehmen, daß es dem mecklenburgischen Fürsten Heinrich II. bei dieser Heirat vor allem um eine Erweiterung der Grenzen seines Landes ging. Damit konnte er seine Macht weiter ausbauen. Seit diesem Jahr 1292 gehört die Stadt Friedland zum mecklenburgischen Fürstenhaus.

Übrigens schrieben die Mecklenburger ihre Urkunden bereits damals auch in der Landessprache Niederdeutsch (Plattdeutsch). Bis zum Ende des Mittelalters gab es hier im Norden, im niederdeutschen Raum, neben dem Latein der Gelehrten nur eine Sprache, eben das Niederdeutsche. Es wurde folglich für alle Situationen des Lebens benutzt, auch für die amtlich-offiziellen. Das Fürstenhaus von Mecklenburg, das bis 1918 regierte, war sich seiner obodritischen Abstammung stets bewußt. Es führte nie die Bezeichnung slawisch; es war stets das wendische Fürstenhaus der Obodriten.

Bemerkenswert ist ebenfalls, daß sich auch die Kaufherren der Hanse, geprägt vom Realitätssinn, pvon Lübeck bis zur Oder damals die „wendische Hanse" nannten.

Im Jahre 1295 war Friedland bereits Sitz des bischöflich-havelbergischen Propstes. In einer Urkunde vom 30. August 1295 wurde Propst Nikolaus von Friedland erwähnt.

In dieser Dotationsurkunde für das 1290 gestiftete Kloster Wanzka sprach man von Propst Nikolaus – „Magister Nycolaus prepositus in Vredeland". Die Stadt nahm damit auch in kirchlichen Angelegenheiten einen wichtigen Platz ein. Dies berechtigt auch zu der Annahme, daß die St. Marienkirche zu dieser Zeit bereits baulich vollendet war und schon über Einkünfte verfügte.

Bereits 50 Jahre nach ihrer Gründung war die Stadt Friedland so wohlhabend geworden, daß sie im Jahre 1296 das ganze Dorf Schwichtenberg kaufen konnte. Das geht aus einer Urkunde vom

26. September 1296 hervor. Darin ist dokumentiert, daß durch den Markgrafen von Brandenburg Albrecht III. der Stadt Friedland das Dorf Schwichtenberg verkauft wurde. Der Kaufpreis betrug 185 brandenburgische Denare. Das Dorf gehörte übrigens noch im 18. Jahrhundert der Stadt Friedland. Im gleichen Jahr 1296 wurde von dem Markgrafen auch das Gebiet der Großen Wiese an die Stadt Friedland verkauft. Den Wohlstand und Reichtum in dieser Zeit verdankte Friedland vor allem dem Gewerbefleiß der ansässigen Wollenweber.

Das neue, das 14. Jahrhundert begann für Friedland zunächst mit einem unglücklichen Jahr. Am 1. Oktober 1303 tobte ein heftiges Gewitter, begleitet von starkem Hagelschlag. Heu, Stroh und andere brennbare Stoffe entzündeten sich. Sogar Häuser und Scheunen gerieten in Brand. Es traten Verluste bei Mensch und Vieh auf.

Aber bereits das Jahr 1304 brachte der Stadt einen neuen Aufschwung auf wirtschaftlichem und politischem Gebiet. Der durch den Vertrag von Wittmannsdorf vom 15. Januar 1304 von den anderen markgräflichen Linien als Nachfolger Albrecht III. nunmehr anerkannte Fürst Heinrich II. von Mecklenburg gelangte gegen Zahlung von 5000 Mark brandenburgischem Silber in den Besitz des Landes Stargard, zu dem auch Friedland gehörte. Er erhielt das Land zum erblichen Lehen. Für die Schuld bürgte unter anderen auch die Stadt Friedland. Sie wurde ebenfalls als Zeuge in dieser Schlichtung im Vertrag genannt.

Heinrich II. bestätigte der Stadt in einer Urkunde vom 4. September 1304 alle unter dem brandenburgischen Markgrafen gehabten Freiheiten und Rechte und sprach sie frei von allen Gerichten außerhalb der Stadt. Nachdem die Stadt ihm die Treue geschworen hatte, verlieh er ihr das sogenannte Recht *„de non evocando"*. Dies bedeutete, daß kein Friedländer Bürger vor ein fremdes Gericht geladen werden sollte. Gleichzeitig stellte er in der Urkunde den Friedländern frei, sich an Gerichte außerhalb des Landes zu wenden, wenn sie vor einheimischen Gerichten keine Gerechtigkeit erhielten.

Dieses Recht wurde in der Stadt durch den Schöffenstuhl prakti-ziert. Er hielt seine Zusammenkünfte auf der sogenannten „Stein-burg" zwischen altem Rathaus und Marienkirche ab.

Alte Chronisten überlieferten uns, daß die Sprüche des Friedlän-der Schöffenstuhls großes Ansehen genossen. Er wurde auch zu Rechtsstreitigkeiten anderer Städte der Region konsultiert. Ebenso holten sich Bewohner aus anderen Regionen, oft von weit her, hier Rat und Recht.

Der Friedländer Schöffenstuhl bestand bis in die Zeit des Dreißig-jährigen Krieges. Sein Siegel hatte im geteilten Schild unten einen Büffelkopf mit einem Ring in der Nase und zueinander laufende Hörner. Im oberen Teil befand sich der Turm mit den drei Zinnen aus dem Stadtwappen. Die Umschrift lautete: *„SIGILLUM SCABINORUM DE VREDELANDE".*

Gleichzeitig beurkundete Heinrich II. von Mecklenburg die Ein-willigung zur Befestigung der Stadt mit Mauern, Toren, Gräben, Be-festigungen u. a. Dies war die Grundlage für die Errichtung der noch heute in Resten restaurierten Wehranlagen der Stadt. Man begann mit der Errichtung der Stadtmauer und Tore als Ersatz für die bis dahin vorhandenen Erdwälle und hölzernen Palisaden. Nach ihrer Fertigstellung umschloß die gesamte Stadt eine Mauer aus Feldsteinen. Sie war etwa 3 m hoch. Davor wurden Wassergräben geschaffen. Sie konnten bei Gefahr aus dem künstlich angelegten Mühlenteich geflutet werden.

Nach 1304 erbaute man das Steintor (jetzt Anklamer Tor) und in den gleichen Jahren das Treptower Tor, den Fangelturm und die Wiekhäuser in der Stadtmauer. Diese einst 29 viereckig oder rund erbauten Wiekhäuser standen in einem Abstand von 50 m an der Stadtmauer. Die Fischerburg ist eines der umgebauten Wiekhäuser.

Spätestens mit dem Jahre 1304, als die Stadt das Recht erhielt, ihre hölzerne Stadtbefestigung durch eine Stadtmauer zu ersetzen, hatte auch die alte Wendenburg ihre Bedeutung verloren. Im Zuge der Befestigungsarbeiten wurden die Wälle und Gräben planiert

Die Fischerburg

und darüber die Stadtmauer errichtet. Ebenso nimmt man an, daß der Stau des Mühlenteichs im Zusammenhang mit den umfangreichen Befestigungsbauten erfolgt ist.

In dieser Zeit erhielt die Stadt Friedland auch die Kavel als Eigentum.

1305 gab Heinrich II. von Mecklenburg der Stadt Friedland die verlorengegangenen Einnahmen aus den Zöllen von Friedland und Neubrandenburg zurück.

Beatrix von Brandenburg, die Ehefrau Heinrich II., starb am 22. September 1314. Da Beatrix ohne männliche Nachkommen starb, war der Wittmannsdorfer Vertrag in bezug auf das Stargarder Land in Frage gestellt. Als Heinrich II. 1315 sich mit der verwitweten thüringischen Landgräfin Anna wiedervermählte, wollte Markgraf Waldemar aus der Johanneschen Linie der Askanier das Land Stargard zurückerobern. Er fiel im Jahre 1315 mit einer großen Streitmacht ins Land ein. Diese kriegerische Auseinandersetzung ist bekanntgeworden als Markgrafenkrieg. In der Schlacht bei Gransee im August 1316, der größten, die in diesem Jahrhundert in Norddeutschland geschlagen wurde, besiegt Heinrich II, Fürst von Mecklenburg, die Armee des Markgrafen Waldemar von Brandenburg.

Ein Jahr später, am 24. September 1317 (Otto Vitense nennt als Datum den 25. November 1317), schlossen die kriegführenden Seiten nach langen Verhandlungen den Frieden zu Templin. Damit war der Plan der Brandenburger vereitelt. Heinrich II. von Mecklenburg konnte seinen Besitz weiter sichern und erweitern; Waldemar verzichtete auf das Land Stargard. Mit dem Friedensvertrag trat er das Land mit allen Rechten an Heinrich II. ab. Beim Friedensabschluß zu Templin wurde die Zugehörigkeit des Landes Stargard zu Mecklenburg besiegelt.

Im Jahre 1325 votiert Heinrich II. von Mecklenburg der Vikarie zu Friedland Hebungen in Staven, Rossow und Dahlen. In dieser Urkunde erscheint erstmals die Bezeichnung Sankt Marienkirche (*„unius Vikarie perpetue in Ecclesia Sankte Marie in Vredeland"*).

Am 21. Januar 1329 starb Heinrich II. von Mecklenburg. Er wurde im Kloster zu Doberan begraben.

Etwa um 1330 stellte man das Friedländer Steintor endlich fertig. Es bestand aus einem Innentor mit Fallgatter und Torflügeln in der vorderen und hinteren Außenwand sowie beiderseits je einem starken Rundturm.

Steintor/Anklamer Tor 1908

1336 (in anderen Berichten ist auch das Jahr 1366 genannt) kaufte sich zwar die Stadt Neubrandenburg das Zollrecht von der Stadt
Friedland wieder zurück, Bedingung war aber, daß die Friedländer
Bürger „auf ewig" in Neubrandenburg zollfrei sind. Die Neubrandenburger sollten aber in Friedland Zoll zahlen. Dieses Recht
ist selbstverständlich längst verjährt.

Jetzt begann ein stetiges Aufblühen der Stadt. Bereits im Jahre
1337 fand die Friedländer Gelehrtenschule erste urkundliche Erwähnung. Sie ist damit eine der ältesten Schulen in Mecklenburg.

Gymnasium (frühere Gelehrtenschule)

Mehr und mehr trat in diesen Jahren in Friedland das Gewerbe
an die Seite des Handels. Es entstanden in der Stadt Zusammenschlüsse der ansässigen Handwerker, so zum Beispiel die
Schuhmachergilde, deren erste urkundliche Erwähnung in das Jahr
1320 fällt. In diesem Jahr kauften die Schuhmacher Friedlands Land,
eine Hutung in Rattey, vom Ritter Engelke Manteufel. Am 31. Mai
1343 wurden die Krämer zur Krämergilde vom Stadtrat erhoben
und vom Fürsten von Mecklenburg bestätigt. Am 19. Mai 1350 folgten die Knochenhauer/Fleischer.

Im 14. Jahrhundert schlossen sich auch die Zinngießerzünfte einiger norddeutscher Städte zu einer wendischen Zunft zusammen.

Getragen durch diesen Aufschwung entwickelte sich Friedland zu einer der wichtigsten Landstädte Mecklenburgs und zum geistigen Mittelpunkt des Landes. Die Stadt war Sitz einer bischöflich-havelbergischen Propstei, die einige Zeit lang 81 Kirchgemeinden umfaßte.

1343 wurde erstmals auch Friedländer Geld, *„Moneta Vredelandensis"*, urkundlich erwähnt. Im Privileg der Kramergilde aus dem Jahre 1343 hieß es, daß derjenige, welcher in die Zunft eintreten will, eine Summe Geld in oben erwähnter Friedländer Münze an den Rat der Stadt entrichten müsse.

Um diese Zeit stiftete ein Mann namens von Bertikow die St. Jürgen-Kapelle vor dem Burgtor. Die Bertikows, später mit der Erbmarschall-Würde belehnt, waren zu jener Zeit das mächtigste und begüterste Geschlecht der Friedländer Umgebung. Pleetz, Roga, Salow, Schwanbeck und Ramelow gehörten ihnen.

Nach dem Tode Heinrich II. im Jahre 1329 gingen die Auseinandersetzungen um das Land Stargard weiter.

Im Sommer 1350 einigten sich die Mecklenburger Herzöge mit dem Wittelsbacher Markgrafen Ludwig erneut über den Übergang des Landes Stargard und der Herrschaft Fürstenberg an Mecklenburg. Damit wurde auch Friedlands Zugehörigkeit zu Mecklenburg endgültig besiegelt.

Friedland war zu dieser Zeit eine blühende Stadt. Handel und Gewerbe florierten. Blütezeit hatten die Gewandschneidergilde, die Kramergilde, das Woll- und Leinewebergewerk, die Schuhmacher und die Fleischer. Die Kirche war reich. Sie machte die schulische Bildung der jungen Friedländer zu ihrem Privileg. Nach dem Tode Heinrich II. und einer mehrjährigen Vormundschaftsregierung übernahm Albrecht II. die Regierung in der Herrschaft Mecklenburg. Er und sein Bruder Johann I. waren Söhne Heinrich II. Am 25. November 1352 nahmen Albrecht II. und Johann I. eine Landesteilung vor. Herzog Johann I. erhielt den Ostteil des Landes mit dem Land Stargard, das mit Land und Stadt Sternberg das Herzogtum Mecklenburg-Stargard bildete. Herzog Albrecht II. selbst behielt die ehemaligen Kerngebiete Mecklenburgs im Westen. Damit zeichneten sich um die Mitte des 14. Jahrhunderts bereits die Konturen der später in Mecklenburg verbleibenden zwei Landesherrschaften Mecklenburg-Schwerin und Mecklenburg-Stargard/Strelitz ab.

1352 wurde der Landfrieden zwischen den Mecklenburgern und dem Fürsten von Werle geschlossen. Die Friedländer mußten 20 Mann zur Kriegsfolge stellen. Die Friedländer Ratsherren waren dabei Schiedsrichter zwischen den Mecklenburgern und dem Werler Herzogtum.

In die Stadtmauer fügte die Stadt um 1365 den Fangelturm ein, der neben Verteidigungszwecken auch als Verlies für Gefangene diente.

Im Jahre 1371 fielen die Brandenburger wieder ins Land ein. Sie wurden aber von der Streitmacht des Herzogs Johann I. und dessen Bruder Albrecht II. zurückgeworfen.

1372 wurde in Friedland endlich der Frieden zwischen Mecklenburgern und Pommern geschlossen.

Die uneingeschränkte Willkür des Feudaladels zwang aber die Städte in der damaligen Zeit, Gegenmaßnahmen zu ergreifen. Sie gründeten Städtebündnisse. So schlossen am 6. August 1382 Friedland und Neubrandenburg ein gegenseitiges Beistandsbündnis ab.

Nach dem Tode von Herzog Johann I. im Jahre 1393 führten seine beiden Söhne Johann II. und Ulrich I. die Regierung gemeinschaftlich weiter. Ulrich I. residierte in Stargard.

Die Friedländer Münze war in dieser Zeit bereits tätig. 1391 wurden Claus Voß als Münzmeister und ein Mann namens Ghereke als Münzer in Friedland genannt.

Um das Jahr 1403 waren die Markgrafen von Brandenburg wieder in Fehde mit den Fürsten von Mecklenburg. Sie hatten damals das Hoheitsrecht in Friedland. Trotz Beistandsbündnis von 1382 konnte Neubrandenburg der Partnerstadt Friedland in diesem Konflikt nicht viel helfen.

So kam es, daß Herzog Ulrich I. von Stargard die Stadt Friedland belagerte. Er stürmte die Stadt, plünderte sie aus und ließ sie in Brand stecken. Aber auch von diesem Unglück erholte sich die Stadt recht bald.

1408 wurde nach einer langen Bauzeit die St. Gertrudenkapelle vor dem Steintor eingeweiht. Sie war nach der Schlacht am Karrenberg bei Neuensund (später lokalisiert als Schanzenberg bzw. Burgwall) am 25. November 1399 von den Herzögen von Mecklenburg-Stargard Johann II. und Ulrich I. als Dank für den Sieg über die Brandenburger gestiftet worden. Die Stiftungsurkunde für die Kapelle wurde am 2. Februar 1408 in Neubrandenburg ausgestellt. Bedeutende Männer aus dem herzoglichen Gefolge testierten das Schriftstück. Kein geringerer als der Bischof zu Havelberg bestätigte in Wittstock die Stiftung der Kapelle vor Friedlands Steintor. Dies war ein erneutes Zeichen der damals überregionalen Bedeutung Friedlands. Über die Bauausführung und das Schicksal der legendären Kapelle ist nichts bekannt.

Im gleichen Jahr teilten die regierenden Brüder Johann II. und Ulrich I. das Land. Johann II. erhielt den Landesteil mit den Städten Friedland, Fürstenberg und Lychen. Ulrich I. nahm den anderen Teil mit den Städten Neubrandenburg, Stargard, Strelitz und Wesenberg. Beide Herzöge starben aber bereits 1416 und 1417 kurz hintereinander.

Im Jahre 1419 ließ der Hohenzollern-Kurfürst Friedrich I. von Brandenburg (Regierungszeit 1415 bis 1440), der die Mark Brandenburg geerbt hatte, den Herzog Johann III. von Stargard (in der Chronik von Dr. Reinhold aus dem Jahre 1838 auch fälschlicherweise Johann VII. genannt), Nachfolger von Johann II. , von den brandenburgischen Rittern Rohr, Quitzow und Schulenburg mitten im

Frieden bei Kublank gefangennehmen. Johann III. hatte die geforderte brandenburgische Lehnshoheit verweigert. Nach achtjähriger Gefangenschaft sah sich Herzog Johann III. im Jahre 1427 gezwungen, die brandenburgische Lehnshoheit doch anzuerkennen. Er mußte für seine Freilassung ein Lösegeld von 9000 rheinischen Gulden zahlen. Die Stadt Friedland steuerte 1000 Friedländer Schillinge dazu bei. Außerdem schossen sie dem heimkehrenden Herzog eine für diese Zeit recht beträchtliche Summe vor und nahmen zur Sicherheit die Steuern von Dahlen zum Pfand.

Friedland war zu dieser Zeit trotz aller vorangegangenen Widrigkeiten nach wie vor eine recht wohlhabende Stadt. Das gilt auch für die in der Stadt ansässigen Handwerkerzünfte. So konnten 1420 die Wollenweber dem Propst eine Rente aussetzen.

Auch die Kirche Friedlands war schon so reich und bedeutungsvoll geworden, daß 1421 die St. Marienkirche das Dorf Willershagen, das spätere Sandhagen, von den Gebrüdern Mandüvel kaufen konnte. 1429 wurden aus Mitteln der Kirche unter Leitung von Barthold Mönckes, Henning Nigenhusen und Titecken Morsel die Orgel in der Kirche und der Anbau an der Südseite der St. Marienkirche Friedland gebaut. 1434 wurde der St. Marienkirche der Besitz des Kirchdorfes Sandhagen von Herzog Johann III. bestätigt. Aus der Schenkungsurkunde geht hervor, daß sie „das Dorf behalten" dürfe.

Doch bereits das Jahr 1433 brachte Unglück über die Stadt und ihre Bewohner. Am 28. (andere Aufzeichnungen nennen den 29.) Mai 1433 brach bei dem Bäcker Loisewitz ein Feuer aus. Es legte einen großen Teil der Stadt in Schutt und Asche. Da damals die Häuser meistens aus Fachwerk ausgeführt und mit Rohr und Stroh gedeckt waren, griff das Feuer mit großer Geschwindigkeit um sich. Dazu trugen auch die vielen Scheunen innerhalb der Stadtmauern bei. Innerhalb weniger Stunden brannte die halbe Stadt nieder. Die abgebrannten Bewohner hatten meist nichts als ihr Leben gerettet und waren dadurch großem Elend preisgegeben. Nur die Mildtätigkeit ihrer Landsleute konnte ihnen helfen. Ihr Wohlstand war auf längere Zeit vernichtet.

Und im Jahr darauf hatte die Stadt das Unglück, von Mordbrennern erneut eingeäschert zu werden.

Im Jahre 1436, genau am 1. September, wurde dem Bericht nach in der „Plattenburg" zu Neubrandenburg, dem damaligen Rathaus der Stadt auf dem Marienkirchplatz, eine bedeutsame Sitzung abgehalten. Um den Verhandlungstisch saßen Bürgermeister und Ratsmänner der Stadt Neubrandenburg und der Stadt Friedland. Sie unterzeichneten namens ihrer Städte eine Urkunde, die den Beistandspakt von 1382 bekräftigte. Bei dieser mit der Stadt Friedland stattgefundenen Urkundenunterzeichnung waren 20 Zeugen anwesend, die auch in der Urkunde verzeichnet sind: Hermann Wopghar, Hans Wolder, Hermann Klepelshagen, Ebel van Aschen, Henningk van deme Glyneke, Berend Bere, Hans Krein, Heiningh Lüder, Michel Holtdörp, Hinrik Patzentien, Hinrich Wolder, Mathias Netze, Tetemann, Symon Glynecke, Achim Dewetze, Hinrick von deme Berghe, Gereke Rogghantyn, Clawes Schulte, Egghart Zonneke und Hermann Glyneke.

Ein großer Tag für die Stadt war der 14. November 1439. An diesem Tag erließ Herzog Heinrich IV. von Mecklenburg für das Land Stargard eine Münzordnung. Die Stadt Friedland erhielt hierdurch das offizielle Recht, Münzen zu prägen. Als Präge- oder Münzstätte wurde ein Wiekhaus, die Fischerburg, genutzt. In dieser Münze wurden die Friedländer Schillinge, die man auch Friedländer Witten nannte, geprägt.

Der Name Witten rührt her vom hellen Aussehen der Münzen, hervorgerufen durch den Silbergehalt. Im Volksmund wurden die Münzen auch „Vinkenoogen"- "„Finkenaugen" genannt. Die Friedländer Schillinge zeigten in der Mitte ein Kreuz, dessen Balken von einem Kreis ausgingen; dazu die Umschriftung: „Moneta Vredeland. Civitat Magnopo" – „Münze von Friedland, einer Stadt in Mecklenburg".

Mit dem urkundlich beglaubigten Recht zur Prägung der Friedländer Witten wurde die Stadt wieder mächtiger und unabhängiger. Gleichzeitig mußte Herzog Heinrich II., der von 1417 bis 1466

von der Stargarder Burg aus regierte, auf Grund seines schlechten
Geldes ein Versprechen abgeben: die Prägetätigkeit seiner Münze
in Stargard sollte für zwei Jahre ruhen und danach eine erneute
Prägung nur unter Aufsicht in Neubrandenburg oder Friedland stattfinden.

Am 22. Juli 1440 verbündeten sich Friedland und Neubrandenburg
erneut zur Aufrechterhaltung ihrer Privilegien gegen ihre Erbherren.

Im Jahre 1440 entspann sich wieder einmal ein Krieg zwischen
den mecklenburgischen Herzögen und dem brandenburgischen Kurfürsten Friedrich I. und den mit ihm verbündeten Pommern. Während dieser Auseinandersetzung wurde besonders der südliche Teil
des Landes Stargard, um die Woldegker Gegend herum, von den
Brandenburgern verheert. Heinrich II. mußte seinen Feinden im
Vertrag von Ahrensdorf bei Friedland diese Landstriche überlassen.

Kurfürst Friedrich I. von Brandenburg starb im Jahre 1440 und
sein Sohn Friedrich II. (Regierungszeit 1440 bis 1470) schloß mit
den Mecklenburger Herzögen 1442 einen sogenannten Erbvertrag,
der besagte, daß der brandenburgische Kurfürst gegen eine Entschä-
digungssumme von 5000 rheinischen Gulden allen Ansprüchen auf
das Stargarder Land entsagte. Aber nach dem Aussterben der Mecklenburger Linien sollte deren Land an Brandenburg fallen. Die mecklenburgischen Städte leisteten dem Brandenburger daraufhin die
sogenannte Erbhuldigung; Friedland am 30. Oktober 1442, Neubrandenburg am 31. Oktober 1442.

1444 wurde Friedland abermals von Raubrittern und Mordbrennern überfallen und zum größten Teil eingeäschert. Doch wiederum konnten oder wollten die Neubrandenburger trotz Beistands-
versprechen den Friedländern nicht helfen.

Das war der Grund, warum die Stadt Friedland 1449 zusammen
mit den Städten Anklam, Prenzlau, Pasewalk, Neubrandenburg,
Strasburg, Templin und Lychen eine Allianz gegen Straßenräuber
und Raubritter bildete. Erst diese umfassende Städteverbindung

konnte einen dauerhaft sicheren Schutz gegen die Raubritter bilden, die mit den mächtigen und reichen Städten in Fehde lagen. Auch die Warenzüge der Kaufleute auf den Handelsstraßen waren gefährdet und wurden jetzt durch Bewaffnete gesichert.

Die Feldmark der Stadt Friedland umgab man zur Sicherung mit Wall und Graben, der sogenannten Landwehr. Reste der alten Friedländer Landwehr um die Feldmark der Stadt verlaufen noch heute von der Brille Bresewitz erst in südwestlicher, dann in südlicher Richtung über die alte Friedländer Landstraße nach Neubrandenburg, westlich an Friedland vorbei bis kurz vor die Datze nordwestlich von Mohrmannshof.

Mit ihrem dichten Dornengestrüpp und den dahinter liegenden tiefen und breiten Gräben bot die Landwehr einen guten Schutz gegen das räuberische Forttreiben von Vieh und plötzliche Überfälle. Und auch die Scheunen der Friedländer Bauern wurden wegen der großen Unsicherheit meist nur noch innerhalb der Stadt gebaut. Die Bauern des offenen Landes waren dagegen schutzlos den Überfällen ausgeliefert.

Die Städte unterhielten zusammen ein kleines, aber wirksames Heer von Reitern und Fußvolk, das schnell dort eingreifen konnte, wo Not am Mann war.

Im Jahre 1450 wurde das im spätgotischen Stil gestaltete Burgtor, das heutige Neubrandenburger Tor, an Stelle eines bis dahin vorhandenen Holztores errichtet.

Eine weitere blutige Fehde entspann sich im Jahre 1453 zwischen Herzog Heinrich II. von Stargard und dem Pommernherzog Wartislaw zu Wolgast und Demmin. Der Sohn von Heinrich II. von Stargard, Ulrich, war durch Hilfe des Herzog Barnim von Pommern mit Prinzessin Katharina von Wenden verlobt. Pommernherzog Wartislaw als Nachfolger des im Jahre 1451 verstorbenen Herzogs Barnim verweigerte aber die Herausgabe von Braut und Brautschatz in Höhe von 20 000 Gulden.

Burgtor/Neubrandenburger Tor

Im Verlauf der dadurch entstandenen Fehde zwischen beiden Herr-
schern fielen am 8. September 1453 die Pommern in das Land
Stargard ein. Sie nahmen das Schloß Galenbeck, zerstörten es und
erschlugen die 55 Mann starke Besatzung unter Henning Riebe.

Danach zogen die Pommern über die Pasewalker Landstraße nach
Friedland. Sie brannten dabei 18 Dörfer der Umgebung nieder.
Daraufhin versammelten sich auf der Steinburg in Friedland die
Ratsmänner und die Wiekhauptleute zur Beratung. Der Archen-
meister staute das Wasser vor dem Treptower Tor, so daß sich die
weiten Wallgräben bis dicht unter die Kronen füllten. Die Altermannswiesen wurden zum See. Der alte Erich Luprechtsdorp entkam mit knapper Not aus seiner Burg in Jatzke und fand Zuflucht in
der Stadt.

Am Morgen des nächsten Tages lagerten die Pommern um den
Galgenberg und auf dem Mühlenberg vor dem Treptower Tor. Den
Vortrupp bildete Herzog Wartislaw mit den Schwerinern, den
Gützkows, Nynkerken, Lepel, Bugewitz und anderen Adligen. Dazu

kamen die Wagenritter von Anklam, Demmin, Treptow, Wolgast u.a.

Sie konnten aber auch nach achttägiger Belagerung bis Donnerstag vor Michaelis (29. September) 1453 die Stadt Friedland nicht einnehmen. Daraufhin wurde Friedland mit brennendem Holz und Brandpfeilen auf die Strohdächer im Gröpenwinkel und in der Ketelbußer Straße, die hart hinter der Mauer lag, beschossen. Die halbe Stadt ging wieder einmal in Flammen auf. Mit einer sogenannten Bliede schossen die Pommern ein mehrere Zentner schweres Steingeschoß in das Dach des alten Bergfrieds an der Datze, den Fangelturm. Dadurch brach der Turm krachend zusammen und blieb bis 1911 lediglich als Turmstumpf erhalten.

Von Westen, von der St. Jürgens-Kapelle her hatten unterdessen die Pommern unter dem Schutze der Nacht versucht, durch das hier nicht sehr tiefe Wasser watend, die Burgtorzingel zu umgehen. Sie schleppten Balken und Bretter heran, um den Graben zu überbrücken. Die Zingelwache hörte das Plätschern und rief die Torwache. Sie wurde vom Knochenhauermeister Engelke Olwig geführt. Der drang mit den nächsten Wiekhausbesatzungen bis zu der Stelle vor, wo die Pommern den Graben schon überbrückt hatten. Nach blutigem Ringen warfen sie die Pommern samt ihrer Brücke in den Graben, der von dieser Zeit an den Namen „der Sturzgraben" führt. Heute wird dieser Graben durch Wortverstümmelung „Strutzgraben" genannt.

Auf Grund eines Gerüchts, daß der Herzog Heinrich IV. von Mecklenburg-Schwerin seinem bedrängten Vetter Heinrich II. von Stargard zu Hilfe käme, flüchteten schließlich die Pommern. Dafür fielen jetzt die verfolgenden Stargarder in Pommern ein und verbrannten dort viele Dörfer.

Damit war die Fehde beendet, die unter dem Namen „Brautkrieg" in die Mecklenburger Geschichte einging. Die Braut nebst Aussteuer wurde herausgegeben. Und im Jahre 1454 fand die Vermählung von Prinzessin Katharina von Wenden mit dem Sohn Heinrich II., Ulrich statt.

Zerstörter Fangelturm

Aber die Fehden zwischen den Fürsten, dem Adel und den Städten hörten im mecklenburgischen Land auch danach nicht auf. Es herrschte im Grunde ein ständiger Kriegszustand. Keiner war seines Eigentums und seines Lebens sicher. Von Kaiser und Reich war kein Schutz zu erwarten, von den herrschenden Landesfürsten ebenfalls nicht. Jede Stadt suchte sich auf ihre Weise zu schützen.

Im Jahre 1471 erlosch mit dem Tode von Herzog Heinrich II. die Stargarder Linie und Herzog Heinrich IV. von Schwerin vereinigte ganz Mecklenburg unter seiner Herrschaft.

Nach Berichten der Chronisten Dr. Reinhold und Rektor Simonis brach am 15. Juni 1472 in der Friedländer Pfaffenstraße durch Unachtsamkeit bei einer Feier wieder einmal ein Feuer aus. Es zog ein ganzes Stadtviertel bis zum Steintor in Mitleidenschaft. Acht Tage später wurde die noch vorhandene Glut durch Sturm wieder entfacht und weitere 70 Häuser und die Nikolaikirche brannten ab.

Trotz all dieser Wirrnisse und der oft trostlosen Kriegszustände im 14. und 15. Jahrhundert war Friedland und seine Rechtsprechung nach wie vor weit im Land bekannt und berühmt. Auch der städtische Wohlstand wuchs weiter, so daß die Zahl der Ratsherren ständig anstieg und die Stadt zeitweilig gleichzeitig vier Bürgermeister hatte, die sich in der Leitung des Rates ablösten.

Durch ihre guten und erfolgreichen Geschäfte waren die Gewerke der Wollweber, Schuhmacher, Knochenhauer, Bäcker, Schmiede, Krämer und Schneider so mächtig geworden, daß ab 1469 alle Gewerke gemeinsam Vertreter auf Lebenszeit, sogenannte Altermänner, ins Rathaus wählen konnten. 1472 schlossen sich auch die Leineweber, 1493 die Knochenhauer und 1499 die Schuster zu Zünften zusammen.

Die Stadt Friedland hatte in diesen Jahren eine führende Rolle im Lande Stargard eingenommen. Sie war als Sitz der havelländischen Propstei geistlicher Mittelpunkt des Landes, war die älteste Stadt im Lande und besaß das Recht auf eine eigene Münze.

Nikolaikirche

4. Die Neuzeit

(von der Reformation bis zur Reichsgründung 1871)

4.1 Die Reformation und der Dreißigjährige Krieg

Seit dem 15. Jahrhundert hatten die regierenden mecklenburgischen Herzöge mit dem Aufbau von Verwaltungsstrukturen begonnen. Meist wurden ausgebildete Juristen an die Spitze dieser Institutionen gesetzt. Den Regierungsverwaltungen standen als wichtigste politische Kraft der Adel und die Stände und in zweiter Linie die Städte gegenüber. Der Einfluß der Städte war vor allem durch ihre wirtschaftliche Stärke begründet

In den Städten hatten die Zünfte großen Einfluß. Mit der großen Union der Stände von Rostock vom 1. August 1523 verhinderten die zusammengeschlossenen Stände weitere Landesteilungen. Sie sorgten außerdem für die Rückgabe an das Fürstenhaus bei Erlöschen der Linien.

Friedland spielte dabei eine nicht unbedeutende Rolle innerhalb der Landstädte Mecklenburgs. In der Stadt saßen im Jahr 1514 insgesamt vierzehn Vertreter der Zünfte, die Altermänner, im Rat. Seit dem Jahre 1523 sah man die Stadt häufig als Bevollmächtigten der übrigen Landstädte auftreten und handeln. Friedland hatte seine Stellung behauptet. Mit der Urkunde vom 17. Januar 1500 wurden auch die bestehenden Privilegien der Friedländer St. Marienkirche bestätigt.

Anfang des 16. Jahrhunderts regierte in Mecklenburg Herzog Heinrich V. - der Friedfertige- (Regierungszeit 1503 bis 1552) und sein Bruder Albrecht VII. - der Schöne (bis 1547). Möglich war diese Doppelherrschaft der beiden Herzöge über unsere Stadt, weil Friedland zu den Städten gehörte, die nach einem Vertrag aus dem Jahre 1520 von der Landesteilung ausgeschlossen waren. Friedland regierten damit die beiden Brüder gemeinsam. Unter ihrer Regentschaft wurde die Reformation in Mecklenburg behutsam gefördert.

Friedland war zu dieser Zeit noch immer Sitz des katholischen bischöflich-havelbergischen Propstes. Es hatte dadurch auch eine bevorzugte Stellung im Lande Stargard. Dem in Friedland ansässigen Propst unterstanden alle Geistlichen des Landes Stargard. Wohnsitz des Propstes war ein Haus an der Ecke der heutigen Schulstraße/ Riemannstraße. Dieses älteste Pfarrhaus Friedlands hieß noch lange „Propstei-Stelle". Gleichzeitig war der Propst der erste Prälat des Landes (Prälat = hoher katholischer geistlicher Würdenträger) und damit der Vornehmste unter den Räten des Landesherrn.

Der amtierende Propst von Friedland lud in dieser Funktion als erster Prälat des Landes auch die Ritter und Städte zur Huldigung gegenüber dem jeweiligen Landesherrn ein. Diese Huldigungen fanden nach alter Tradition auf dem Kirchhof von Cölpin statt. Hier wurden auch die Landtage abgehalten.

Das 16. Jahrhundert ist aber vor allem als Jahrhundert der lutherischen Reformation in die Geschichte eingegangen. Am 31. Oktober 1517 schlug Dr. Martin Luther seine 95 Thesen gegen den Ablaßhandel an der Schloßkirche zu Wittenberg an. 1521 mußte er vor dem Reichstag zu Worms und vor dem Kaiser erscheinen. Luther wurde geächtet und die Ausbreitung seiner Lehre verboten. Aber bereits auf dem ersten Reichstag zu Speyer 1526 wurde festgelegt, daß jeder Reichsstand sich in Religionssachen so verhalten soll, „wie er es gegen Gott und Kaiserliche Majestät zu verantworten hoffet und getrauet".

Die Reformationsbewegung in Friedland begann im Sommer 1525 mit Predigten eines Augustinermönches aus dem Kloster Anklam, wahrscheinlich mit Namen Henning Krukow. Dieser Mönch fand unter den Einwohnern der Stadt großen Anhang. Aber Magistrat und der bischöfliche Vertreter in Friedland Heinrich Hasse verboten die Predigten. Dies brachte die Bürger gegen Hasse auf. Eines Tages jagten sie ihn auf den Kirchhof und hätten ihn fast erschlagen. Er war ohnehin wegen seiner Habsucht in der Stadt verhaßt.

Der Augustinermönch aus Anklam wurde vom Bischof auf Grund der Proteste der Stadtväter und der katholischen Kirche zwar abberufen, aber ein anderer setzte das reformatorische Werk in der Stadt fort. Dieser neue Mönch hatte bis dahin bei den Edelleuten von Rieben auf Galenbeck gepredigt.

Da die katholische Geistlichkeit der Stadt auch weiterhin die Reformationsbewegung verketzerte, kam es immer wieder zu religiösem Aufruhr in der Stadt.

Zu Beginn der Reformation in Deutschland lebte in Friedland der katholische Priester Liborius Schwichtenberg, ein heftiger Gegner der Reformation. Er inszenierte in den Jahren 1525 bis 1527 stürmische Bewegungen gegen die Reformationsbestrebungen in der Stadt. Der Tumult der Bürger richtete sich besonders im Jahre 1526 unter Führung eines Mönches und eines aus Wittenberg heimgekehrten Studenten gegen diesen katholischen Priester Schwichtenberg. Dessen Wohnung wurde im Zuge eines solchen Tumultes dem Erdboden gleichgemacht. Im Jahre 1527 mußte er die gegen ihn aufgebrachte Stadt verlassen.

Aus diesem Grunde traf Herzog Heinrich V. im Jahre 1526 die Anordnung, daß keinerlei gewaltsame Eingriffe in die noch bestehende alte, katholische Kirche gestattet sei. Ebenso sollte aber auch keine Verfolgung der Bekenner der reformierten christlichen Lehre erfolgen. Dieser Erlaß konnte zunächst keine Ruhe in der Stadt stiften.

Im Jahre 1529 baten sechs Friedländer Bürger – Heinrich Dagemann, Hans Piper, Jürgen Loisewitz, Achim Schmidt, Hans Rülow und Kaspar Lütke – Herzog Heinrich V. um Überlassung der leerstehenden St. Nikolaikirche und Anstellung eines evangelischen Predigers. Erst im Jahre 1532 wurde diese Bitte erfüllt. Georg Behrenfeld wurde der erste evangelische Prediger in Friedland.

Herzog Albrecht VII. als Mitregent in Mecklenburg hatte sich aber wieder dem katholischen Glauben zugewandt. Er verjagte Pastor Behrenfeld im gleichen Jahr aus Friedland. Doch sein Bruder Herzog Heinrich V. kam in die Stadt und setzte Pastor Behrenfeld erneut in sein Amt ein.

Nach dem Jahre 1532 konnten in Friedland beide Religionen ne-
beneinander ungehindert wirken. 1534 erfolgte die Berufung des
evangelischen Propstes Gunter von Wangelin.

Die evangelische Kirche in Friedland entwickelte sich schnell.
1541 hatte die Stadt bereits zwei evangelische Prediger - Fabian
Wegner und Jacob Glasow-, seit dem Jahre 1591 sogar drei evangelische Prediger. Außerdem wirkten in der Stadt drei Bürgermeister und 12 Ratsherren. 1533 schlossen sich die Bäcker, 1546 die
Kürschner zu Zünften zusammen. Damit erhöhte sich die wirtschaftliche Kraft der Stadt weiter.

1548 wurde die reformierte evangelische Kirche offiziell in Mecklenburg eingeführt. Herzog Heinrich V. erwirkte einen Beschluß
der Städte seines Herrschaftsbereiches, der die evangelisch-lutherische Kirche zur beherrschenden Kirche Mecklenburgs machte. Aber
erst am 19. Juni 1549 faßte man auf dem Landtag zu Sternberg den
Beschluß zur Abschaffung des katholischen Papsttums in Mecklenburg und bestimmte das Luthertum als Landeskonfession. An die
Visitatoren ging der Auftrag, überflüssige Kirchen und Kapellen in
und vor Städten abzubrechen oder anderen Zwecken zuzuführen.
Nebenaltäre riß man ab, Heiligenfiguren und Legendenbilder wurden übermalt. Das führte möglicherweise auch zum Untergang der
ehemaligen Kapelle der Heiligen Katharina, der späteren St. Ger-
trud-Kapelle in Friedland.

Die neue, von Phillip Melanchton verfaßte mecklenburgische
evangelische Kirchenordnung druckte man 1552 bei Hans Lusst in
Wittenberg. Aber erst 1557 wurde sie mit Einwilligung der Stände
von den beiden Herzögen Johann Albrecht I. und Ulrich publiziert.
Zum besseren Verständnis für das mecklenburgische Volk war sie
1556 ins Niederdeutsche übertragen worden. Vollendet wurde die
Reformation im Lande also erst unter der Herrschaft der Söhne
Herzog Albrecht VII. , Johann Albrecht I. und Ulrich.

Nach Maßgabe der 1577 angenommenen „Concordienformel"
nahm Herzog Ulrich eine Revision dieser Kirchenordnung vor. Die

beiden Friedländer Pastoren Joachim Klingenberg und Gregorius Gentzkow hatten ebenfalls diese Concordienformel unterschrieben. Am 30. Dezember 1579 unterzeichnete Herzog Ulrich die Concordienformel. Sie wurde von ihm am 20. Oktober 1580 auch an die Friedländer Kirchenbibliothek übergeben.

Doch die Stadt suchte wieder einmal Unglück heim. So entstand im Jahre 1556 durch die Unvorsichtigkeit des Böttchers Heinrich Lumbecke eine Feuersbrunst, die 113 Gebäude in der Stadt vernichtete und der auch zwei Menschenleben zum Opfer fielen. Und um 1580 suchte die Pest Friedland heim, das Land bzw. einzelne Städte oder ländliche Gebiete wurde in diesem Jahrhundert ganze 13mal heimgesucht.

1571 und 1573 kaufte die Stadt von den beiden mecklenburgischen Herzögen Johann Albrecht I. und Ulrich die stadtnahe Windmühle ab. Sie erweiterte damit erneut ihre wirtschaftliche Unabhängigkeit. Im Jahre 1572 wurde im Land eine Verordnung verabschiedet, die z. B. das bürgerliche Handwerk und den Handel auf Dörfern untersagte. Der Handel mit der Landbevölkerung durfte nur innerhalb der Stadt auf dem Markt vor sich gehen. Der Verkauf von Produkten der Landbevölkerung an fremde Aufkäufer wurde verboten. Diese Verordnungen hatten großen Einfluß auf das Gedeihen der Städte. Friedland reihte sich hier ebenfalls mit ein.

Am 18. Oktober 1583 brach schon wieder, diesmal im Zwischenhaus des Bürgers Simon Rülow ein Feuer aus, das 72 Gebäude zerstörte. Eine Woche später gingen durch Brandstiftung noch weitere 150 Häuser in Flammen auf. Der Brandstifter - Klaus Hannecke -, ein Torwächter, nahm sich das Leben im Gefängnis.

Aus dem Jahre 1597 stammt die erste namentliche Erwähnung eines Friedländer Zinngießers - Cort Tile -. Er mußte vor dem Rostocker Zinngießeramt erscheinen, weil er seine Werkstatt stillgelegt hatte und bei einem Junker arbeitete. Aus Sicht des Amtes verletzte er damit die Handwerkerehre. Anzunehmen ist aber, daß wirtschaftliche Probleme seine Handlungsweise bestimmten.

Die politisch eher ereignisarme Geschichte Mecklenburgs wurde nachdrücklich mit Beginn des 17. Jahrhunderts durch die Wirren des Dreißigjährigen Krieges 1618 bis 1648 unterbrochen. Vor
dem Dreißigjährigen Krieg war Friedland eine bedeutende Han-
delsstadt am Straßenkreuz Treptow-Strasburg und Anklam-Neu-
brandenburg. Stark war neben dem Handwerk, vor allem der
Tuchmacherei, und dem Handel der Ackerbau. 1608 erfolgte die
Regelung des kirchlichen Vermögens in der Stadt zwischen beiden
Konfessionen durch den Kirchenökonomievertrag.

Aber die folgende Zeit des Dreißigjährigen Krieges von 1618 bis
1648 entwickelte sich für Mecklenburg zu einer schreckliche Leidenszeit. Das Land erlitt besonders schwere Verluste an Menschen
und Vermögen. Und auch für die Stadt Friedland und ihre Bürger
sah diese Zeit im Großen und Ganzen besonders traurig aus.

Dieser schreckliche Krieg war in erster Linie ein Krieg der Kronen
unter dem Deckmantel des Glaubens. Dabei wurde der Glauben,
um den es angeblich ging, schwer beschädigt. Begonnen hatte das
Verhängnis im Herzen des damaligen deutschen Reiches, in Böhmen. Reformation und Gegenreformation hatten in den Jahren zuvor ihre Truppen gesammelt. Die protestantische Wut entlud sich
1618 gegen die kaiserlichen Statthalter. Man warf sie kurzerhand
aus dem Fenster – als „Prager Fenstersturz" wurde dieser Vorgang
in der Geschichte bekannt. Der deutsche Kaiser Ferdinand II. (Regierungszeit 1619 bis 1637) war durch seine danach in Böhmen
einsetzende Unterdrückungspolitik gegenüber den Protestanten
letztendlich Urheber des für das deutsche Volk so verhängnisvol-
len Dreißigjährigen Krieges.

Noch aber waren die Friedländer Bürger nicht von den sich ent-
wickelnden kriegerischen Wirren betroffen. Mit dem Jurisdiktions-
vergleich vom 29. Dezember 1624 zwischen dem Bürgermeister
von Friedland und dem regierenden Herzog wurde die Gerichtsbarkeit in der Stadt neu geregelt und das Schicksal des Schöffenstuhls besiegelt.

Und 1625 bekam die Stadt von Herzog Johann Albrecht II. das
Recht, einen zweiten Viehmarkt zu betreiben, was zweifellos zur

weiteren Erhöhung des Wohlstandes in der Stadt beitrug. In der Mitte des Marktes wurde für zwei Stunden ein grüner Baum aufgerichtet. In der ersten Stunde durfte nur der Herzog, in der zweiten die Friedländer kaufen. Danach war der Handel frei. Die Stadt besaß zu diesem Zeitpunkt nach Überlieferungen etwas über 4000 Einwohner.

Die in der damaligen Zeit in Europa vorhandene Machtkonstellation und die nach der Reformation entstandenen Widersprüche der Konfessionen – Polen, Österreich und Italien katholisch; Schweden, Dänemark, Frankreich und die deutschen Fürsten protestantisch – ließen die Länder Mecklenburgs dann doch in eine Zwickmühle geraten. Deshalb zogen in den zwanziger Jahren des 17. Jahrhunderts dänische, schwedische und kaiserliche Truppen – immer brandschatzend – durch das Land.

Nun lag die Stadt Friedland an einer vielbenutzten Heerstraße. Die Folge waren andauernde Durchmärsche, Einquartierungen, Plünderungen und Gewalttätigkeiten durch die den verschiedensten Herrscherhäusern zugehörigen Söldnerheere.

Im Jahre 1625 rückten Tilly und Albrecht von Wallenstein als kaiserlicher Generalissimus mit einem angeworbenen Heer von etwa 40 000 Mann gegen Norddeutschland vor. Und im Juli 1625 fielen diese Truppen in das Land Stargard ein. Bald hatten sie ganz Norddeutschland besetzt.

Damals regierten in Mecklenburg Adolf Friedrich I. von Mecklenburg-Schwerin und Johann Albrecht II. von Mecklenburg-Güstrow. Die beiden Herzöge hatten sich wegen ihres Eintretens für die protestantische Sache gegen die kaiserliche Liga gestellt. Wallenstein brachte den deutschen Kaiser dazu, die Herzöge zu Hochverrätern zu erklären und ihnen das Reichslehen zu entziehen.

Am 19. Januar 1628 verpfändete der Kaiser ganz Mecklenburg an Wallenstein und dessen Erben und verlieh ihm die Würde eines regierenden Herzogs.

Am 22. Mai 1628 verließen die beiden mecklenburgischen Herzöge ihr Land und Wallenstein zog am 29. Juli 1628 in Güstrow ein. Vom Kaiser wurde er am 9. Juni 1629 mit dem Herzogtum Mecklenburg als erbliches Lehen belohnt. Er herrschte bis 1630 im Land und organisierte eine gut geordnete, klar gegliederte Verwaltung.

Zum Schutze der deutschen Protestanten und zur Hilfe für die mecklenburgischen Herzöge, die seine Geschwisterkinder waren, landete im Juli 1630 Gustav Adolf, König von Schweden, mit einem kleinen schlagkräftigen Heer von etwa 15000 Mann an der Küste der Insel Usedom. Er besetzte Stettin und vertrieb die kaiserlichen Truppen aus Pommern. Der schwedische General Baner überschritt mit seinen Truppen die mecklenburgische Grenze und besetzte unter anderem die Städte Friedland und Neubrandenburg. Die kaiserlichen Truppen mußten sich zurückziehen.

Wallenstein aber wurde auf dem Reichstag zu Regensburg am 7. Juli 1630 wegen seiner unerhörten Greueltaten von Kaiser Ferdinand II. als Oberbefehlshaber der kaiserlichen Truppen entmachtet. Im Jahre 1634 ermordete man ihn in der Burg Eger.

Den Oberbefehl über die kaiserlichen Truppen führte jetzt Tilly. Dieser rückte mit seiner Streitmacht von etwa 18 000 Mann aus der Mark Brandenburg nach Norden vor und versuchte, die Schweden zurückzudrängen. Vom 14. März 1631 an belagerte er die Stadt Neubrandenburg. Am 17. März 1631 begann die Kanonade auf Neubrandenburg und am 19. März 1631 erstürmte Tilly mit seinen kaiserlichen Truppen die Stadt. Seine Truppen richteten in der Stadt ein fürchterliches Blutbad an und plünderten sie drei Tage lang.

Zu dieser Zeit war Friedland noch immer von den schwedischen Truppen des General Baner besetzt. Nachdem die schwedische Besatzung von den Greueltaten der Kaiserlichen in Neubrandenburg gehört hatte, zog sie sich nach Anklam zurück. Dadurch blieb Friedland von einer Belagerung, Erstürmung und den mit Sicherheit folgenden Greueltaten der kaiserlichen Truppen wie in Neubrandenburg verschont.

Im Juli 1631 ergriffen die mecklenburgischen Herzöge mit von Lübeck aus angeworbenen Truppen wieder von ihrem Land Besitz. Die kaiserlichen Truppen zogen sich unter schwachem Widerstand nach Dömitz, Rostock und Wismar zurück. Bis Januar 1632 war das Land Mecklenburg von fremden Truppen befreit.

Im November 1632 wurde Tilly mit seinen kaiserlichen Truppen vom schwedischen König Gustav Adolf in der Schlacht bei Lützen besiegt. In dieser Schlacht fiel König Gustav Adolf. Den Leichnam des Königs überführte man in die Heimat. Auf dem Transport dorthin hat der Sarg mit dem Leichnam eine Nacht über hier in Friedland in der St. Marienkirche gestanden. Zur Aufnahme mußten besondere Maßnahmen getroffen werden, da der Paradesarg zu groß war, um durch die Kirchentür gebracht zu werden.

Not, Elend und Verwüstungen aber waren für Mecklenburg trotzdem nicht zu Ende. Es begann die vierte, längste und letzte Phase dieses Krieges, der schwedisch-französische Krieg, der von 1635 bis 1648 andauerte - mit wechselndem Kriegsglück. Auf schwedischer Seite kämpften die Generale Baner, Wrangel und andere. Auf französischer Seite stand unter anderem Bernhard von Sachsen-Weimar. Die kaiserlichen Truppen befehligten General Gallas und Johann von Werth.

Auch diese Auseinandersetzung vermehrte in ganz Deutschland die furchtbaren Verwüstungen und brachte eine Entvölkerung großer Landstriche mit sich. Längst wußte kaum noch jemand, wofür gekämpft und gestorben wurde. Front war überall da, wo die oft führerlos marodierenden Landsknechthaufen auftauchten und sich um die schäbigen Reste in den Vorratskammern der Bauern schlugen.

Im Juli 1637 trieb der kaiserliche General Gallas mit überlegenen Kräften die Schweden unter General Baner aus Mecklenburg zurück. Aber auch die kaiserlichen Truppen zogen mordend durch das Land und verübten furchtbare Greueltaten.

Im Jahre 1637 brach zu allem Unglück noch die Rinderpest in der Stadt aus. Durch die hohen Viehverluste entstand eine unge-

heure Teuerung – die Preise für Getreide stiegen fast auf das Zehn-
fache an. Das wiederum war die Ursache für eine große Hungersnot. Sie wurde durch die von den Heeren eingeschleppte Pest ver-
stärkt. In den Jahren 1637 und 1638 kostete sie allein in Friedland
872 Menschenleben.

Auch der Hexenglaube forderte in Friedland unter dem Regiment
der Bürgermeister Pieseler, Quilitz und Kruse seine Opfer. Am
17. April 1637 wurde Anna Horne, am 9. Mai 1637 Anna Kröger
und am 13. Juni 1637 Mechel Burchart der Prozeß wegen Hexerei
gemacht. Alle drei Frauen wurden als Hexern verbrannt, wie im
Kirchenregister nachzuweisen ist.

Doch gegen Oktober 1638 wendete sich das Kriegsglück. Das
Heer des Schwedengenerals Baner vertrieb die Kaiserlichen wieder
aus dem Land. Und als die Schweden endlich des Gallas wilde
Horden aus Mecklenburg vertrieben hatten, fuhren die Schweden
mit Rauben und Morden in derselben Weise fort, zumal das schwedische Heer meist ebenfalls aus geworbenen Söldnern bestand.

So hatten das Land und auch die Stadt Friedland furchtbar zu
leiden unter den unerhörten Grausamkeiten und Schändungen der
beiden kriegführenden Mächte, von denen bald die eine, bald die
andere die Oberhand gewann. An der Not im Land änderte sich
also nichts. Wo die Heere beider Seiten einzogen, flüchteten die
Bewohner aus den Dörfern. Das Vieh trieben die Truppen weg. Häuser und Scheunen wurden gebrandschatzt. Die Ackerflächen konnten von den Bauern nicht mehr bestellt werden.

Der Rat der Stadt Friedland hatte während der Zeit des Dreißigjährigen Krieges, weil das alte Rathaus schon baufällig war, sein
Sitzungslokal in der sogenannten „Bude". Sie stand hinter dem Rathaus neben der Stadtwaage. Eine Längsseite war dem Markt zugewandt. In der unteren Etage war das Gebäude offen und wurde
auch als Verkaufsraum genutzt. In wichtigen Angelegenheiten tagte man aber auf der Steinburg zwischen dem alten Rathaus und der
Marienkirche.

Zu allem kriegerischen Unglück fegte am 7. Juni 1646 nachmittags gegen 17.00 Uhr zusammen mit einem starken Gewitter ein entsetzlicher Sturmwind über die Stadt. 70 Wohnhäuser und viele Scheunen wurden durch Feuer und Sturm zerstört. Darunter war auch das Haus des Bürgermeisters Piseler. Der Turm der nach dem Brand von 1472 wiederaufgebauten St. Nikolaikirche stürzte mit solcher Gewalt auf die Kirche, daß Dach und Gewölbe vernichtet wurden. Nur das untere Mauerwerk blieb stehen.

Endlich, im Jahre 1648, kam der ersehnte Frieden zustande. Seit 1643 wurde in Münster und Osnabrück über die zukünftige Grundlage des öffentlichen Rechts in Deutschland zwischen Kaiser, den Reichsständen und den Schweden verhandelt. Ergebnis war der am 24. Oktober 1648 in Münster geschlossene „Westfälische Friede". Er bildete die Grundlage der zukünftigen Reichsverfassung und legte unter anderem fest, daß
- zwischen den Religionen Gleichheit herrschen sollte,
- die staatliche Selbständigkeit der Reichsstände vermehrt wird.

Politisch war Deutschland damit ein loser Staatenbund geworden. Die Fürsten waren zwar selbständig, aber vielfach vom Ausland abhängige Herrscher. Außerdem erhielten durch diesen Vertrag die Schweden unter anderem Wismar und Vorpommern. Darauf mußte Brandenburg gegen Entschädigung verzichten. Die Städte Bremen und Verden wurden ebenfalls schwedisch.

Auch in Mecklenburg führte der langersehnte Friede zu einem Aufatmen. Herzog Adolf Friedrich I. ordnete am 11. Oktober 1648 im ganzen Land für den folgenden Sonntag ein Dankfest an und ließ in den Kirchen des Landes ein „Te Deum" singen sowie über die Psalmen 46 und 103 predigen.

Aber der Dreißigjährige Krieg hatte Deutschland den wirtschaftlichen Verfall und den finanziellen Zusammenbruch gebracht. Zerrüttung des Wohlstandes, Minderung der Bevölkerung um mindestens 3/5 und eine allgemeine moralische Verwilderung waren die unmittelbaren Folgen.

Auch Friedland und die gesamte Umgebung boten einen traurigen Anblick. Die Nikolaikirche und viele andere Gebäude waren beschädigt oder zerstört. Die Wehranlagen und der Fangelturm waren zum Teil geschleift worden. Große Teile der Stadt, z. B. im Gräpswinkel von der Nikolaikirche zur Wollweberstraße, lagen verwüstet und mit Unkraut überwachsen. In Friedland selbst lebten nur noch etwa 200 Menschen.

Jatzke und Gentzkow hatte man eingeäschert. Bresewitz war ebenfalls völlig zerstört und durch Hunger und Pest menschenleer. Die Region um Friedland war fast zur Einöde geworden. Die Felder wurden nicht bestellt, sie waren mit Buschwerk bewachsen. Eine alte Chronik sagt sogar: „Die Wölfe hatten so überhand genommen im Lande, daß man selbst in den Städten nicht vor ihnen sicher war". Und unter ständigen Raubzügen hatten vor allem die Gemeinden und Städte an den Grenzen zu Pommern und Brandenburg zu leiden.

Besonders schlimm war der Rückgang von Ackerbau und Viehzucht. Er erzeugte eine große Verelendung der Bevölkerung auf dem Lande und in den kleineren Städten. In dieser Situation griff der Adel, der zwar ebenfalls hart mitgenommen, aber im großen und ganzen vermögenskräftig geblieben war, ein. Es setzte die Zeit des „Bauernlegens" ein. Große Rittergüter entstanden durch die Einverleibung von Bauernstellen. Auch in der Region um Friedland bildeten sich in dieser Zeit große Gutshöfe aus dem eigenen Gutsland und dem zurückgeforderten Pachtland.

Ein großer Teil der bisher freien Bauern wurde damit zu Gutstagelöhnern. Die Veränderung in der Landwirtschaft zementierte die „Gesinde-Tagelöhner-Baur-Schäffer-Tax und Victual-Ordnung" vom 16. November 1654, die erstmalig die Leibeigenschaft und Erbuntertänigkeit der Bauern schriftlich fixierte. Die Bauern und das Gesinde wurden persönlich und wirtschaftlich unfrei. Sie waren an den Hof gebunden und der Gerichtsbarkeit des Gutsherren unterstellt.

Die Kriegswunden zu heilen war eine Aufgabe von Generationen, zumal die heranwachsende Jugend im Krieg geboren und aufgewachsen war. Sie hatten nichts als Raub, Mord, Brand und allgemeine Zuchtlosigkeit erlebt. Dieser Generation fiel es schwer, sich wieder an Ordnung und geregelte Arbeit in Friedenszeiten zu gewöhnen.

Friedland arbeitete sich nach dem ungeheuren Elend, das durch den Krieg über die Stadt und das ganze Land hereingebrochen war, dank des wiederauflebenden Bürgerfleißes langsam empor. Es hatte bald nach dem Krieg wieder zwei Bürgermeister und 6 Ratsherren.

Doch bereits am 7. April 1650 brannte der nach den Kriegszerstörungen übriggebliebene Teil des Nikolaikirchspiels bis zum Treptower Tor nieder. 1658 wurde der abgebrannte Turm der St. Nikolaikirche wieder aufgebaut und die Glocken hinaufgebracht. Die Kirche selbst aber blieb weiter wüst liegen. Es konnte kein Gottesdienst in ihr abgehalten werden. Und in der Nacht nach dem 2. Sonntag nach Ostern des Jahres 1665 brach im Hause des Bürgers Tobias Kamrad ein Feuer aus, das wiederum einen großen Teil der Stadt in Asche legte.

Aus einer Urkunde geht hervor, daß 1658 auf dem Markt die Ratsapotheke gegründet wurde. Der erste nachweisliche Apothekenbesitzer und Apotheker war Joachim Löffler.

Wie jede andere deutsche Stadt hatte auch Friedland einen Stadtpfeifer. Er war auf Grund einer Ratsverordnung angestellt und besonders privilegiert. Zum ersten Mal wurde er in unserer Stadt im Jahre 1660 erwähnt. Der Rat erteilte dem Stadtpfeifer die Genehmigung, mit seinen Gesellen die Bürger der Stadt bei besonderen Anlässen mit Musik zu erfreuen.

4.2. Die Teilung Mecklenburgs und der Nordische Krieg

In den Jahren 1671 bis 1673 mußten von der Stadt Friedland wegen fehlender Mittel die Dörfer Kotelow, Klockow und Bresewitz zur Zinszahlung aufgegeben werden.

In dieser Zeit regierte in Brandenburg (1640 bis 1688) der Große Kurfürst Friedrich Wilhelm. Er hatte im Westfälischen Frieden Vorpommern und die Odermündung an Schweden abtreten müssen. Im Jahre 1665 schlug er in der Schlacht von Fehrbellin die in die Mark Brandenburg eingedrungenen Schweden und eroberte 1675 bis 1678 sämtliche Festungen Vorpommerns zurück. Im Frieden von St. Germain en Laye vom 29. Juni 1679 mußte er Vorpommern jedoch erneut an Schweden übergeben. Damit war Friedland wieder zu einer Grenzstadt zu schwedisch-vorpommerschen Gebieten geworden.

Am 15. September 1683 brach im Hause des Hutmachers Hans Schultz wieder einmal Feuer aus und verzehrte 24 Häuser und 20 mit Korn gefüllte Scheunen und Ställe. Und am 27. April 1695 schlug ein Gewitter in einer Stunde dreimal hintereinander in den Turm der St. Marienkirche. Der erste Schlag zerschmetterte eine Säule unter der Orgel, die der Apotheker Joachim Löffler setzen ließ. Der zweite Schlag traf den oberen Teil des Turmes und spaltete das Holz so weit, daß ein Mann bequem hindurch kriechen konnte. Der dritte Schlag traf den Turm an der Südseite und zündete die Holzecke an der Mauer an. Durch den bald einsetzenden Regen und durch das schnelle Eingreifen des Zimmermeisters Caspar Giese wurde die Gefahr noch einmal abgewendet und der Turm gerettet.

Drei Wochen später brach in der Nacht bei Joachim Küter ein Feuer aus, das neben etlichen Bürgerhäusern die Heilige-Geist-Kirche nebst Hospitalhäusern zerstörte. Am 18. Juni 1695 wandte sich der Vorsteher des Hospitals zum Heiligen Geist an Herzog Gustav Adolf von Mecklenburg-Güstrow mit der Bitte, dem Hospital die nur im Innern ausgebrannte, in den Mauern aber noch stehengebliebene Heilige-Geist-Kirche zu überlassen. Sie sollte zum Hospitalhaus umgebaut werden. Diese Bitte wurde sofort am 18. Juni 1695 genehmigt.

Die Geschichte Mecklenburgs bietet ein wechselvolles Bild vom Auf und Nieder eines der kleinsten ehemaligen Staaten. Dem amtierenden Herzog Adolf Friedrich II. machte gegen Ende des 17. Jahrhunderts sein jüngerer Neffe Friedrich Wilhelm die Erbfolge streitig. Nach längeren Verhandlungen mit einer vom Kaiser eingesetzten Kommission kam es am 8. März 1701 zum Hamburger Vergleich. Die wichtigsten Unterzeichner des Vertrages waren: König Friedrich IV. von Dänemark, Herzog Georg I, der im Jahre 1714 britischer König wurde und der kaiserliche Kommissar Graf von Eck. Der deutsche Kaiser bestätigte am 26. März 1701 den Erbvergleich. Mecklenburg wurde in zwei Teile geteilt: Mecklenburg-Strelitz und Mecklenburg-Schwerin. Herzog Adolf Friedrich II. (Regierungszeit 1701 bis 1708) erhielt Mecklenburg-Strelitz. Er war damit Gründer der Strelitzer Linie des Hauses Mecklenburg. Herzog Friedrich Wilhelm erhielt Mecklenburg-Schwerin. Seit dieser Zeit gehört Friedland zum Herzogtum Mecklenburg-Strelitz. Zwischen beiden Herzögen herrschte in der Folgezeit ständiger Streit.

Der Herzog von Mecklenburg-Strelitz versuchte, trotzdem er Fürst eines sehr kleinen Landes war, nach dem Vorbild seiner Nachbarn absolutistisch zu regieren. Zunächst ging er daran, eine Zentralverwaltung aufzubauen. Dabei wurde jedoch die untere Verwaltungsebene, wie für feudalistische Systeme üblich, vernachlässigt. Große Anstrengungen unternahm er, um die am Boden liegende Wirtschaft zu beleben. So erließ der Herzog jedem seiner Untertanen, der einen verlassenen und verödeten Bauernhof wieder besetzte oder neu errichtete, für 6 Jahre sämtliche Abgaben.

Aber das beginnende 18. Jahrhundert begann mit großem Unglück für die Stadt Friedland und ihre Bürger. Bereits im Jahre 1703 wurde die gerade auferstandene Stadt durch den „Großen Brand" in Schutt und Asche gelegt.

Am 13. September 1703 morgens gegen 10.00 Uhr entstand das Feuer durch die Fahrlässigkeit des abgedankten Rittmeisters Ernst Rudolph von Breitewis. Sein Haus befand sich in der späteren Königsstraße neben der Gelehrtenschule; dort, wo später das Haus

*Mecklenburg-Schwerin
und Strelitz*

des Buchdruckereibesitzers Walther stand. Der Zimmermeister
Caspar Giese wurde vom Magistrat zum Rittmeister geschickt. Er
sollte nachschauen, warum seit Tagen Brandgeruch aus dem Haus
zu merken war. Rittmeister von Breitewis wies Giese jedoch mit
barschen Worten ab. Der Rittmeister hatte in der Stadt seit langem
einen schlechten Ruf. Er versuchte immer wieder, Bürgerschaft und
Rat gegeneinander aufzuwiegeln.

Auf Grund der bereits länger anhaltenden Dürre und wegen des
zu dieser Zeit herrschenden starken Windes griff das ausgebroche-
ne Feuer mit solcher Schnelligkeit um sich, daß sehr bald beide
Seiten der Königs-, Kaiser-, Bau- (später Mühlen-) und Wiegerstraße
sowie eine Seite der Wollweberstraße in hellen Flammen standen.
In der Wollweberstraße mit den ältesten Wohnhäusern blieben nur
37, größtenteils sehr schlechte Häuser an der Stadtmauer vom Brand
verschont. Binnen zwei Stunden wurden 265 Wohnhäuser und die
dazugehörenden mit Korn und Heu gefüllten Scheunen und Ställe
ein Raub der Flammen.

Das große, massiv gebaute, aber schon um die Zeit des Dreißigjährigen Krieges arg verwüstete Rathaus ging völlig zu Grunde. Das

gleiche Schicksal ereilte die zwischen Rathaus und Rittmeisters-
haus stehende Gelehrtenschule. Bei diesem Brand wurde auch die
Steinburg vernichtet, in der einst der Schöffenstuhl tagte.

Die schöne St. Marienkirche wurde bis auf das untere Mauerwerk zerstört. Der gerade erst wiedererrichtete Turm der St.
Nikolaikirche mit seinem herrlichen Geläut ging gleichfalls wieder
zu Grunde. Von den damals in Friedland vorhandenen sechs Kirchen blieben nur zwei stehen. Ebenso brannte die städtische Wassermühle, der Ziegelofen und der Stadthof (die Verwalterei) am
Schäferhorn ab. Drei Personen fanden ihren Tod in den Flammen.
Der Brand hat aber auch viele Urkunden und Nachrichten vernichtet, die aus dieser und der vorausgegangenen Zeit berichten könn-
ten.

Von den abgebrannten Einwohnern suchten einige ein Unterkom-
men in den umliegenden Dörfern. Die meisten aber bauten sich
Hütten aus Brettern oder suchten sich in ihren Kellerräumen einzurichten, um vor Wind und Wetter geschützt zu sein. Das Elend der
Friedländer war groß, aber Hilfe kam von allen Seiten.

Der erste Herzog von Mecklenburg-Strelitz, Adolf Friedrich II.,
schenkte den Einwohnern unter anderem eine Last Roggen und eine
Last Gerste.

Die benachbarten Städte Neubrandenburg, Woldegk, Strelitz und
Penzlin folgten diesem Beispiel. Gleiches taten auch der Geheime
Rat und Hofmarschall zu Strelitz Jasmund auf Trollenhagen, Oberst-
leutnant von Schwerin auf Rehberg und Pleetz, von Berner auf
Ganzkow, Hofrat von Dunckherr auf Beseritz, Frau von Legat auf
Ihlenfeld, Frau von Glöden auf Roggenhagen, Frau von Gentzkow
auf Sadelkow, die alle häufig Lebensmittel, Kleidungsstücke und
Geld spendeten. So konnte die erste Not gelindert werden.

Die Friedländer begannen sofort nach dem Brand mit dem Wiederaufbau der abgebrannten Bürgerhäuser und öffentlichen Gebäude. Auch die alte Wassermühle wurde mit ihrem Giebel auf der

Stadtmauer wieder aufgebaut. Auf Befehl des Landesherren mußten alle Scheunen jetzt außerhalb der Tore erbaut werden, um die
Ausbreitung von Feuer zu erschweren. Am 20. September 1703 -
Buß- und Bettag -, also drei Tage nach dem Großen Brand, wurde
die erste Predigt nach dem Unglück auf dem öffentlichen Markt
abgehalten.

Noch war Friedland aus der Asche von 1703 nicht völlig aufer-
standen, als am 12. November 1705 beim Seiler Kilian Petzel in
der Wollweberstraße eine neue Feuersbrunst entstand. Sie legte 22
von dem Brand 1703 verschonte und 12 neu erbaute Häuser in
Schutt und Asche. Und am 19. August 1708 wurden durch einen
Blitzschlag 22 Scheunen vor dem Treptower Tor mit der gesamten
Roggenernte eingeäschert.

Am 12. Mai 1708 verstarb der erste regierende Herzog von Mecklenburg-Strelitz im Alter von 49 Jahren. Seine Ruhestätte fand er in
dem von ihm begründeten Erbbegräbnis in Mirow. Es diente fortan
als Fürstengruft des Strelitzer Fürstenhauses. Nach dem
Primogeniturrecht folgte in der Regierung der älteste Sohn als Adolph
Friedrich III. im Alter von 22 Jahren.

Von 1707 bis 1709 wurde in Friedland am Markt das neue Rathaus auf Initiative des späteren Bürgermeisters Zisow erbaut und
bis 1708 so weit vollendet, daß eine Ratsversammlung darin abgehalten werden konnte. Das Rathaus wurde durch Bürgermeister
Spiegelberg in Gegenwart aller Altermänner eingeweiht. Zum Teil
errichtete man es auf den Grundmauern des alten, verfallenen Rathauses, vergrößerte es dabei aber wesentlich. 1709 war der Bau
größtenteils vollendet. Erst 1728 wurde es mit Zierraten versehen.

Am 27. Juni 1709 begann Friedland mit Hilfe von Spendengeldern
mit dem Aufbau der zerstörten St. Marienkirche. Angesehene Bürger und Ratsmitglieder wurden nach Stettin, Rostock, Wismar,
Schwerin, Lüneburg, Bremen und Holstein geschickt, um Spenden-
gelder zu sammeln. Einige Friedländer Bürger ließen aus ihren Mitteln Pfeiler der Kirche wieder aufmauern. Am 10. August 1711 konnte Richtfest gefeiert werden.

Noch hatte Mecklenburg nach den Verheerungen des Dreißigjährigen Krieges die Segnungen des Friedens wenig genießen können. Das lag im wesentlichen an den unglücklichen nachbarlichen
Verhältnissen und den inneren Spannungen zwischen den beiden
Herrscherhäusern. Doch schon drohte von neuem ein Krieg, der
von Norden heranzog. König Friedrich IV. von Dänemark hatte sich,
angestachelt vom sächsischen Kurfürsten, mit Zar Peter von Rußland gegen den König Karl XII. von Schweden verbündet. Dieser
Krieg, bekannt als Nordischer Krieg, tobte bereits seit 1700 und
dauerte bis 1726. Die Bündnisse in diesem Kampf wechselten. Er
beendete die Großmachtstellung Schwedens in Europa.

Im Jahre 1710 kamen schwedische Truppen aus Polen zurück und
nahmen in Friedland Quartier. Dabei hatte sich die Stadt vom Großen Brand noch nicht erholt. Die meisten neu erbauten Häuser
waren noch nicht fertig. Es fehlte am notwendigen Mobiliar. Zusätzlich forderte 1710 eine pestartige Krankheit, die Ruhr, in
Friedland ihre Opfer. Die Krankheit hatten die schwedischen Truppen aus Polen eingeschleppt. Wieder wurde also Krieg zu einer
unerträglichen Last für das Land und die Stadt Friedland.

Im Jahre 1711 kamen die verbündeten dänischen, sächsischen
und russischen Truppen in Stärke von 24 000 Mann nach Mecklenburg, um die an Schweden abgetretene Stadt Wismar zurückzuer-
obern. Die schwerste Last mußte Friedland dabei durch die russischen Truppen erleiden. Sie nahmen Quartier in der Stadt, die ja an
einer Militärstraße lag, oder marschierten durch. Gleichzeitig schrieben sie große Versorgungslieferungen aus und drohten mit härte-
sten Strafen, wenn die Lieferungen nicht pünktlich erfolgten. Bis zu
den Jahren 1717/1718 dauerte die wechselnde Belastung der Stadt.
Als hier nichts mehr zu holen war, zogen die russischen Truppen
Richtung Stettin ab. Aber viele Friedländer Ackerbürger mußten
Gespanndienste leisten. Sie kamen oft ohne Pferd und Wagen nach
Hause zurück.

Und noch eine Last hatten die russischen Kontingente mitgebracht
– die Rinderpest. Bereits 1713 wurden große Viehbestände in
Friedland durch die Seuche dahingerafft.

Trotz aller Widrigkeiten konnte am 18. November 1714 die neu aufgebaute und gewölbte St. Marienkirche nach ihrer endgültigen Fertigstellung durch den Hofprediger Superintendent Heinrich Böcker feierlich eingeweiht werden. Der Altarbau war am 17. September 1716 begonnen worden und wurde erst 1730 vollendet. Und im Oktober 1721 wurde unter der Leitung des Baumeisters Joh. Ernst Lange der Turm der St. Nikolaikirche wieder gerichtet. Die völlige Wiederherstellung der Kirche erfolgte aber erst 1749.

Im Jahre 1723 wurde die Bronzeglocke für die Kirche in Podewall umgegossen. Sie war usprünglich von dem Friedländer Michael Begun gegossen worden.

Auch das Vereinsleben nahm in der Stadt neue Formen an. Im Jahre 1712 begann man bereits mit dem Bau eines Schützenhauses. 1717 wurde erstmals nach dem Großen Brand wieder der Königsschuß gefeiert und 1720 die Schützenzunft neu gegründet. Der Zweck war, Bürger in der Handhabung der Waffe auszubilden. Sie sollten zur Verteidigung der Stadt befähigt werden. Die Mitglieder wurden bei Unruhen in der Stadt eingesetzt, ab 1791 auch bei Gesellenaufständen. Die Führung der Schützenkompanie lag in den Händen eines Kapitäns und zweier Leutnants.

Aber vor Unglück blieb die Stadt weiterhin nicht bewahrt. Am 12. August 1729 brannten vor dem Steintor durch Gewitter 62 Scheunen und am 4. Juli 1745 nachmittags vor dem Treptower Tor wieder 19 Scheunen ab. Im Jahre 1747 trat die Rinderseuche erneut auf. Ihr fielen zur Adventszeit 1747 etwa 2500 Stück Rindvieh zum Opfer. Seltsamerweise trat die Seuche in den Jahren 1748 und 1749 zur gleichen Zeit in der Stadt wieder auf.

Aus dem 18. Jahrhunderts gibt es auch wieder Nachricht vom Zinngießerhandwerk in Friedland. 1743 bat ein Zinngießer namens C. Bolle in einem Brief an den Landesherrn um das Zunftprivileg. Den Zinngießern wurde aber erheblicher wirtschaftlicher Schaden durch Leute zugefügt, die durch das Land zogen und altes Zinn umgossen. Mitte des 18. Jahrhunderts gab es deshalb in Friedland keinen Zinngießer mehr. Erst 1770 taucht ein Johann Hartmann

Wolter auf, der im gleichen Jahr Meister wurde und 1771 in Friedland heiratete.

In die Zeit von 1730 bis 1750 fällt der Versuch einer ersten Entwässerung der Friedländer Großen Wiese. An der ehemaligen Grenze zu Pommern wurde damals der Weiße Graben vom Galenbecker See in Richtung Osten, so genannt wegen seines hohen Kalkaufkommens, ausgebaut.

Der zu dieser Zeit regierende Herzog von Mecklenburg-Strelitz Adolf Friedrich III. (Regierungszeit 1708 bis 1752) kümmerte sich intensiv um seine von Unglück betroffenen Untertanen. Er versuchte, Not und Elend, hervorgerufen durch die kriegerischen Auseinandersetzungen im Land, so weit wie möglich abzubauen.

In den letzten Jahren seines Lebens wurde er aber mehr und mehr schwach an Geist und Körper. Er konnte sich nur noch wenig an der Regierung beteiligen. In diesen Jahren führte sie seine Gattin Dorothea Sophie in Zusammenarbeit mit mehreren Räten. Am 11. Dezember 1752 starb Herzog Adolf Friedrich III. kinderlos.

1752 übernahm der erst 14jährige Neffe Herzog Adolf Friedrich IV. (Regierungszeit 1752 bis 1794) von seinem Onkel Adolf Friedrich III. die Regierungsgeschäfte im Land Mecklenburg-Strelitz. Die Regentschaft wurde für ihn noch einige Jahre von seiner Mutter wahrgenommen. Unter seiner Regierung erholte sich das Land weiter vom Leid und Elend, das die bisherigen Kriege über Mecklenburg-Strelitz gebracht hatten.

1755 trat Mecklenburg-Strelitz dem Landesgrundgesetzlichen-Erbvergleich bei, den der Herzog von Mecklenburg-Schwerin Christian Ludwig mit den Ständen am 18. April 1755 geschlossen hatte. Diese als Verfassung des mecklenburgischen Ständestaates zu bezeichnende Gesetzeskonstruktion erlaubte nun in bescheidenen Grenzen eine fortschrittlichere Politik und Verwaltung.

4.3. Der Siebenjährige Krieg, die Franzosenzeit und die Befreiungskriege

Mecklenburg hatte sich noch nicht voll von Kriegen und Unglük- ken erholt, da brach 1756 der Siebenjährige Krieg aus und brachte neues Unheil. In diesem Krieg kämpften die Österreicher im Bunde mit Sachsen, Rußland, Schweden und Frankreich gegen Preußen, das sich mit England, Hannover, Braunschweig und Hessen-Kassel verbündet hatte.

Dank des klugen Verhaltens von Herzog Adolf Friedrich IV. blieb Mecklenburg-Strelitz neutral. Herzog Friedrich von Mecklenburg-Schwerin schloß sich dagegen dem Bündnis gegen Preußen an. Durch die Bewahrung seiner Neutralität blieb Mecklenburg-Strelitz von schweren Belastungen in diesem Krieg weitgehend verschont. Im Gegensatz dazu war Mecklenburg-Schwerin großen Brandschat- zungen durch die Preußen ausgesetzt.

Aber Mecklenburg-Strelitz lag auch zwischen Mecklenburg-Schwerin, Schwedisch-Pommern und Preußen. Durch diese un- glückliche Lage blieb es nicht von vielen Einquartierungen, Liefe- rungen, gewaltsamen Werbungen zum Kriegsdienst und auch von Kämpfen verschont.

Im Juni 1758 wurden die preußischen Truppen unter Graf Dohna aus Mecklenburg abgezogen und in Richtung Osten gegen die an- drängenden russischen Truppen beordert. Das nutzten die Schwe- den aus und unternahmen einen Vorstoß bis tief in die Uckermark, wobei sie auch durch Mecklenburg-Strelitz über Friedland, Fürsten- berg und andere Orte zogen.

Das Jahr 1760 begann für Mecklenburg-Strelitz nicht ungünstig. Der preußische Generalmajor von Sutterheim knüpfte im Februar 1760 in Friedland mit dem schwedischen Heerführer Verhandlun- gen an. Das preußische Kontingent mit seinen 5000 Mann konnte gegen die dreimal so starke schwedische Armee an der Peene nichts unternehmen. Es trat auf dem pommerschen Kriegsschauplatz vor- übergehend Ruhe ein.

Der preußische Oberst Belling versperrte jedoch mit einem kleinen Kontingent den Kavelpaß und beunruhigte die Schweden durch viele kleine Streifzüge gegen die schwedischen Truppen. Vergeblich versuchten die Schweden am 1. August den Paß zu gewinnen. Im August 1760 begannen die Schweden eine neue Offensive, bei der auch Mecklenburg-Strelitz fast zwei Wochen lang in starke Mitleidenschaft gezogen wurde.

Der preußische General Sutterheim hatte bereits am 19. August 1760 Demmin und Anklam aufgegeben und sich über den Kavelpaß und Friedland nach Pasewalk zurückgezogen. Bei Friedland ließ er zur Deckung und Verteidigung des Kavelpasses den Obersten Belling mit seinem Korps zurück. Mitte August erschienen die Schweden von neuem von Bartow aus vor dem Kavelpaß. Das schwedische Hauptheer blieb vor dem Paß bei Boldekow stehen. Eine Abteilung Schweden ging zur Besetzung des Passes in Richtung Friedland vor. Daraufhin gab Preußenoberst Belling den Kavelpaß und Friedland auf.

Durch diese preußischen Truppen wurde am 29. August bei einem Reitertreffen zwischen Lübbersdorf, Kotelow und Galenbeck von dem Bellingschen Husar Landeck der damals siebzehnjährige, in schwedischen Diensten stehende Cornet Gebhard Leberecht Blücher gefangen genommen. In Galenbeck kam er in Gewahrsam. Nach seinem Übertritt zur königlich-preußischen Armee noch im gleichen Jahr begann seine steile militärische Karriere. Er wurde zu einem der bekanntesten und volkstümlichsten Heerführer der damaligen Zeit, der als „Marschall Vorwärts" in die Geschichte einging. Der sogenannte „Blücherstein" am Kavelpaß soll noch heute an dieses Ereignis erinnern.

Am 10. September 1760 kam es zwischen Schweden und Preußen auf dem Friedländer Feld zu einer Schlacht. Sie dauerte 10 Stunden – von 13.00 bis 23.00 Uhr. Im Verlaufe dieses Kampfes zündeten die Preußen die Kavel an. Aber die preußischen Truppen wurden geschlagen und von den Schweden bis Galenbeck verfolgt. Die bei diesem Gefecht gefallenen schwedischen Soldaten bestattete man auf dem Friedhof der Friedländer Nikolaikirche.

Auch im Jahre 1761 lagen schwedische Truppen neun Wochen lang in Friedland und verbarrikadierten es. Fast täglich kam es zu Gefechten mit preußischen Truppen.

Am 21. Mai 1762 wurde zwischen Schweden und dem Preußenkönig Friedrich dem Großen in Hamburg Frieden geschlossen. In diesen Friedensschluß wurde auch Mecklenburg einbezogen.

Die Belastungen durch den Siebenjährigen Krieg führten wieder zu einer starken Verteuerung, vor allem bei Getreide. Dazu kam nach dem Ende der direkten kriegerischen Belastungen gegen Ende des Jahres 1766 wieder einmal eine Viehseuche. Sie raffte über 1000 Stück Rindvieh in Friedland hinweg.

Im 17. Jahrhundert zählte man in Mecklenburg noch etwa 12 000 Bauernstellen. Sie schmolzen bis zum Ende des 18. Jahrhunderts auf knapp 2000 zusammen. Die Herzöge waren knapp zur Hälfte am gesamten adligen Grundbesitz beteiligt. Von ihnen gingen allerdings, anders als vom überwiegenden Teil der Ritterschaft, auch schon Ansätze zu einer Agrarreform aus, die den Domänenbauern einen bescheidenen sozialen Aufstieg ermöglichte.

Der allzu oft milde und herzensgute Herzog Adolf Friedrich IV. versuchte, nach Beendigung des Krieges der Landwirtschaft wieder zum Aufschwung zu verhelfen und die handwerkliche Produktion im Lande zu fördern. Durch Verbesserungen in allen Zweigen der Landesverwaltung hat er dem Land und seiner Bevölkerung zu neuem Wohlstand verholfen. So erhielt jeder Leibeigene oder Gutsuntertänige die Möglichkeit, sich für einen Preis von nicht mehr als 10 Taler freizukaufen. Die ländlichen Arbeiter seiner Domänen erhielten freie Krankenkassen und sonstige landesherrliche Vergünstigungen. Jeder Familienvater, der über 50 Jahre alt war und mehr als vier Kinder hatte, wurde von allen Steuerabgaben befreit. Die Folter schaffte er durch landesherrlichen Erlaß vom 16. Dezember 1769 ab.

In Friedland aber schlug der Feuerteufel wieder zu. Am 7. September 1769 (andere nennen die Jahreszahl 1767) schlug der Blitz zur Nachtzeit in die Scheunen auf dem Treptower Feld. 40 mit Korn gefüllte Scheunen wurden verbrannt, nur vier blieben stehen.

1770 besserte man den Turm der St. Nikolaikirche aus. Auch die Turmuhr erhielt in diesem Jahr die längst fällige Reparatur durch den Schlossermeister Hindenburg. Und 1772 wurde der neue, vom Neustrelitzer Bildhauer Gelen angefertigte Altar der Kirche durch Pastor Spiegelberg eingeweiht.

Schon 1771 wies ein Amtmann Reuter in einem Bericht an die Landesregierung auf den Wiesenkomplex der Großen Wiese hin, der durch Melioration weiter nutzbar gemacht werden könnte. Er böte dann 10 Bauerndörfern eine gute Ernährungsgrundlage. Der Vorschlag verhallte jedoch.

Im Jahre 1780 kehrte die Rinderpest noch einmal nach Friedland zurück. 800 Stück Rindvieh fielen in Friedland, 166 Stück in Sandhagen und 338 Stück in Brohm der Seuche zum Opfer.

Am 10. August 1781 beschädigte Blitzschlag das Treptower Tor stark. Es wurde im Laufe der Zeit baufällig. Und am 29. Juni 1786 brannten nachts wieder durch Blitzschlag 9 leere Scheunen vor dem Burgtor ab.

Der 4. Oktober 1789 ist eingegangen in die Friedländer Geschichte als der Geburtstag von Sophie Dorothea Friederike Krüger. Am 8. Oktober 1789 wurde sie in der St. Nikolaikirche getauft. Ihr Vater hieß Johann Krüger. Er wurde 1745 geboren und war Leibeigener auf dem Gut Klockow bei Friedland. Als Krüger von seiner Gutsherrschaft aus dem Verhältnis der Zwangsdienstbarkeit entlassen wurde, siedelte er nach Friedland über. Hier heiratete er Regina Maria, geb. Nappregen. Seine Frau schenkte ihm vier Kinder.

1785 erwarb Johann Krüger das Bürgerrecht in Friedland. Die Krügers konnten als fleißige Ackerbürger ein bescheidenes Wohnhaus an der Ecke Wollweberstraße erwerben. Der Vater erteilte Friederike den ersten Unterricht. Später besuchte sie eine der damaligen sogenannten „Klippschulen" der Stadt und erlernte das Lesen. Die Unterweisung im Schreiben konnten sich die Eltern nicht leisten, sie hätte einen Groschen mehr in der Woche gekostet.

Das Geburtshaus Friederike Krüger

Am 5. Dezember 1789 wurde eine weitere spätere Friedländer Persönlichkeit, Heinrich Arminius Riemann, in Ratzeburg geboren.

Herzog Adolf Friedrich IV. von Mecklenburg-Strelitz verstarb am 2. Juni 1794. Durch seine dem Wohle der Bürger seines Landes zugewandten Regierung hatte er die Liebe seiner Untertanen gewonnen.

Eine markante Jahreszahl für das Friedländer Volksschulwesen ist 1796. Es ist nachweisbar, daß in diesem Jahr ein Schreib- und Rechenmeister mit Namen Johann Christoph Siemann von der Stadt eingestellt wurde. Das alte Stadtwaagehaus am Markt war zuvor als Schreib- und Rechenschule umgebaut worden.

Das Jahr 1796 steht aber auch für einen Volksaufstand in der Stadt. Er ist als Holzrevolution in die Stadtgeschichte eingegangen. Über den nachweislich vom Holzwärter Pagel begangenen Diebstahl von 13 Eichen sowie den anonym gebliebenen Diebstahl von weiteren 28 Eichen waren die Bürger der Stadt so empört, daß erst eine Militäreinheit aus Neustrelitz wieder für Ruhe sorgen konnte. Der des Diebstahls überführte Pagel wurde öffentlich ausgepeitscht.

Die Regierungsgeschäfte in Mecklenburg-Strelitz übernahm nach dem Tode von Herzog Adolf Friedrich IV. sein jüngerer Bruder Herzog Carl (Regierungszeit 1794 bis 1816). Auch unter seiner Regentschaft wuchs der Wohlstand im Land. Die Schulden des Landes wurden geringer durch eine Verbesserung des Finanz- und Rechtswesens. Im Sinne einer besseren und billigeren Verwaltung wurden eine Anzahl kleinerer Ämter beseitigt und anderen Ämtern zugeteilt. Gleichzeitig vermehrte er durch Ankauf von Rittergütern die Zahl der großherzoglichen Domänen beträchtlich.

Die Bevölkerung erholte sich dadurch von den Unbilden des Siebenjährigen Krieges. Trotzdem wurde durch die Ausfuhr von Lebensmitteln nach Frankreich das Angebot im Lande immer geringer. Die Preise stiegen. So kostete zum Beispiel im Oktober 1800 1 Pfund Butter 18 Schillinge, und 1 Scheffel (zirka 55 Liter Raummaß) Kartoffeln 28 Schillinge.

In Preußen regierte seit dem Jahre 1792 König Friedrich Wilhelm III. Er war seit dem 24. Dezember 1793 verheiratet mit der damals erst 17jährigen Tochter von Herzog Carl, Luise von Mecklenburg-Strelitz. Luises heitere Art, ihre Schönheit und ihr Charme gewannen ihr alle Herzen. Von jedermann wurde sie verehrt.

Friedland war um die Wende zum 19. Jahrhundert eine Ackerbürgerstadt. Auch Schweinehandel wurde in großem Maßstab betrieben. Die Stadt war hierfür sehr berühmt. In der Stadt arbeiteten aber auch kleine Brauereien und Brennereien. Mit den Rückständen aus diesen Betrieben und mit Korn wurde viel Vieh gemästet. Die Ackerbewirtschaftung erfolgte im allgemeinen auf der Grundlage von Flächen in Hufen Ackerfläche durch die Bürger der Stadt. Die großen Landgüter betrieben noch Dreifelderwirtschaft.

Panorama um 1800   *Foto: Karl Spietz*

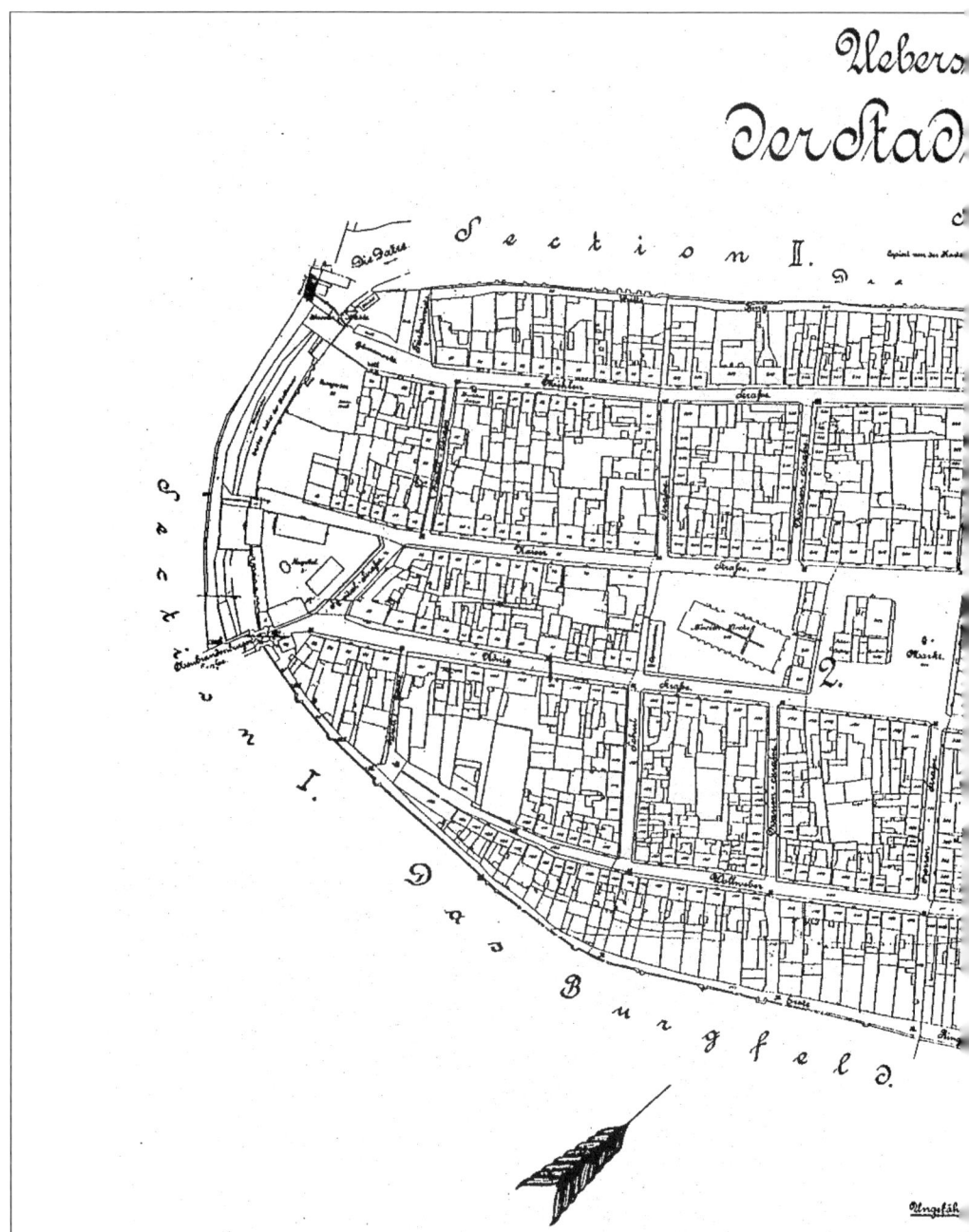

Entnommen: Friedländer Heimatblätter 3/1991

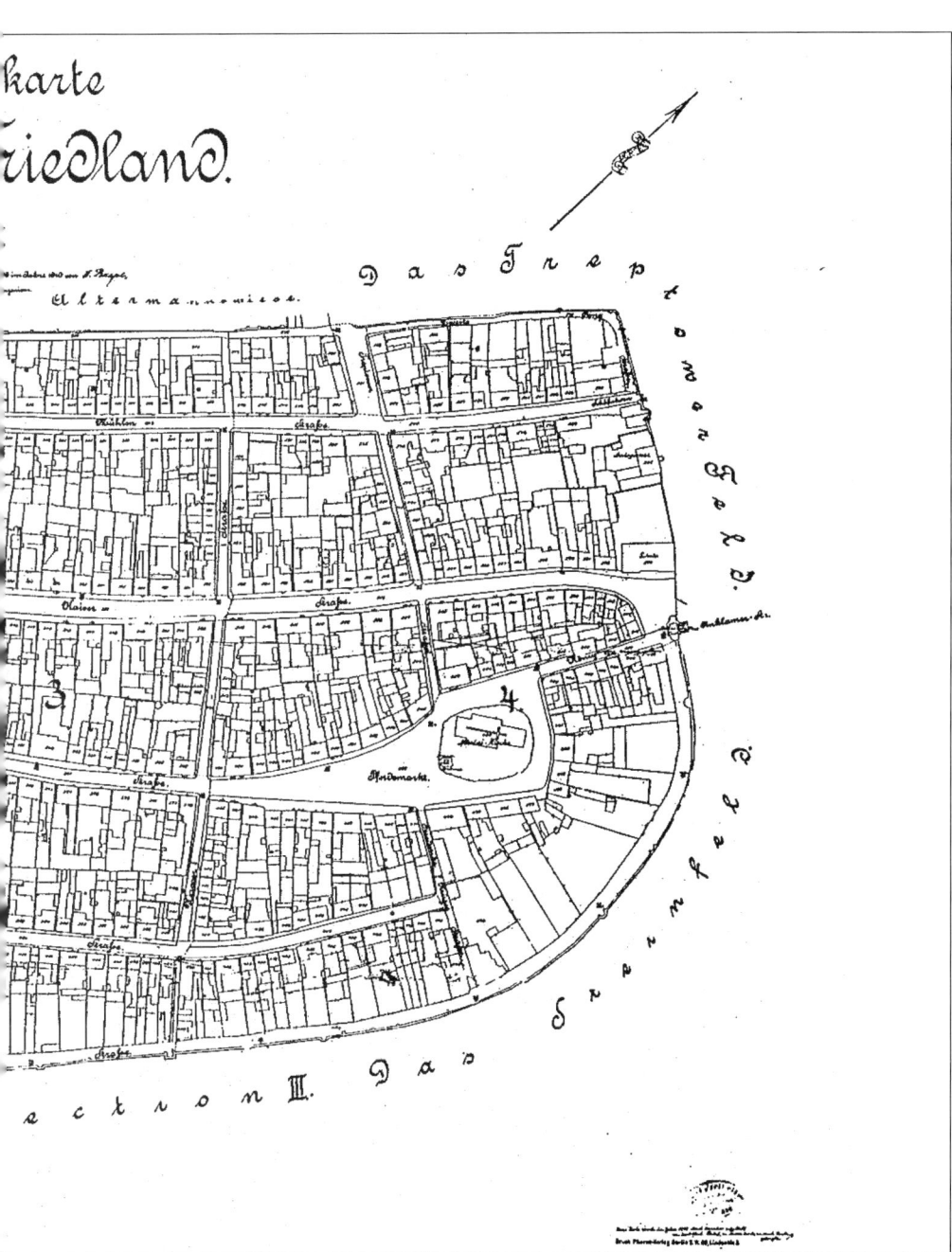

(Stand 1909)

Seit altersher war Friedland sehr regelmäßig gebaut mit vier Hauptstraßen: Kaiserstraße, Königstraße, Mühlenstraße (ehemals Bau-
straße) und Wollweberstraße (ehemals Hinterstraße). Diese Straßen
wurden von einer Reihe von Querstraßen durchschnitten, zum Beispiel der Färber-, Schul-, Marien-, Turm-, Herren-, Wasser- und
Treptower Straße. Die durchlaufenden Hauptstraßen wurden von
Toren begrenzt. Von diesen waren das Burgtor (später Neubrandenburger Tor) und das Steintor (später Anklamer Tor) alte turm-
artige Bauwerke im gotischen Stil. Fast in der Mitte der Stadt lag
der viereckige Marktplatz, der von stattlichen Häusern umgeben
war.

Die Wasserversorgung der Stadt erfolgte schon seit alten Zeiten
durch eine Wasserkunst. Durch diese wurde aus einer Quelle vor
dem Burgtor gutes Trinkwasser bis auf den Marktplatz geleitet.

Die Stadt hatte zu jener Zeit noch kein sehr freundliches Aussehen. Die Kirchen waren mit einer hohen Mauer umgeben, die auch
den Friedhof umschlossen. Nur wenige Häuser waren geputzt und
mit Farbe gestrichen, die oberen Etagen der Häuser meist nicht
bewohnbar und die meisten Stuben ohne Öfen. Vorhänge oder Gar-
dinen fand man nur bei wenigen vornehmeren Bürgern. Ansonsten
hatten die Fenster in den Häusern nur kleine Scheiben. Selbst in
den Hauptstraßen fand man noch Häuser mit hölzernen Luken im
Obergeschoß. Auch Schornsteine hatten nur wenige Häuser. Meist
mußte sich der Rauch einen Ausweg durch das Haus suchen.

Innerhalb der Ringmauern wurde Friedland in diesem Jahrhundert von großen Feuersbrünsten verschont. Außerhalb der Mauern
aber brannten bereits am 10. Mai 1800 abends 22.00 Uhr alle 103
Scheunen vor dem Steintor ab.

Am 14. April 1801 erfolgte in unserer Ackerbürgerstadt die letzte
öffentliche Enthauptung einer Juliane Kliewe, geborene Gutmann -
28 Jahre alt - statt. Viele Menschen waren dazu auf dem Marktplatz
versammelt. Die Ehefrau des Tagelöhners Kliewe wurde in die Mitte des Platzes geführt. Das Gericht erschien und verkündete ihr
wegen Vergiftung ihres Mannes das Todesurteil, vollstreckbar mit
dem Schwert. Mit einer Schubkarre fuhr man die Verurteilte durch

die Straßen zum Steintor hinaus in die Kirchentannen unweit Bauersheim. Dort erfolgte vormittags um 11.00 Uhr durch den Scharfrichter Brandt auf einem Hügel die Enthauptung. Dieser Hügel wurde später im Volksmund nach ihr Kliewsberg genannt.

1802 hatte Friedland 3400 Einwohner. Das neuerbaute Rathaus der Stadt wurde am 1. Oktober 1803 eingeweiht.

Im gleichen Jahr ließ die Stadt das durch Blitzschlag beschädigte Treptower Tor wegen Baufälligkeit niederreißen. Maurermeister Behnke baute das Tor als Pfeilertor neu auf. Das neue Tor bestand aus zwei Säulen, bekrönt mit zwei Vasen und Verbindungsmauern. Sein Platz war etwa da, wo heute das Feuerwehrgebäude beginnt. Westlich davon befand sich noch die Datzefurt. Inzwischen ist dieses Tor auch wieder verschwunden.

In der Zeit vom 28. März bis 2. April 1803 wurden die alten Kirchhofmauern in der Stadt zwischen Marienkirche und Gymnasium niedergerissen. Man verwendete sie als Einfassung für den neuen Friedhof vor dem Steintor. Die Einweihung dieses Friedhofs auf dem St. Gertraudenkamp fand am 1. Oktober 1803 statt. Er liegt auch heute noch als Parkanlage zwischen zwei Wällen, die von herrlichen alten Eichen beschattet sind. Viele bekannte Persönlichkeiten haben auf dem Friedhof ihre letzte Ruhestätte gefunden.

Portalwand „Neuer Friedhof am Steintor"

Am 24. Juni 1803 nachts brannte es wieder einmal in Friedland. 22 Scheunen am Hagedorn fielen dem Feuer zum Opfer.

Im Jahre 1806 erklärte König Friedrich Wilhelm II. von Preußen Kaiser Napoleon I. von Frankreich, der als Protektor auch über die Staaten des Rheinbundes herrschte, den Krieg. Doch bereits am 14. Oktober 1806 erlitten die preußischen Truppen in der Doppelschlacht von Jena und Auerstädt eine vernichtende Niederlage. Die meisten preußischen Regimenter kapitulierten oder flüchteten. Preußen brach völlig zusammen und mußte 1807 im Frieden von Tilsit die Rückstufung zu einer Mittelmacht und zu einem Satelliten Napoleons hinnehmen.

Preußische Truppen in Stärke von etwa 10500 Mann, vor allem die Truppen des Generalleutnants Leberecht von Blücher, der jetzt in preußischen Diensten stand, waren auf der Flucht vor den napoleonischen Truppen nach Mecklenburg gezogen. Sie wandten sich in der Gegend von Feldberg ins Mecklenburgische. Die französischen Verfolger folgten ihnen auf dem Fuß. Als Blücher sich bei Lübeck wegen Mangel an Munition und Verpflegung den Franzosen ergeben mußte, ergriffen diese Besitz von beiden mecklenburgischen Ländern.

Fürstenberg wurde am 28. und 29. Oktober 1806 und Neubrandenburg am 30. und 31. Oktober 1806 von einem französischen Armeekorps in Stärke von 20 000 Mann unter General Bernadotte besetzt. Die Franzosen plünderten und raubten im neutralen Mecklenburg-Strelitz, als wäre es eine von ihnen eroberte Provinz. Napoleon selber erklärte das Schweriner Land zum Feindesland, weil es 1805 russischen Truppen den Durchzug gewährt hatte. Überall wurde das mecklenburger Wappen mit dem französischen Adler ausgetauscht. Das Land Mecklenburg-Schwerin selbst stellte Napoleon unter den französischen Gouverneur Laval. Herzog Friedrich Franz von Mecklenburg-Schwerin mußte das Land verlassen.

Herzog Carl von Mecklenburg-Strelitz versuchte in dieser kriegerischen Auseinandersetzung durch Fürsprache des mit ihm verwandten Königs von Bayern neutral zu bleiben, was angesichts der Ehe seiner Tochter Luise mit dem geschlagenen König Friedrich Wilhelm II. sicher politisch schwierig war.

Am 27. Oktober 1806 kamen die ersten flüchtenden Preußen auch nach Friedland. Bereits am 28. Oktober 1806 waren die verfolgenden französischen Truppen in der Stadt. Sie nahmen preußische Soldaten unter anderem auf dem Friedländer Markt gefangen.

Vom 31. Oktober 1806 an erfolgte ein mehrtägiger Durchmarsch von etwa 70 000 Franzosen unter Marschall Murat, dem Schwager Napoleons. In einer Nacht lagerten etwa 16 000 bis 17 000 Franzosen in Friedland und Umgebung in Quartier. Viele kampierten auf den Straßen, andere schlugen in der Feldmark ihr Lager auf. Es kam zu Plünderungen in den umliegenden Dörfern. Menschen wurden dabei mißhandelt, Pferde beschlagnahmt. Große Lieferungen an Lebensmitteln mußten bei Tag und Nacht in das Hauptquartier des Generals Oudinot, das sich in Friedland befand, abgeführt werden.

Herzog Carl erreichte zwar, daß Napoleon seine Neutralität anerkannte und er weiter im Lande regieren konnte. Aber durch die vielen Einquartierungen und unaufhörlichen Durchmärsche französischer Truppen wurde wieder einmal Friedland wegen seiner strategischen Lage an einer Heerstraße stark in Mitleidenschaft gezogen.

So waren unter anderem von Oktober 1806 bis 10. Januar 1807 in und um Friedland etwa 200 000 Mann einquartiert oder auf dem Durchmarsch. In der Zeit vom 11. Januar bis Mitte Oktober 1807 hielten sich in und um Friedland 26 Marschälle, 183 Generale und Obristen, 12 533 Offiziere und 193 620 Unteroffiziere und Soldaten auf. Am 10. Juli 1807 lagen in Friedland 4 Generale, 458 Offiziere und 10 169 Soldaten im Quartier. Unter all diesen Einquartierungen befanden sich neben Franzosen auch viele Rheinbundtruppen, die mit Napoleon verbündet waren: Bayern, Hessen badische Truppen und andere. Teilweise lagen diese Truppen längere Zeit in der Stadt im Quartier, so zum Beispiel vom 15. bis

27. Januar 1807. Die Kirchen dienten oft als Magazine und Munitionsdepots.

Die Last der Einquartierungen war für die Friedländer Bevölkerung so groß, daß zeitweise in den benachbarten Städten und Gemeinden Brot gesammelt wurde, um die Ernährung von Bevölkerung und Einquartierung sicherzustellen. Viele Friedländer Ackerbürger verloren ihre Pferde durch Kriegsfuhren, die sie leisten mußten.

Am 15. Januar 1807 verlegte der französische Marschall Mortier sein Hauptquartier nach Friedland. In der St. Marienkirche wurde ein französisches Munitionsdepot eingerichtet. Trotz Bitten aus der Bürgerschaft lagerten die Franzosen hier Pulver und Sprenggeschosse ein. Alle Gottesdienste mußten in dieser Zeit in der St. Nikolaikirche abgehalten werden.

Das Frühjahr 1807 brachte für Friedland einen ständigen Wechsel von Truppen verschiedener Nationalität. Am 1. April zogen viele Franzosen, von der Belagerung Stralsunds kommend, durch die Stadt. Am 5. April kamen die Schweden von Stralsund, zogen sich aber am 16. April befehlsgemäß wieder nach Anklam zurück.

Am 18. April 1807 rückten erneut französische Truppen in die Stadt ein. Sie erhielten am 20. April noch Verstärkung. Gleichzeitig führte diese Verstärkung 300 schwedische Gefangene mit sich. Diese wurden in der St. Marienkirche eingesperrt.

Am 1. Dezember 1807 verließen die französischen Truppen endlich Mecklenburg bis auf ein Küstenwachbataillon in Rostock. Es wurde zur Sicherung der von Napoleon gegen England 1806 verhängten Kontinentalsperre eingesetzt.

Am 8. Februar 1808 erfolgte der Beitritt von Mecklenburg-Strelitz zum Rheinbund. Herzog Carl wurde die Bereithaltung von 400 Mann Bundestruppen (Infanterie) auferlegt. In Neustrelitz wurde daraufhin das Strelitzer Bataillon aufgestellt.

Im Juni 1808 übergab Frankreich dem Land die Küstenbewachung. Weil aber von Schwedisch-Pommern viele englische Waren eingeschmuggelt wurden, besetzten im August 1810 französische Zollwächter wieder die Küste. In Friedland waren im November 1810 etwa 100, im Februar 1811 etwa 200 französische Zollwächter einquartiert.

Für die Kriegsjahre 1806 bis 1810 schätzte man, daß der Stadt Friedland die Einquartierungen und Durchmärsche etwa 80 000 Taler Verpflegungskosten für die Truppen gekostet haben.

Durch die Kontinentalsperre stiegen die Preise für ausländische Erzeugnisse enorm. So kostete 1 Pfund Kaffee und ebenso 1 Pfund Zucker im Jahre 1808 schon über 1 Taler. An die Stelle des früheren ehrlichen Gewerbes traten überall im Land Schmuggel und Schleichhandel.

Auf Grund einer Verordnung vom 20. Mai 1809 wurde unter anderen die Schule in Friedland einem großherzoglichen Konsistorium unterstellt.

Das Jahr 1810 brachte besonders für Mecklenburg-Strelitz zu dem bisherigen Unglück noch den Schmerz über den Tod der Königin Luise von Preußen, Tochter des Herzogs Carl von Mecklenburg-Strelitz. Die Flucht nach Königsberg und Memel in den Jahren 1806/07 sowie der Schmerz über das Elend ihres Volkes hatten ihre letzten Kräfte aufgerieben. Am 25. Juni 1810 reiste sie voller Sehnsucht in ihre Heimat nach Neustrelitz. Dort wurde sie jubelnd empfangen. Nach einigen Tagen aber stellten sich eine Lungenentzündung und Herzkrämpfe ein, die sie auf das Krankenbett warfen. Am 19. Juli 1810 morgens 9.00 Uhr verschied sie in ihrer mecklenburgischen Heimat in Hohenzieritz. Ihre letzte Ruhestätte fand sie in dem eigens für sie im Auftrag des Königs erbauten Mausoleum in Berlin-Charlottenburg.

Am 14. Januar 1810 weihte nach der Renovierung des Innenraumes Superintendent Glaser die St. Marienkirche wieder für den Gottesdienst. Es war ein großer Tag für die Friedländer Kirchgemeinde.

Nachdem die Willkür der Franzosenzeit und die daraus entstandene Notlage der Bevölkerung sich ein wenig mäßigte, begannen die Bürger Vergessenheit in gelockertem Lebensgenuß und rauschenden Vergnügungen zu suchen. Bekannt waren auch in der Stadt Neubrandenburg um das Jahr 1810/11 die Friedländer Bälle. Viele Honoratioren Neubrandenburgs reisten ungeachtet der damals herrschenden winterlichen Kälte nach Friedland, um an diesen Bällen teilzunehmen.

Das Jahr 1813 prägte in Deutschland der Beginn des deutschen Freiheitskrieges gegen Napoleon. Am 3. Februar 1813 erläßt König Friedrich Wilhelm III. den Aufruf zur Bildung von freiwilligen Jägerabteilungen. Unter anderem entsteht das Lützowsche Jägerkorps, in dessen Reihen auch 16 Bürger unserer Stadt als Freiwillige kämpften. Trotz der Belastungen durch die Franzosenzeit war Friedland nicht ganz verarmt. Dadurch konnte es sich im Rahmen des Aufrufs des Königs im Jahre 1813 für das von Herzog Carl aufgestellte Strelitzer C-Husarenregiment (so benannt nach Herzog Carl) noch mit 5079 Talern beteiligen.

Das Regiment Husaren unter der Führung von Oberst von Warburg bestand aus 400 Mann. Dazu kam ein Jägerkorps mit 60 freiwilligen Jägern unter der Leitung von Leutnant Schüßler. Herzog Carl hatte zur Ausrüstung der Husaren sein ganzes Silbergeschirr, die Zünfte viele Becher und Schilde, die Ritter und Stände ebenfalls große Summen Geldes hergegeben. Zu den regulären Truppen trat noch eine Landwehr und ein Landsturm als Ausdruck der allgemeinen Volksbewaffnung.

Zwischen Rußland und Preußen wurde in Kalisch am 27./28. Februar 1813 ein Schutzbündnis geschlossen. Schweden schloß sich diesem Bündnis an. Am 27. März 1813 erklärten König Friedrich Wilhelm III. von Preußen und Zar Alexander I. von Rußland Frankreich und seinen Verbündeten den Krieg. Der russische Feldmarschall Fürst Kutusow rief die Fürsten und Völker Deutschlands von Kalisch aus zur Erhebung gegen Frankreich auf.

Am 23. Juni 1814 verließ das Strelitzer Husarenregiment die Stadt und zog zum Schlesischen Heer Blüchers. Es wurde der vom Prin-

*Unser Heldenmädchen
„Friederike Krüger" 1789-1848*

zen Karl von Mecklenburg-Strelitz geführten 2. Brigade des
Yorckschen Korps unterstellt. Am 23. Mai 1815 kehrten sie nach
Neustrelitz zurück, nachdem sie geholfen hatten, Napoleon nie-
derzuwerfen. Im März 1816 erfolgte die Auflösung des Strelitzer
Husarenregiments.

Die Friedländer Bevölkerung ergriff 1813 ebenfalls die Flamme
der Begeisterung. Durch das Erleben der Repressalien während der
französischen Besetzung in ihrer Heimatstadt Friedland wurde auch
die Tochter des Friedländer Ackerbürgers Johann Krüger, Sophie
Dorothea Friederike Krüger von der Begeisterung für den Befrei-
ungskampfes angesteckt.

Bis zu ihrem 18. Lebensjahr war sie in der elterlichen Wirtschaft
tätig gewesen. Danach diente sie jahrelang in angesehenen Häusern der Stadt als Dienstmagd. Als jedoch ihre Mutter kränklich
wurde, ging sie in das elterliche Haus zurück. Sie war ihrer kranken Mutter eine liebevolle Pflegerin und dem Vater eine in Haus-

und Landwirtschaft mitarbeitende Gehilfin. Nach dem Tode der
Mutter hatte der Vater sie nach Anklam in die Familie des Polizei-
kommissars Lemcke geschickt. Sie sollte dort die Schneiderei erler-
nen.

Von hier aus begab sie sich 1813 nach Jasenitz am Oderhaff. Dort
wurde sie als Mann verkleidet in das Reservebataillon des
2. Pommerschen (Colbergschen) Infanterieregiments aufgenommen.
Ihre Einstellung erfolgte unter dem Namen August Lübeck bei der
4. Kompanie des 3. Bataillons. In Wollin bildete man sie aus.

Zuerst stand sie mit ihrem Bataillon den Franzosen bei der Belagerung von Stettin gegenüber. Während des folgenden Waffenstill-
standes erfolgte die Auflösung ihres Bataillons. In Berlin wurde es
als 2. Bataillon dem 2. Garderegiment einverleibt. Das Bataillon
vereinigte sich mit dem Bülowschen Korps. Es half bei Großbeeren
die Franzosen besiegen.

Nach der siegreichen Schlacht bei Dennewitz über den französischen General Ney am 6. September 1813 wurde Friederike Krüger
zum Unteroffizier ernannt. Sie war insgesamt an 17 Schlachten und

Carl Leuschner

kriegerischen Unternehmungen beteiligt. Wegen ihrer Tapferkeit und ihres ehrenhaften Benehmens rühmten ihre Vorgesetzten sie. Patriotische Dichter besangen das Heldenmädchen. Erst als sie 1813 an der Schulter verwundet wurde, entdeckte man ihr wahres Geschlecht.

Napoleon und seine Truppen wurden am 16. bis 19. Oktober 1814 in der Völkerschlacht bei Leipzig entscheidend geschlagen. Er entkam jedoch mit den Resten seiner Armee über den Rhein. Die verbündeten Truppen setzten ihm nach. Nach mehreren Siegen über die Franzosen wurde Napoleon abgesetzt. Am 6. April 1814 übergab er seinen Degen und man brachte ihn auf die Insel Elba. In den Befreiungskriegen vom französischen Joch von 1813 bis 1814 sind 8 Friedländer Bürger gefallen.

Das Jahr 1814 ist für Friedland das Jahr des Beginns des organisierten Turnens. Nach der Bewilligung durch die Stadt wurde der alte Turnplatz bei Güntersfelde am 23. April 1815 durch den Prorektor der Gelehrtenschule Christian Carl Ehegott Leuschner eingeweiht. Es war der zweite Turn- und Sportplatz in den deutschen Ländern und der erste in Mecklenburg. Seit Mai 1814 (Otto Vitense nennt das Jahr 1812 als Jahr der Schaffung des Turnplatzes) wurde dort schon geturnt. Der Platz war mit den verschiedensten Turngeräten bestückt.

4.4. Die Zeit des Deutschen und des Norddeutschen Bundes

Der Wiener Kongreß von 1815, eine Zusammenkunft der siegreichen europäischen Fürsten, verhinderte die Fortsetzung der Freiheitsbewegung bzw. schränkte sie erheblich ein. Das Gebilde, das hier zustande kam, hieß Deutscher Bund. Es bestand aus 35 souveränen Fürstentümern und vier freien Reichsstädten. Der Deutsche Bund konnte aber nur beraten, nicht beschließen. Eine Bundesexekutive fehlte.

Beide Mecklenburg wurden durch Kongreßbeschluß vom 27. Mai 1818 innerhalb des entstandenen Deutschen Bundes zu Großher-

zogtümern erhoben. Enttäuschend für die mecklenburgische Bevölkerung in Stadt und Land waren jedoch die Ergebnisse des Be-
freiungskrieges. Zwar hob man auf dem Land die Leibeigenschaft
per Gesetz auf. Aber Mecklenburg verkörperte noch immer den
alten deutschen Feudalstaat, den Ständestaat des 17. und 18. Jahrhunderts.

Vom 30. Juni 1815 bis 12. August 1815 waren 400 russische Ko-
saken, die an den Befreiungskriegen gegen Napoleon teilnahmen,
in Friedland in Quartier.

Am 5. November 1816 wurde in Frankfurt /Main die erste ordentliche Versammlung des Deutschen Bundestages eröffnet.

Und im Jahre 1816 konnte die Stadt Friedland es sich wirtschaftlich leisten, von Graf Hahn für 64 000 Taler das Kirchdorf
Schwanbeck zu kaufen.

Friederike Krüger erhielt für ihre Tapferkeit und ihren Heldenmut
den russischen St.Georgs-Orden. Der preußische König überreich-
te ihr eigenhändig das für die Befreiungskriege von ihm gestiftete
Eiserne Kreuz. Außerdem belohnte der König von Preußen sie mit
einem lebenslänglichen Ehrengehalt von 70 Talern jährlich und
Großherzog Karl von Mecklenburg-Strelitz setzt zusätzlich noch
ein Jahresgehalt von 50 Talern aus.

Auf dem Ordensfest am 18. Januar 1816 lernt Friederike Krüger
bei der Rittertafel im königlichen Schloß den Unteroffizier Karl Köhler vom Gardeulanenregiment kennen. Beide verlobten sich schnell.
Am 23. Februar 1816 sandte ihr der König von Preußen 20
Friedrichsdor als Beitrag zur Errichtung einer Familie und am
5. März 1816 fand die Trauung in der Garnisonskirche zu Potsdam
in Gegenwart des preußischen Königs statt. Die Hochzeit wurde
vom General von Borstell und anderen Generalen im Englischen
Haus in Potsdam ausgerichtet.

1816 starb Herzog Carl, es folgte in Mecklenburg-Strelitz sein
Sohn Herzog Georg (Regierungszeit 1816 bis 1860) als regieren-
der Herrscher.
Friedland hatte im Jahre 1817 etwa 3900 Einwohner.

Am 18. Oktober jenes Jahres kamen in Eisenach Studenten aus ganz Deutschland zum Wartburgfest zusammen. Sie gedachten der Leipziger Völkerschlacht vor vier Jahren und der Reformation vor 300 Jahren. Auf diesem Wartburgfest sprach auch ein späterer berühmter Friedländer – Heinrich Arminius Riemann. Auf dem Wartburgfest formulierte Riemann als Festredner die Grundsätze und Beschlüsse des Wartburgfestes mit. Die Grundforderung lautete: „Ein Deutschland ist, ein Deutschland soll sein und bleiben." Nach der offiziellen Feier verbrannten einige der studentischen Teilnehmer reaktionäre Schriften und sangen Freiheitslieder. Diese Demonstranten erregten bei den Herrschenden ungeheures Aufsehen. Sie sahen darin ein Fanal zum Aufstand gegen die überkommene Ordnung.

Ein Jahr später, im Jahre 1818, übergab der Friedländer Turnvater Carl Leuschner seinem Nachfolger, den Subrektor der Gelehrtenschule Konrad Bernhard Karl Bülch, einem Kampfgefährten Turnvater Jahns aus den Befreiungskriegen, einen gut ausgebauten Friedländer Turnplatz und ein wohlorganisiertes System des Turnbetriebes in der Stadt. Er selbst wurde zu Johanni 1818 Pfarrer zu Roga und Bassow und verließ somit Friedland.

Der alte Turnplatz mit Turnern 1866

Pariser Tor 1903

Nach langen Verhandlungen wurde in Mecklenburg-Strelitz mit Edikt vom 22. Januar 1820 die Aufhebung der Leibeigenschaft zum Landesgesetz mit Gültigkeit ab Ostern 1821 erhoben.

Für die erlittenen Verluste während der Zeit der französischen Einquartierungen erhielt die Stadt Friedland 1820 eine Kriegsentschädigung von 16 970 Talern in Gold und 1140 Taler in preußischer Währung. Ein Teil dieses Geldes wurde für die Anschaffung der neuen Glocke der St. Marienkirche verwendet.

Und 1821 wurde unter Rektor Wegners Leitung am Friedländer Gymnasium das Zeugnis der Reife eingeführt.

Im Januar 1824 schuf man als Durchgang für Fußgänger zum alten Friedhof im südlichen Wallteil einen einfacher Mauerdurchbruch. Der Volksmund nannte ihn „Pariser Tor". Er diente als leichter Zugang zum Gertraudenfriedhof von der Stadtmitte aus.

Im Jahre 1828 kam H.A. Riemann aus Eutin nach Friedland. Hier traf er alte Freunde aus dem Lützower Freikorps und aus der Burschenschaft wieder. Riemann war Mitbegründer der Deutschen Burschenschaften und deren Festredner beim Wartburgfest am 18. Oktober 1817. Durch den Zuzug Riemanns nach Friedland wurde die Stadt zum Zentrum der burschenschaftlichen Bestrebungen in Mecklenburg. Als Lehrer setzte sich Riemann aktiv für das Turnen ein.

Historisch interessant ist auch, daß von Michaelis (29. September) 1824 bis Ostern 1828 der spätere niederdeutsche Dichter und Demokrat Fritz Reuter als Tertianer und Sekundaner die Friedländer Gelehrtenschule besuchte. Reuter gehörte nicht zu den besten Schülern. Allein dem Turn- und Zeichenunterricht und dem deutschen Aufsatz brachte er Interesse entgegen. Unter seinen Lehrern wirkte neben Gesellius, Bossart, Riemann und Glasewald auch Karl Horn, der Mitbegründer der deutschen Burschenschaft in Jena und persönlicher Freund Theodor Körners. Ihm bewahrte Reuter zeitlebens ein treues Gedenken. Hier in Friedland wurde Reuter von seinem Lehrer Karl Horn mit den Ideen des Wartburgfestes ver-

Fritz Reuter

traut gemacht. Und noch etwas trug in der Friedländer Schülerzeit zur Persönlichkeitsbildung von Reuter bei. Es war das Turnen. Unter der Anleitung von Karl Horn wurde er bald einer der besten und geschicktesten Turner.

Mecklenburg war zu dieser Zeit geistig noch sehr arm. Die Kinder der Junker besuchten die wenigen Gymnasien in den Städten wie Parchim, Neubrandenburg und Friedland. Diese Lehranstalten waren humanistische Bildungsstätten mit alten Sprachen wie Latein und Griechisch.

Allmählich entwickelten sich auch die Volksschulen. Aber die Schulpflicht konnte nicht überall durchgesetzt werden. Das gesetzliche Schulgeld betrug wöchentlich 6 Pfennige für jeden Schüler, der Rechenunterricht kostete noch einmal das gleiche.

Das erste Ziel des Unterrichts war neben der Unterweisung „im Christentum" die Erlernung des Lesens. Für die Kinder der Tagelöhner und armen Bauern gab es nur die einklassigen „Pantoffelgymnasien" mit ihren völlig ungenügenden Bildungsmöglichkeiten.

Friedland hatte 1829 insgesamt 4443 Einwohner.

Neben der erfolgreichen Erholung Friedlands von den Kriegswirren der Franzosenzeit wurde die Stadt in dieser Zeit von einer ganzen Reihe von Bränden und Unglücken heimgesucht:

- 1820 brannten am 18. Mai in einer Stunde 102 Scheunen vor dem Steintor ab,

- 1826 brannte die Friedländer Große Wiese; die Stadt bot 50 Mann zu den Löscharbeiten auf, aber das Feuer konnte nur durch den aufkommenden Regen unter Kontrolle gebracht werden,

- am 1. Juli 1828 zerstörte ein Blitzschlag 12 Scheunen vor dem Burgtor,

- am 24. Juli 1831 brannte die Friedländer Kavel ab,

- am 21. Februar 1839, nachmittags 16.00 Uhr, fingen 21 Scheunen am Wall vor dem Steintor Feuer,

- am 5. März 1839, nachmittags 15.00 Uhr, zerstörte ein Brand 55 Scheunen vor dem Steintor an der Anklamer Chaussee.

Am 13. März 1830 brachen die Dämme des Mühlenteiches. Die Wassermühle konnte daraufhin 16 Wochen nicht genutzt werden. Ihre Reparatur kostete 1000 Taler.

Das Jahr 1831 brachte Friedland dazu noch die Cholera. Am 17. September 1831 wurde die preußische Grenze zu Friedland gesperrt. Am 2. Oktober 1837 wiederholt sich die Choleraerkrankung. Auch in diesem Jahr mußten die Bürger vor den Toren Wache stehen, um einen Zutritt Fremder zu verhindern. Und im November 1866 erkrankten erneut 57 Bürger an der Cholera. Sie starben alle.

Wilhelm-Sauer-Orgel von 1905

Doch auch der Name eines der produktivsten Orgelbauer aller
Zeiten, Wilhelm Sauer, verbindet sich mit dem Jahr 1831 und
Friedland. Am 31. März 1831 wurde er als Sohn eines gelernten
Schmiedes in Friedland geboren. Unter seiner Regie verließen knapp
900 Orgeln unterschiedlicher Größen den von ihm später in Frank-
furt/Oder gegründeten Betrieb (1899 Leipziger Thomaskirche, 1894
Berliner Dom, 1895 Kaiser-Wilhelm-Gedächtniskirche, 1905 Leip-
ziger Nikolaikirche, 1908 Dom zu Bremen, 1913 Breslauer
Jahrhunderthalle u.a.)

Neues Unglück brachte das Jahr 1835. Am 28. Dezember stieg das Wasser im Mühlenteich erneut an. Es fand ein Dammdurchbruch am Sägewerk der Wassermühle statt. Das Wasser stürzte mit solcher Heftigkeit heraus, daß der Teich in etwa drei Stunden leergelaufen war. Der Bruch setzte die ganze Altermannswiese sowie die daran befindliche Bleiche unter Wasser. Das Wasser ging noch am Schützenhaus am Treptower Tor über den Damm und zerstörte die dortige Brücke vollständig.

Die Wasserversorgung Friedlands mit seinen damals 4566 Einwohnern erfolgte in dieser Zeit noch über eine Wasserleitung aus hölzernen Rohren vom sogenannten Spring aus. Bis zum Jahre 1839 stand für diese Wasserkunst auf dem Markt eine Skulptur aus Sandstein. Sie stellte Neptun, den Gott des Wassers auf vier Delphinen dar. Im Jahre 1839 mußte diese Skulptur einem gußeisernen Kandelaber Platz machen, der als Löwenbrunnen gestaltet wurde. Die Skulptur hat später in der Gartenanlage des Malers und Photographen Steffen ihren Platz gefunden. Seit Mitte des 20. Jahrhunderts steht sie im Hausgarten der Familie Hans Michaelis am südlichen Wall oberhalb des Sportplatzes vor dem Walltor.

1834 gründete sich innerhalb des Deutschen Bundes der Deutsche Zollverein. Er zog mit der Zeit weitere Länder an, so daß der deutsche Flickenteppich wenigstens ökonomisch überwunden und fast völlige innere Verkehrsfreiheit mit gleichmäßigem Tarif für den Außenhandel erreicht wurde. Zwar blieb Deutschland noch lange in erster Linie Agrarland. Doch schuf der Zollverein die Voraussetzungen für den Aufbau einer Industrie mit teurer Technik. Dabei war die Verkehrserschließung Voraussetzung für einen wirtschaftlichen Aufschwung.

Die Ursachen für die langsame Entwicklung in Mecklenburg waren vor allem der Mangel an Sinn für industrielle Arbeit. Es fehlte an Kapital, an Arbeitskräften und an guten Verkehrsmitteln. Der alte Zunftzwang machte auf dem Lande die Entstehung von industrieller Produktion fast unmöglich. Dazu kamen die drückenden Steuerlasten und der späte Eintritt Mecklenburgs in den Deutschen Zollverein (erst am 11. August 1868 !).

Wichtig für die wirtschaftliche Entwicklung der Stadt Friedland war der Baubeginn der Chaussee Friedland–Anklam im Jahre 1834 und am 1. Oktober 1839 der Chaussee von Friedland nach Neubrandenburg.

Die erste Stadtkapelle bestand in Friedland seit 1840 unter dem Namen „Die Friedländer Stadtmusikanten". Die Leitung hatte Kapellmeister Gottlieb Birkholz.

Friedländer Stadtkapelle 1896 unter Leitung von Kapellmeister Trottnow

Das Friedländer Heldenmädchen Friederike Krüger feierte am 5. März 1841 mit ihrem Ehemann Karl Köhler die silberne Hochzeit. Bei ihrem Sohn Friedrich Wilhelm hatte der preußische König und bei ihrer Tochter Georgine Großherzog Georg die Patenschaft übernommen. Am 31. Mai 1848 starb Friederike Krüger im Alter von 59 Jahren. Ihr Mann, zu diesem Zeitpunkt Obergrenzkontrolleur in Lychen, folgte ihr am 14. September 1851 im Alter von 60 Jahren.

Bereits am 12. Juni 1842, vormittags 9.00 Uhr, brannten erneut 11 Scheunen, am 7. Mai 1848, abends 21.00 Uhr, wieder 12 Scheunen vor dem Burgtor und am 3. Mai 1849, wieder abends 21.00 Uhr, 38 Scheunen vor dem Treptower Tor.

Die Grabstätte der Köhlers auf dem Friedhof in Templin

Bis zum 1. Oktober 1847 war es den Bürgern der Stadt nicht erlaubt, die Wallanlagen vom Burg- zum Steintor, den sogenannten Bürgermeisterwall, zu betreten. Hier hatten nur die beiden Bürgermeister Weiderecht für ihre Kühe. Eine Nachricht vom 1. Oktober 1847 besagt, daß an diesem Tag die beiden Bürgermeister der Stadt den Bürgermeisterwall für 200 Taler an die Bürger der Stadt abgetreten haben.

Die Französische Revolution von 1789 sowie die Märzrevolution von 1848 hatten auf die Verhältnisse in den mecklenburgischen Herzogtümern nur vorübergehend geringen Einfluß. So erhielt zum Beispiel am 12. März 1848 Großherzog Georg von Mecklenburg-Strelitz in Neustrelitz Bittschriften mit politischen Forderungen. Darunter gab es auch solche, die Bürger aus Friedland und Neubrandenburg unterschrieben hatten. Am 19. März 1848 wurde die Pressefreiheit für Mecklenburg-Strelitz verkündet. Großherzog Georg von Mecklenburg-Strelitz erklärte am 20. März endlich sein Einverständnis zur Einberufung eines außerordentlichen Landtages für Mecklenburg am 26. April 1848 im Dom zu Schwerin.

Auch Großherzog Friedrich Franz II. von Mecklenburg-Schwerin gab nun dem Drängen des Volkes nach einer Verfassung nach. Er stimmte der Umwandlung des Ständestaates in eine konstitutionelle Monarchie in einer Proklamation vom 23. März 1848 zu. Der Geltungsbereich des Staatsgrundgesetzes vom 10. Oktober 1849 war aber nur auf das Großherzogtum Mecklenburg-Schwerin beschränkt. Dennoch reichte Großherzog Georg von Mecklenburg-Strelitz am 20. Oktober 1849 Klage beim Bundesgericht ein. Er sah in dem Grundgesetz einen Verstoß gegen das im Hamburger Vergleich von 1701 festgeschriebene Unionsverhältnis der beiden Herzogtümer. Der Freienwalder Schiedsspruch vom 11. September 1850 richtete den Ständestaat wieder ein und erklärte das Staatsgrundgesetz vom Oktober 1849 für nichtig.

Viel veränderte sich in diesen 50er Jahren des 19. Jahrhunderts in der Stadt. Im Jahre 1851 erhielt das Friedländer Rathaus durch den Zimmermeister Lentz einen schlanken, schiefergedeckten Turm. Hinter dem Rathaus befand sich das Ratsdiener- und das Stadtwaagehaus. Die Stadt zählte in diesem Jahr 5061 Einwohner. Am 22. Oktober 1854 bekam die Stadt die erste Straßenbeleuchtung, das „Auersche Glühlicht".

Friedland hatte früher auch ausgedehnte Waldungen, die bis dicht an die Stadtgrenze heranreichten. Sie wurden in diesen Jahren weitestgehend gerodet:
- 1850–1851 das Schulzenbruch bei der Walkmühle nahe Mohrmannshof,

- 1851–1852 das Ziegelbruch bis zur „Steinernen Brücke",
- 1854–1855 das „kleine Bruch, die Füllenkoppel und der „Fürsten-fleck",
- 1854–1855 der Immenhof an der Lübbersdorfer Chaussee,
- 1855–1856 das Bullenbruch

Die Walkmühle in der Höhe von Mohrmannshof bestand als Ge-bäude ebenfalls bis ins 20. Jahrhundert. Hier wurden die Stoffe des Tuchmachers und ehemaligen Pächters der Walkmühle Kaehler durchgewalkt.

1851 verschönerte die Stadt den Friedländer Schützenplatz und erweiterte ihn rechtsseitig um das Schützenhaus von der Brücke bis zum Gartenhaus sowie linksseitig der Treptower Straße zwischen Datzelauf und Stadtmauer. 1852 kaufte der Tischlermeister Wilberg das Friedländer Schützenhaus meistbietend für 2600 Taler von der Stadtkämmerei. Er mußte sich jedoch verpflichten, einmal jährlich Saal, Stube und Schießkammer zum Scheibenschießen zur Verfü-gung zu stellen.

1853 kaufte man aus privaten Mitteln ein kleines Haus an der Ecke Mühlen–Schulstraße an. Später wurde dieses Haus abgerissen und an gleicher Stelle das Pastorenhaus der Evangelisch-Lutheri-schen Kirchengemeinde Friedland (heute Mühlenstraße 89) aufge-baut. Am Anfang hatte dieses Haus die Funktion einer Kranken-küche, wo an bedürftige und arme Menschen täglich Suppe ausge-geben wurde. Dort wurde 1860 im sogenannten „kleinen Haus" ein Krankenhaus eingerichtet. Eingesetzt war zur Betreuung der Kranken nur eine Krankenpflegerin. Die Verhandlungen um die Ein-richtung dieses Krankenhauses zogen sich von 1853 bis 1858 hin. 1854 wurde vom Maurermeister Arndt das neue „Heilige-Geist-Hospital" an der ehemaligen Hospitalstraße erbaut.

Am 31. März 1854, abends 19.00 Uhr, brannten wieder einmal 3 Scheunen vor dem Burgtor, die restlichen drei Scheunen vor dem Treptower Tor fackelten am 7. Dezember 1854 ab. Weitere Brände entstanden am 8. März 1855, nachmittags 16.00 Uhr, dabei verbrannten 10 Scheunen vor dem Burgtor, und am 10. Dezember 1858, abends 18.00 Uhr, brannten 7 Scheunen am Hagedorn. Am 1. Februar 1860, nachmittags 16.00 Uhr, brannten wiederum 9 Scheunen vor dem Steintor.

Am 1. Dezember 1856 wurde die Chaussee Friedland – Woldegk dem Verkehr übergeben. Im Sommer 1853 ließ die Stadt die 40 m langen hohen Steinmauern am Neubrandenburger Tor abreisen. Die Straße erweiterte man auf 16 Fuß. Gleichzeitig ließ die Stadt hier eine breite massive Brücke bauen. Auch davon konnte die Wirtschaft Friedlands profitieren.

1860 starb Herzog Georg von Mecklenburg-Strelitz. Ihm folgte sein Sohn Friedrich Wilhelm (Regierungszeit 1860 bis 1894). Durch das kaufmännische und Finanztalent Friedrich Wilhelms wurden die Finanzverhältnisse des Landes Mecklenburg-Strelitz wesentlich verbessert.

Das Strelitzer Fürstenhaus war bald eines der reichsten in Deutschland. Trotzdem war die Stadt Friedland auf eine Entfaltung und stetige Steigerung all der Stadt selbst zur Verfügung stehenden Wirtschaftskräfte ohne wesentliche Unterstützung seitens des Landesfürsten angewiesen.

In diesem Jahr hatte Friedland 5129 Einwohner. In der Stadt lebten 66 Ackerbürger und Landwirte mit ihren Familien.

Im gleichen Jahre 1860 faßte der Buchbindermeister Ludwig Hoffmann in Friedland den Entschluß, neben seiner Buchbinderei und dem Papiergeschäft eine Buchdruckerei mit Zeitungsverlag zu betreiben. Er richtete beides in seinem Haus (später Kaiserstraße 91) ein. Nachdem alles vorbereitet war, erschien am 3. Juli 1860 die erste Nummer mit dem Titel: „Friedländische Zeitung".

Seit dem Jahre 1862 besitzt Friedland ein eigenes Krankenhaus im Johannisstift. Das Johannisstift wurde von der Konventualin Marie Berlin und deren Mutter gegründet. Am 1. März 1862 belieh es der Landesherr mit den Rechten einer milden Stiftung. Seit 1877 wirkten dann in diesem Krankenhaus zum Nutzen der städtischen Bevölkerung und der Umgegend Diakonissinnen aus dem Ludwigsluster Diakonissenhaus. Vorher betreuten Diakonissinnen aus dem Diakonissenhaus Bethanien in Neu-Torney bei Stettin die Kranken.

In den Jahren 1860 und 1861 pflasterte der Dämmermeister Reichart aus Stettin die damalige Königs- und die Kaiserstraße neu. Dabei wurde die alte Wasserkunst mit neuen und eisernen Wasserleitungsrohren versehen. Und an der Altermannswiese befand sich zu dieser Zeit noch immer ein Bleicherhaus in der Mitte zwischen Wassermühle und Brettersteig am Fangelturm. Hier nahmen die Bleicher Wäsche der Bürger zum Bleichen entgegen und legten sie auf der Altermannswiese aus.

Am 18. Oktober 1863 ließ die Stadt am Geburtshaus der Friederike Krüger in der Wollweberstraße endlich eine Gedenktafel anbringen.

Auf dem unteren Abschnitt des Gertraudenkamps erbaute ein Friedländer Bürger 1863 die Hagensteinsche Villa. Sie war umgeben von freundlichen Park- und Grünanlagen. Heute ist die Villa im Besitz von Tischlermeister Hans Michaelis. Im Garten befindet sich der Neptunbrunnen, der bis 1839 auf dem Markt stand, noch heute.

Bemerkenswert ist auch, daß die Stadt Friedland bis ins 19. Jahrhundert das Zollrecht besaß. Es wurde erst aufgehoben durch eine Vereinbarung zwischen dem Landesherrn und den Ständen vom 30. April 1863 mit Wirkung ab 1. Oktober 1863.

1864 wurde das Hospitalhaus am Burgtor, die ehemalige Heilige-Geist-Kirche, im Innern neu ausgebaut und zweckmäßiger eingerichtet.

Am 21. August 1867 unterzeichneten beide mecklenburgischen Staaten den Bündnisvertrag mit Preußen. Beide Länder gehörten seit diesem Zeitpunkt zum Norddeutschen Bund.

Fischerburg 1869

Im Jahre 1868 erhielt Maurermeister Schröder den Auftrag, ein neues Hospital mit Hospitalgarten an der Fischerburg zu errichten. Daneben lag die ehemalige Hospitalbadeanstalt, das spätere Friedländer Warmbad.

Erneut brannten am 4. August 1868 am Hagedorn 10 Scheunen ab.

Die umfangreichen Tonvorkommen im Nordwesten Friedlands wurden seit 1870 ausgenutzt. Seit diesem Jahr gab es hier eine Ziegelei. Das Unternehmen entstand in den 70er Jahren als Handstrichziegelei mit Feldofenbrand.

In diesen Zeitabschnitt fiel auch die Einrichtung des ersten Friedländer Postamtes mit Gespannstation. Es befand sich im Haus des Kaufmanns Salow in der Kaiserstraße (damals Breite Straße). Später zog die Post in ein Haus in der Königsstraße.

Am 19. Juli 1870 erklärte Frankreich Preußen den Krieg. Die französischen Angriffe aus dem Elsaß heraus wurden am 4. und

Nikolaikirche - Feierlichkeit zum Abschluß des Deutsch-Französischen Krieges

8. August 1870 von Truppen unter dem preußischen Kronprinzen Friedrich zurückgeschlagen. Doch es bedurfte noch erheblich größerer Siege, ehe Frankreich als bezwungen gelten konnte. Bei Sedan kapitulierte die eine der beiden französischen Hauptarmeen. Dabei geriet Napoleon III. in Gefangenschaft.

Überall in Mecklenburg brach großer Jubel aus. Otto Vitense zitiert einen Bericht aus Friedland, in dem es heißt: „Leute, die sonst nie ins Wirtshaus gegangen, zogen am 3. September vormittags den Bratenrock an, setzten den Sonntagshut auf und begaben sich in den Ratskeller. Bis 1 Uhr mittags war dort Musik, um 3 Uhr Ausmarsch der Schützengilde und abends Illumination."

Die zweite französische Armee streckte im Oktober 1870 die Waffen, nachdem am 4. September das französische Kaiserreich gestürzt und die Dritte Republik ausgerufen worden war.

Der preußische König Wilhelm I. nahm am 18. Januar 1871 im Spiegelsaal von Versailles für sich und seine Erben feierlich die ihm

von den Fürsten und freien Städten angetragene Würde des Deutschen Kaisers an. Er nahm die Huldigung der deutschen Fürsten
entgegen. Paris wurde weiterhin belagert und auf ausdrücklichen
Wunsch des Fürsten von Bismarck ab 25. Januar 1871 unter schweren Beschuß genommen. Drei Tage später kapitulierte Paris. Am
7. März 1871 schloß der Sieger des Deutsch-Französischen Krieges
Deutschland mit dem besiegten Frankreich in Versailles die Frie-
dens-Präliminarien ab.

Am 16. April 1871 trat die deutsche Reichsverfassung nach dem
Muster der Verfassung des Norddeutschen Bundes in Kraft, Berlin
wurde Reichshauptstadt.

Der Deutsch-Französische Krieg von 1870 bis 1871 endete am
10. Mai 1871 durch den Frieden von Frankfurt. Er bestätigte und
ergänzte die Versailler Präliminarien.

In dieser Zeit hatte Friedland 1871 5031 Einwohner. Der Deutsch-
Französische Krieg forderte auch von den Friedländer Einwohnern

Heinrich Arminius Riemann
1793-1872

Opfer. Die Bürger Christian Daedelow, Karl Hollnagel, August Krüger, Karl Lebenhagen und Karl Vietzens mußten in den Kämpfen gegen die französischen Truppen ihr Leben lassen.

Anläßlich seines 50jährigen Amtsjubiläums ernannte der Großherzog von Mecklenburg-Strelitz am 18. Oktober 1871 Heinrich Arminius Riemann zum Kirchenrat. Am 28. Dezember 1871 schließlich wurde Riemann anläßlich seiner goldenen Hochzeit von der Stadt das Ehrenbürgerrecht zugesprochen. Er starb am 26. Januar 1872 in Friedland. 1813 gehörte der 20jährige Theologiestudent zu den Jenaer Studenten, die in den Reihen des Freikorps Lützow den Kampf gegen Napoleon aufnahmen. 1815 war er im Krieg gegen Napoleon als Offizier wieder dabei und kehrt 1816, mit dem Eisernen Kreuz ausgezeichnet, an die Jenaer Universität zurück. 1837 wählte ihn die Friedländer Gemeinde zum Pastor der St. Marienkirche. 1848 wurde Riemann im Wahlkreis Alt-Strelitz in den Schweriner Landtag gewählt.

Grab H. A. Riemanns auf dem Gertraudenfriedhof (1980 dort noch vorhanden)

5. Die Neueste Zeit
(ab Reichsgründung 1871)

5.1. Die Gründerzeit und der 1. Weltkrieg

Das besiegte Frankreich mußte an Deutschland Milliarden an Kriegsentschädigung zahlen. Es kam zu einem beispiellosen Gründungsfieber und einem Aufschwung der industriellen Entwicklung in Deutschland.

Dieser industrielle Aufschwung brachte auch für Friedland in den 80er und 90er Jahren des 19. Jahrhunderts die große Wende. Aus der fast reinen Ackerbürgerstadt, durchsetzt mit Handwerks- und kleinen Handelsbetrieben, entwickelte sich zusätzlich eine Industriestadt. Die Stadt hat in dieser Gründerzeit große wirtschaftliche und kulturelle Fortschritte gemacht.

Nachweisbar entstanden nach 1871 an den Schulen, in Militärvereinen, Turnvereinen und später auch in den Parteien Spielmannszüge, die zu besonderen Anlässen in der Öffentlichkeit ihre Darbietungen brachten.

Am 2. Juli 1876 wurde die große Glocke der St. Marienkirche mit ihrem Gewicht von über 180 Zentnern feierlich eingeweiht. Sie trug unter anderem die Inschrift *„Auxilio fortissimo Dei"* – „Mit der allmächtigen Hilfe Gottes". Gegossen worden ist sie von der Firma C.Voß und Sohn in Stettin und hatte die Nummer 627.

1876 verlegte man den Turnplatz der Stadt von Güntersfelde auf den Hagedorn. Regelmäßig feierte man hier den 18. Oktober, den Jahrestag der siegreichen Völkerschlacht bei Leipzig 1814.

Und im Jahre 1877 wurde nach sechseinhalbjähriger Bauzeit die neue Bürgerschule in der Wollweberstraße eingeweiht. Hier stand vormals die St. Johannis-Kirche mit dem Armenfriedhof der Stadt. Erster Rektor war Lehrer Lenthe.

Rathaus und Ratsapotheke 1880

Kaufhaus Karstadt

links: Freiwillige Feuerwehr vor Café Bauer 1893
rechts: Stuhlmachermeister Heinrich Stemmwedel 1892

1878 erfolgte ein mehrmaliger Versuch, die Friedländer Große Wiese zu kultivieren. Im Jahr 1886 pachtete Graf Hans von Schwerin-Löwitz 1000 ha Moorfläche und wagte sich auf der Grundlage der Theorie von Paul Rimpau an die Urbarmachung dieser Flächen. Der Feldbahnunternehmer Ing. Viktor Schweder entwässerte für den

Grafen als Besitzer die Wiesenflächen. Große Flächen wurden trotz zu hoher finanzieller Belastung übersandet.

Die Stadt Friedland verpachtete 1887 200 ha Moorfläche und verkaufte weitere 850 ha. Es entstanden aus diesen 1050 ha die Güter Rimpau und Mariawerth. Ohne diese Arbeiten hätte später nicht der Grundstein für die Mecklenburg-Pommersche Schmalspurbahn gelegt werden können.

1879 mußten alle Scheunen auf Anordnung des Landesherrn mit einem Steindach versehen werden.

Am 9. August 1879 erfolgte die Gründung des Männerturnvereins zu Friedland. Zu diesem Anlaß fanden sich auf einen Aufruf der Friedländer Zeitung hin mehrere Turnfreunde zur Gründung zusammen. Den Vorsitz übernahm der damalige Lehrer J. Stengelmann.

1880 zählte Friedland 5452 Einwohner.

Am 25. April 1881 wurde die Friedländer Sparkasse gegründet. Sie war bis 1920 von der Friedländer Stadtkasse nebenamtlich mit verwaltet worden.

Im Jahre 1881 kaufte Ernst Karstadt das Grundstück Ecke Kaiser- / Turmstraße. Dort baute er ein großes Kaufhaus aus. Es wurde 1881 als 14. Filiale Karstadts eröffnet. Der erste Filialleiter war Kaufmann Helmut Drägert.

Und am 9. September 1882 wurde von dem Gerichtsvollzieher Löfgrin, dem Lehrer Stengelmann und dem Stuhlmachermeister Stemmwedel die Friedländer Freiwillige Feuerwehr aufgestellt. Zum 1. Hauptmann wählte die Freiwillige Feuerwehr Friedlands den Stuhlmachermeister Heinrich Stemmwedel. Am 24. Mai 1883 konnte die erste Spritze feierlich eingeweiht werden.

Im Jahre 1883 lagerte man den wertvollsten Teil der Kirchenbibliothek von St. Marien nach Neustrelitz zur Aufbewahrung in die damalige Großherzogliche Bibliothek um.

Eine der ersten Feuerproben bestand die Freiwillige Feuerwehr der Stadt am 11. März 1884. An diesem Tag vernichtet ein Feuer 13 Scheunen am Wall vor dem Steintor. Zweimal brannte es noch in diesem Jahr.

Im gleichen Jahr wurden drei Klassen als zukünftige „Höhere Töchterschule" von der Bürgerschule getrennt.

Ein besonderes Ereignis für Friedland war der Bau der Eisenbahn Neubrandenburg–Friedland. Anfang der 80er Jahre waren die ersten Forderungen nach einem Bahnanschluß aus Friedland zu hören. Finanzkräftige Investoren waren schnell zur Stelle. Am 4. März 1884 wurde die „Neubrandenburg-Friedländer Eisenbahngesellschaft" mit einem Grundkapital von 1.372.000 Mark ins Handelsregister eingetragen. Sitz der Bahngesellschaft war nach dem Statut Friedland.

Zu den Aktionären gehörten mehrere Gutsbesitzer aus den an der Strecke gelegenen Dörfern, u.a. die Gutsbesitzer Stever aus Neuenkirchen und Seiss aus Glocksin. Im Vorstand saßen der Friedländer Bürgermeister Voß und der Senator Raspe. Den unermüdlichen Bemühungen dieses Bürgermeisters verdankte die Stadt die Errichtung der Bahn.

Die Bauausführung einschließlich der Beschaffung der erforderlichen Betriebsmittel erfolgte durch den Eisenbahnunternehmer Hermann Bachstein. Sie wurde als normalspurige Nebenbahn gebaut. Der Bau der Strecke begann an verschiedenen Stellen gleichzeitig und zwar bei Pleetz, Roggenhagen und Glocksin. Am Anfang waren etwa 500 Arbeiter beim Streckenbau im Einsatz. Der Bau des Bahnhofsgebäudes in Friedland wurde an den Maurermeister Schüßler aus Woldegk und den Zimmermeister Richard Schmidt aus Friedland vergeben.

Der Tageslohn für einen Arbeiter betrug damals 1,75 Mark. Die unzulänglichen sozialen Bedingungen führten zu Spannungen mit den Unternehmern und ihren Helfern. Am 27. März 1884 kam es

Bahnhofstraße 1917

Friedland i. Mecklbg - Bahnhof

Bahnhof 1920

bei Roggenhagen zu handgreiflichen Auseinandersetzungen, bei denen ein Schachtmeister getötet wurde.

Mit Unterstützung der großherzoglichen Regierung von Mecklenburg-Strelitz erhielt die Eisenbahn-Gesellschaft am 29. April 1884 die Konzession zum Betrieb der Bahn.

Am 4. November 1884 wurde die Bahn eröffnet. Der erste Zug holte Gäste aus Neubrandenburg. Auf dem Bahnhof Friedland hatten sich viele Bürger versammelt. Die Stadtkapelle intonierte einen eigens zu diesem Anlaß vom Kapellmeister komponierten Eisenbahnmarsch. Bürgermeister Voß hielt eine Willkommensansprache, und der Kammerherr Drost von der Lancken würdigte das historische Ereignis.

Die Bahn beeinflußte auch das Äußere der Stadt Friedland. Neben der verzweigten Gleisanlage mußte vom Markt in Richtung Bahnhof eine Straße angelegt werden. Zu diesem Zweck beschloß die Stadtverordnetenversammlung, die Mauer am Fangelturm zu durchbrechen. Der Magistrat forderte die Einwohner Friedlands auf, die Aufbringung der Kosten für den Straßenbau zum Bahnhof durch freiwillige Steuerbeträge zu unterstützen. Die Euphorie der Friedländer Bürger war jedoch nicht so groß, um diese Last zu übernehmen. Bei einer Bürgerversammlung im Will´schen Gartenlokal konnten Bürgermeister Voß und der Zigarrenfabrikant Wilke als Vorsitzender der Versammlung bei der Abstimmung keine Mehrheit für das geplante Vorhaben zur Finanzierung erreichen.

Gegenstand von Verhandlungen war in diesen Jahren auch der Weiterbau der Eisenbahnstrecke nordöstlich von Friedland nach Ducherow. Damit sollte eine direkte kürzeste Verbindung vom Ostseehafen Swinemünde über Ducherow – Friedland – Neubrandenburg – Parchim – Ludwigslust – Hagenow zu den Nordsee-Handelsmetropolen Hamburg und Bremen erreicht werden. Doch dieses Projekt wurde niemals verwirklicht.

Im Jahre 1884 entstand in Friedland bereits die erste Gewerkschaftsgruppe der Metallarbeiter. Im Friedländer Gesellschaftshaus in der Anklamer Straße tagen in diesem Jahr die Friedländer Arbeiter- und Handwerksgesellen. Sie berieten einen Antrag an die großherzogliche Regierung mit der Bitte auf Zulassung eines Arbeiterfortbildungsvereins. Dies war der Anfang einer späteren Entwicklung zum „roten Friedland".

In der Stadt Friedland lebten 1885 5488 Einwohner. Friedland hatte als Stadt sehr schnell einen industriellen Charakter bekommen. Diese industrielle Entwicklung der Stadt in größerem Umfang war erst durch die verkehrsmäßige Erschließung durch Straßen und vor allem durch die Eisenbahn möglich geworden.

Von 1885 bis 1887 wurde im Auftrag der Kirchgemeinde die Turmspitze der St. Marienkirche neu erbaut. Im Jahre 1887 war der Turmbau soweit vollendet, daß der Turmkopf und das 4 m hohe Kreuz am 5. September 1887 enthüllt werden konnten. Die Gesamtkosten des Kirchenbaus beliefen sich auf 100 000 Mark.

Am 4. Oktober 1886 brannten wiederum 7 Scheunen und am 16. Oktober 1886 erneut 5 Scheunen vor dem Steintor.

Im Jahre 1886 ließ die Stadt an der Woldegker Chaussee (neben dem heutigen Schwimmbad) das alte Wasserwerk erbauen. Es begann gleichzeitig der Bau einer städtischen Wasserleitung zu den Häusern der Stadt. Sie wurde von der Berliner Firma Börner & Co. gelegt und durchzog die ganze Stadt, so daß das Wasser in die Häuser geleitet werden konnte. Zusätzlich waren zu dieser Zeit in der Stadt noch 218 Privatbrunnen und 24 öffentliche Brunnen in Betrieb.

1887 erbaute eine Stiftung zum Kampf gegen Hausbettelei und zur Unterbringung der wandernden Handwerksgesellen gegenüber dem Schützenhaus in der Treptower Straße in der III. Ringstraße, hart an die Stadtmauer gelehnt, die Herberge „Zur Heimat". Herbergswirt war Ludwig Varken. Diese Herberge weihte die Gräfin von Bernstorff - Beseritz am 1. August 1887 ein. Den Vorsitz der Herbergsstiftung hatte Regierungsrat a. D. Graf von Bernstorff - Beseritz.

In den Jahren 1888/89 wurde der Chorgiebel der St. Marienkirche vollkommen neu aufgebaut und mit acht Satteltürmen geschmückt. Jeder Turm hatte ein Gewicht von sechs Tonnen.

Bereits 1888 erfolgte im Zuge der Kultivierung der Großen Wiese der Bau einer Wirtschaftsbahn mit Spurweite 600 mm als Pferdebahn für den Materialtransport.

Moorbahn Friedländer Große Wiese

Wassermühle mit Sägewerk 1889

1890 wurde der „Radfahrerclub 1890" gegründet. Mitglieder des Vereins waren meist ältere Herren, die mehr Sinn für Geselligkeit und Vergnügen als für sportliches Training zeigten.

Für die Stadt Friedland und ihre Bewohner begann der weitere Aufbau einer Industrie Ende der 80er Jahre. Zwischen Wall und Bahnhof entstanden im Jahre 1889 die Villa des Mühlenmeisters Henecke und die Woltersche Eisengießerei. 1890 wurde die erste Friedländer Dampfmolkerei als Genossenschaftsmolkerei in der Molkereistraße eröffnet. In diesem Jahr hatte Friedland 5646 Einwohner.

Am 8. Oktober 1891 erfolgte die Eröffnung der Zuckerfabrik als Aktiengesellschaft. Sie befaßte sich mit der Gewinnung von Rohzucker. Zur ersten Kampagne im Herbst 1891 kamen aus Thüringen, aus dem Eichsfeld, mehr als 100 Arbeiter, meist katholischer Konfession. Sie baten die Direktion der Zuckerfabrik um die Möglichkeit, katholische Gottesdienste abhalten zu können. Es wurde in Verhandlungen zwischen Betrieb und der Neustrelitzer katholischen Gemeinde vereinbart, daß in der etwa 9 Wochen dauernden Kampagne dreimal Gottesdienst gehalten werden sollte. Die Zuckerfabrik erreichte, daß die Stadt Friedland die Aula der Töchterschule für den Gottesdienst zur Verfügung stellte.

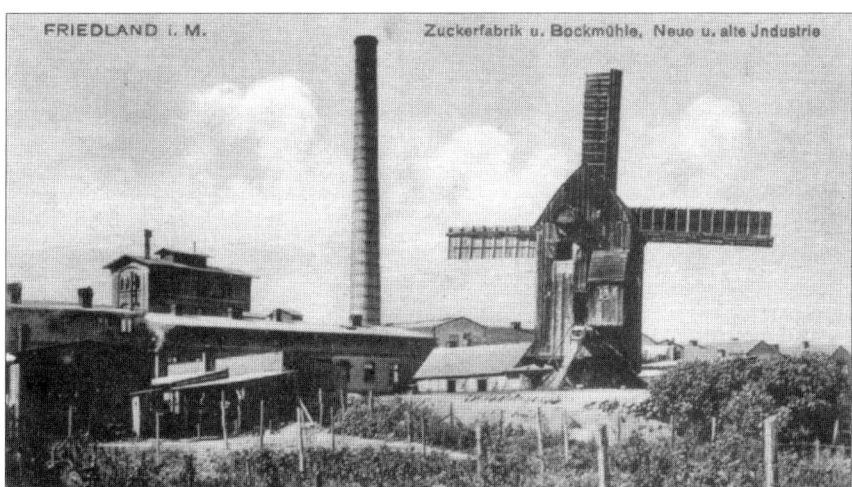

Entnommen: Heimatkundliche Sammlung Karl Spietz

Als in den folgenden Jahren der Anbau von Zuckerrüben in größerem Maße erfolgte, wurden zur Bearbeitung auch Saisonarbeiter aus dem damaligen Russisch-Polen herangezogen.

Mit der Aufnahme der Produktion in der Zuckerfabrik befürwortete die Stadt Friedland am 5. Mai 1891 die Verlängerung der bestehenden Feldbahn in der Großen Wiese bis Friedland. Es begann der Bau einer 600-mm-spurigen Feldbahn mit Dampfbetrieb von Mariawerth nach Friedland.

Im gleichen Jahr richtete man in Friedland die „Gewerbliche Fortbildungsschule" ein. Sie hatte zuletzt ihre Räumlichkeiten in der Königstraße, gegenüber der Gastwirtschaft „Zum Erbgroßherzog".

Die Konzession für die Mecklenburg-Pommersche-Schmalspurbahn (MPSB) wurde am 14. Juli 1892 erteilt. Hauptzweck der von Jarmen, Anklam und Ferdinandshof nach Friedland führenden Bahn mit einer Spurweite von 600 mm war die Erleichterung der Anfuhr von Zuckerrüben nach Friedland. Sie verband eine große Anzahl von Gutshöfen miteinander und mit den Verarbeitungsbetrieben der landwirtschaftlichen Produkte. Gleichzeitig stellte sie eine große Erleichterung des Reiseverkehrs in der Region dar. Die Gründung der Gesellschaft der MPSB erfolgte bereits am 20. Mai 1892 als Aktiengesellschaft von unbeschränkter Dauer mit Sitz in Friedland. Nach der Gründung der MPSB entwickelte sie sich mit 250 km Länge des Streckennetzes zu einem der größten Kleinbahnnetze Europas.

Um 1892 erwarb nach verschiedenen Besitzwechseln W. Lindemann die alte Handziegelei. Er gestaltete den Betrieb von Grund auf um. Aus der unbedeutenden Handstrichziegelei wurde eine Dampfziegelei. Bald wurde hier die bekannte „Rote Friedländerin" produziert, die leuchtend rote Keramikplatte, die ihren Siegeszug durch die Welt antrat.

In einem Polizeibericht wurde im Jahre 1892 bereits die Sozialdemokratische Partei Deutschlands (SPD) in Friedland erwähnt.

Am 3. Juli 1894 begann man mit der Pflasterung der Bürgersteige in der Stadt, und zwar gleichzeitig in verschiedenen Straßen.

Im Jahre 1895 folgte als weiterer Industriebetrieb die Stärkefabrik unter dem Namen „Vereinigte Anklam-Friedländer Kartoffelstärke und Flockenfabrik GmbH". Der Bau hatte 1894 begonnen. Viele Bauern der Umgebung pflanzten dafür besonders stärkehaltige Kartoffeln an.

Im gleichen Jahr gründeten der Bäckermeister Riebe und ein Bürger Kühn den „Athletenclub Eiche". Dieser Verein bestand bis zum Beginn des 1. Weltkrieges. Viele Mitglieder dieses Vereins waren Arbeiter der örtlichen Industrie und des Handwerks.

Rathaus 2. Sept. 1895

Die sogenannte „Woltersche Mühle"

Erbauung der Gasanstalt Friedland (aufgenommen 1898)

1896 baute Mühlenbaumeister Fritz Wolter, Inhaber der Getreide- und Mehlhandlung in der Treptower Straße, am Rande der Stadt Friedland eine Holländer-Windmühle für seinen Sohn Otto, die Woltersche Mühle.

1897 trat unter den Schülerinnen der Friedländer Töchterschule eine sogenannte „ägyptische Augenkrankheit" auf. Man vermutete, daß der Ausbruch mit einer Ansteckung durch die Saisonarbeiter der Zuckerfabrik zusammenhing. Es gab große Proteste der Friedländer Familien. Da für die katholischen Gottesdienste in der Aula der Schule keine Genehmigung der Regierung in Neustrelitz vorlag, wurde die Abhaltung der Gottesdienste durch die katholische Gemeinde verboten. Die Zuckerfabrik stellte zur Abhaltung der Gottesdienste für die Saisonarbeiter den Darkboden der Arbeiterkaserne zur Verfügung.

Zu dieser Zeit waren Zuckerfabrik, Stärkefabrik und Eisengießerei bereits samt ihrer Umgebung mit elektrischer Beleuchtung ausgerüstet. 1898 begann der Bau der Friedländer Gasanstalt.

Das Land Mecklenburg war jedoch um 1900 noch ein rückständiges, unterentwickeltes Land mit wenig Industrie. Die Ackerbürgerstadt Friedland mit ihren 6806 Einwohnern bei der Volkszählung im Jahre 1895 blühte nach der Industrialisierung am Ende des 19. Jahrhunderts zum Übergang ins 20. Jahrhundert wirtschaftlich enorm auf.

Es gab zur Jahrhundertwende in der Stadt ein Mosaikplattenwerk, eine Stärkefabrik, eine Zuckerfabrik, eine Molkerei, ein Eisenwerk, eine Faßfabrik, vier Dampfsägewerke, eine Dampf- und Wassermühle, eine Brauerei und Malzfabrik, eine Metallgießerei, mehrere landwirtschaftliche Maschinenwerkstätten und 182 Handwerks- und Gewerbebetriebe.

Durch die Entstehung von Fabriken vor dem Treptower Tor hatte sich in kurzer Zeit im Norden Friedlands eine Vorstadt aufgebaut. Villenartige Wohnhäuser entstanden besonders in der Bahnhofstraße. Persönlichkeiten des aufstrebenden Mittelstandes wie Kauf-

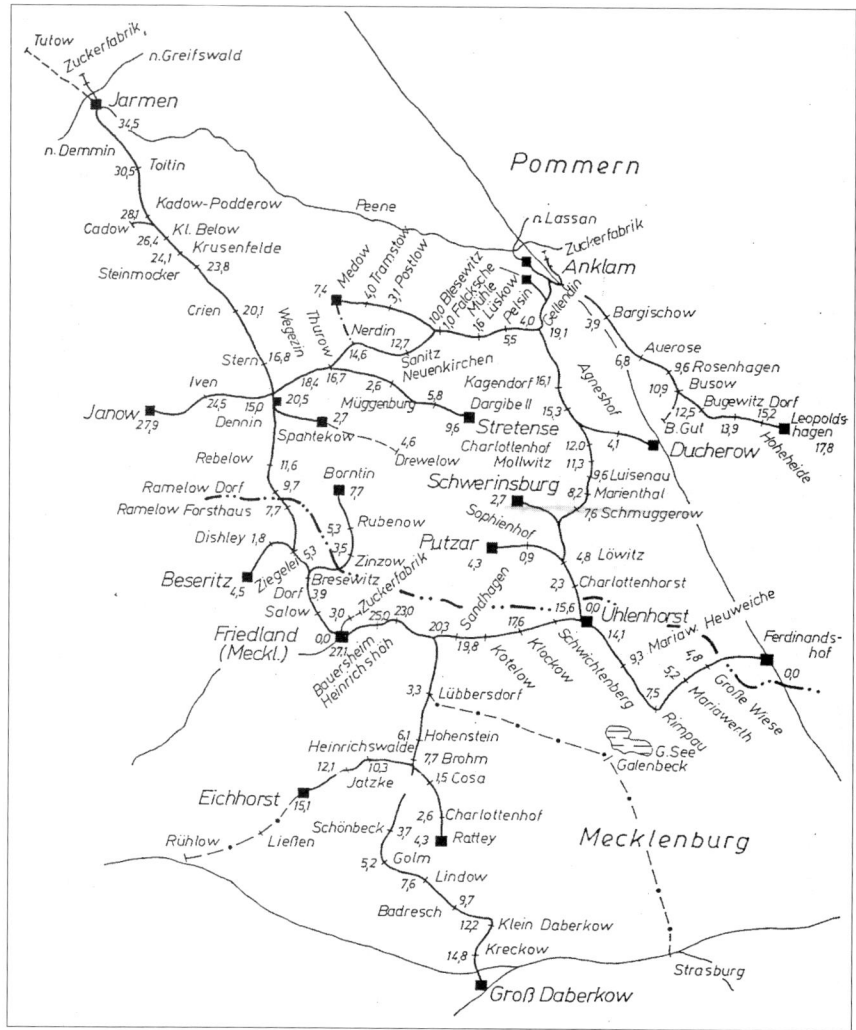

Entnommen: Die Mecklenburg-Pommersche Schmalspurbahn

leute, Getreidehändler, Bauunternehmer, Viehhändler sowie die leitenden Mitarbeiter der neuen Industrie- und Verkehrsunternehmen waren die Auftraggeber. Dieser neue Stadtteil nannte sich Bahnhofsvorstadt oder auch Nordstadt. Er bestand sowohl aus Wohnungen für die Arbeiter der Fabriken als auch aus Prachtbauten der Besitzer der Betriebe.

Die einfachen Arbeiter dieser neuen Industrie- und Verkehrsunternehmen führten damals ein bescheidenes Dasein. Die auszuführenden Arbeiten waren für weibliche und männliche Arbeitskräfte körperlich sehr schwer und der Lohn dafür gering. Die eintretende industrielle Entwicklung in der Stadt führte daher auch zur Anhäufung von Bürgern mit schlechten Lebensverhältnissen.

Diese ärmeren Einwohner Friedlands wohnten zum größten Teil in einfachen Mietshäusern, die kurz nach der Jahrhundertwende entstanden waren. Besonders charakteristisch dafür sind die Mietshäuser, die heute noch in der Schwanbecker Straße stehen. Das waren die typischen $1\frac{1}{2}$-Zimmer-Wohnungen mit einer kleinen Küche, in denen sich die oft kinderreichen Familien den Platz teilten.

Auch innerhalb der Stadtmauer baute man neue Häuser und Läden. Wie in vielen anderen Städten hatten in Friedland Innen- und Außenstadt ein fast gegensätzliches Gesicht. Zwischen beide Teile schoben sich die Reste der alten Stadtmauer sowie der alten Umwallung mit altem Baumbestand und neuen Anlagen.

Um die Stadt herum entstanden die Ausbauten Bauersheim, Heinrichshöh, Mohrmannshof, Herdtmannshof und Güntersfelde. Der Verkehr in und durch die Stadt hatte infolge der neuen Fabrikanlagen stark zugenommen.

Auch der freie Arbeitersport hatte in Friedland um diese Zeit eine beachtliche Entwicklung zu verzeichnen. So gab es 1896 eigene Organisationsformen, von denen die „Freie Turnerschaft", der „Arbeiter-Fußballverein Vorwärts" und der „Ring- und Boxclub Roland" zu hoher Blüte gelangten. Im Jahre 1898 gründete sich der Radfahrerverein „All Heil 1898".

Mauerpartie am Wassertor 1900

Am 21. August 1899 erfolgte auf dem Pferdemarkt in Gegenwart des Erbgroßherzogs von Mecklenburg die Einweihung des Krieger-denkmals für die Gefallenen des Deutsch-Französischen Krieges 1870/71. Der Entwurf des Denkmals stammte von dem Friedländer Kunstmaler und Fotografen Steffen (das auf der Stele angebrachte Eiserne Kreuz mußte übrigens im April 1945 auf Veranlassung der damaligen sowjetischen Kommandantur entfernt werden. Der Reichsadler und die schwarze Marmorplatte mit den Namen der Gefallenen wurden belassen).

In der Geschichte unserer Stadt spielte neben der Landwirtschaft das Handwerk im wirtschaftlichen, sozialen und kulturellen Leben eine bedeutsame Rolle. Für die meisten Reparaturen und Neuan-fertigungen auf den umliegenden Gütern und Dörfern mußten die Handwerker der Stadt aufgesucht werden.

Friedlands günstige Lage – es gab in unmittelbarer Nähe keine weitere Stadt – war in dieser Hinsicht besonders förderlich für die Entwicklung des Handwerks. Hinzu kam, daß für die Handwerks-betriebe damals kaum Steuern erhoben wurden. Auch die städti-

Markt und Marienkirche 1900

schen Abgaben waren gering. Die Stadtverwaltung konnte sich aus den Erträgen der vielen Liegenschaften erhalten.

Besonders die ökonomische Entwicklung um die Jahrhundertwende eröffnete dem Mittelstand der Stadt ganz neue Perspektiven. Die Eisenbahnverbindung mit Neubrandenburg ab 1884 sowie die Gründung der MPSB im Jahre 1892 begünstigten die Wirtschaft und das Handwerk. Durch die Betriebsgründungen erhöhte sich die Einwohnerzahl der Stadt, was für Handwerker und Gewerbetreibende neue Kunden brachte. Die Einwohnerzahl stieg bis zum Jahre 1900 auf 7175. Im Laufe der Zeit schälten sich neue Berufszweige und Berufe heraus. In der Stadt entstanden durch die zunehmende Spezialisierung in den Gründerjahren und danach viele neue Betriebsanlagen und Werkstätten.

Der von der Zuckerfabrik für die katholischen Gottesdienste zur Verfügung gestellte Raum erwies sich bei dem immer größer werdenden Zugang der polnischen Saisonarbeiter bald als zu klein. Es wurde daher der Saal im Gasthaus „Elysium" in der Anklamer Straße gemietet.

Die wichtigsten Vereine in Friedland um 1900

Ackerbautreibender Verein
Allgemeiner Bürgerverein
Athletenclub „Eiche"
Bade-Actien-Gesellschaft
Bau- und Sparverein
Beamtenverein
Brockenverein
Bund der Landwirthe
Conservativer Wahlverein
Diätenverein für die
Geschworenen
Eiskeller-Gesellschaft
Fechtverein
Freiwillige Feuerwehr
Freimaurerloge
Gelehrtenverein
Gesangsverein Caecilia
Gesangsverein Concordia
Gesangsverein Germania
Gesangsverein Liederkranz
Handwerkerverein „Einigkeit"
Herdbuch-Gesellschaft
Herbergs-Verein
Herzerquickender
Seelenaustausch
Jagdverein
Kaninchen- und
Geflügelzuchtverein
Kegelclub „Alle Neun"
Kriegerverein
Landwirtschaftlicher Verein

Lehrerverein
Makawa-Scatclub
Männerturmverein
Maurer-Quartal
Militairverein
Musik-Verein
Obst- und Gartenbau-Verein
Pfeifenclub „Blaue Wolke"
Radfahrerclub
Ressource
Rübenbauconsortium
Schafkopfclub
Schweineversicherung
Schützenzunft
Stenographen-Verein
Sonnabendsverein
Theater-Verein
Turn-Verein
Verein für Bienenzucht
Verein für Gemüthlichkeit
Verein der Gastwirthe
Verein der Kaufleute
Verein junger Kaufleute
Verein der Naturkunde
Verein der Naturheilkunde
Viehsterbekasse
Verschönerungs-Verein
Wissenschaftlicher Verein
Zimmerer-Quartal

Auch auf das kulturelle, besonders das Vereinsleben wirkte sich das Aufblühen des Mittelstandes und des Wohlstandes in der Stadt aus. Die Bürger Friedlands hatten sich um 1900 in etwa 60 verschiedenen Vereinen organisiert und führten in diesen ein reiches Vereinsleben durch.

Am 17. Oktober 1902 fand die Einweihung des Schulgebäudes am Anklamer Tor statt. Sie war danach die Friedländer Knabenschule, die Leitung der Schule hatte Rektor Erich Orgel. Nach diesem Schulneubau wurde die Schule in der Wollweberstraße zu einer reinen Mädchenschule umgestaltet.

1903 renovierte die Stadt ihr Rathaus. Unter anderem wurde der Rundgiebel in einen dreieckigen Giebel über der Eingangstür umgebaut.

Die Erhöhung der Kaufkraft der Bevölkerung durch die Industrialisierung in der Stadt führte zur weiteren Blüte des Handels in Friedland. 1903 erweiterte die Firma Karstadt an der Ecke Kaiser-/Turmstraße ihre Kaufhausfiliale. Sie war danach die größte Handelseinrichtung in der Stadt mit zwölf Schaufenstern.

Im Jahre 1903 streikten die Friedländer Maurer mehrere Monate im Kampf um höhere Löhne.

1904 starb Großherzog Friedrich Wilhelm von Mecklenburg-Strelitz. Die Regierungsgeschäfte übernahm sein Sohn Adolf Friedrich V.

Und 1904 hielt ein Brandstifter die Stadt in Atem. Er legte insgesamt 13 Brände. Im gleichen Jahr wurde der Hindenburgplatz am Anklamer Tor mit einer Lindenallee bepflanzt.

1905 gründeten einige begüterte Bürger unserer Stadt den „Tennisclub e.V."

Am Hindenburgplatz entstand 1907 im Schäferhorn eine weitere Schule (sie wurde nach 1990 zur Schule für Lernbehinderte umgestaltet, nachdem das Gebäude zwischenzeitlich als Landambulatorium genutzt worden war). Mit dem Bau der Gemeindeschule in der Neuen Straße, dem späteren Hindenburgplatz, wurde im Jahre 1908 das Schäfertor abgetragen. Die Gemeindeschule wurde im Gegensatz zu den beiden anderen Bürgerschulen als Nebenschule bezeichnet. Zwei Jahre lang mußten die Jungen diese „lütte School" besuchen. Danach erfolgte ihre Aufnahme in die Knabenbürgerschule. Daneben stand das ehemalige Großherzogliche Amtsgerichtsgebäude. 1907 erfolgte der Abriß der Sägemühle, die zur Wassermühle am Mühlenteich gehörte.

Von 1906 bis 1908 bestand eine zweite Fliesenfirma am Pleetzer Weg als weitere Produktionsstätte. Sie firmierte unter dem Namen „Tonplattenfabrik Friedland AG". Am 24. Oktober 1908 verschmolzen die beiden bestehenden Firmen zu einer Firma „Vereinigte Mosaikplattenwerke Friedland".

Dazu kam 1910 der Anschluß der Mosaikplattenwerke Sinzig am Rhein. Von jener Zeit an bestanden in Friedland am Pleetzer Weg die „Vereinigten Mosaikplattenwerke Friedland-Sinzig AG" mit Sitz in Sinzig am Rhein, aus deren Produktionspalette die in aller Welt bekannte „Cäsar-Platte" ihren Siegeszug antrat.

Das in Privathand befindliche Friedländer Gaswerk, dessen Bau 1898 begann, wurde 1908 erweitert. Es produzierte bis über die Mitte des 20. Jahrhunderts. Die Gasbeleuchtung der Stadt erfolgte noch bis in die Zeit der Weimarer Republik mit dem sogenannten Auerschen Gasglühlicht und Gas vom Gaswerk der Stadt.

Am 27. Februar 1908 fand im Rathaussaal eine vorbereitende Versammlung zur Errichtung einer elektrischen Überlandzentrale statt. Initiatoren waren Major von Dewitz aus Roggenhagen, Graf von Schwerin in Zinzow, Rittmeister von Michael aus Bassow, Bürgermeister Bruhns und andere.

Die schilfgedeckte Walkmühle der Familie Kaehler war zu diesem Zeitpunkt noch bewohnt und in Betrieb. Erst im Jahre 1914 wohnte die Familie Kaehler bereits in Friedland und hatte die Mühle aufgegeben.

Straße mit Amtsgericht und Schäfertor um 1890

Wassermühle nach Abriß der Sägemühle

Am 9. März 1908 gab der Magistrat der Stadt Friedland eine neue Wochenmarktordnung heraus. Darin war festgelegt, daß wöchentlich am Mittwoch und Sonnabend der Wochenmarkt stattfindet. Als Platz war dafür der Marktplatz, früher Schultenbrink genannt, vorgesehen. Friedland hatte zur Durchführung von Markttagen drei Plätze: den Gänsemarkt vor der Wassermühle zum Verkauf von Mast- und Zuchtgänsen, den Pferdemarkt an der Nikolaikirche zur Ausstellung von Pferden und Füllen sowie zum Remontenaufkauf für das Militär und den Markt für die Durchführung der Wochenmärkte.

Der Wochenmarktbericht aus dem Februar des Jahres 1909 – abgedruckt in der Friedländer Zeitung – berichtet, daß 12 – 14 Eier für 1 Mark und sechs Wochen alte Ferkel für 10 bis 12 Mark zu haben waren.

Am 16. April 1909 eröffnete der Töpfer- und Ofensetzermeister Karl Wulff auf dem Grundstück am Schützenwall, dem vorherigen Garten-Gastlokal „Wallhalla", den Betrieb „Töpferei & Ofenbaufirma Karl Wulff". Karl Wulff war den Friedländern auch als aktiver und erfolgreicher Schwerathlet des „Athletenclub Eiche" bekannt.

Markt und Herrenstraße 1905

Fangelturm

1909 ließ die Stadt den Fangelturm wieder aufbauen. Er diente ab 1911 als Wasserturm zur Unterbringung eines Druckbehälters für das städtische Wasserwerk.

Die Einwohnerzahl Friedlands beträgt im Jahre 1910   7872 Bürger. Im gleichen Jahr errichtete der Maurermeister A. Greve in der Kaiserstraße das neue Verlagsgebäude der Buchdruckerei Walther. Und im Jahr 1910 wurde der Glockshimmelsberg mit Mischwald bepflanzt.

Einen weiteren ausgedehnten Streik der Bauarbeiter gab es in Friedland im Jahre 1910. Zehn Wochen kämpften die Arbeiter um 3 Pfennige Lohnerhöhung pro Stunde.

Mit der Errichtung der Überlandzentrale in der heutigen Schwanbecker Straße wurde 1911 erstmalig die ganze Stadt mit elektrischen Strom versorgt.

In der Turmstraße wurde in diesen Jahren das neue kaiserliche Postamt in Betrieb genommen. Dort befand es sich bis zu seinem Umzug in das neuerbaute Stadtcenter im Jahre 1997.

Ein großes Ereignis für die Friedländer Bürger war das Kaisermanöver in der Umgebung Friedlands im September 1911. Zu diesem Zweck war Großherzog Adolf Friedrich V. von Mecklenburg-Strelitz in Friedland erschienen. Auch Hindenburg stattete in diesem Zusammenhang den Honoratioren Friedlands im Rathaus der Stadt einen Besuch ab. Von älteren Eisenbahnern ist überliefert, daß während der Kaisermanövers, in die weite Teile des Einzugsbereichs der MPSB einbezogen waren, Kaiser Wilhelm II. den Salonwagen der MPSB für eine Inspektionsfahrt benutzte. Ansonsten hatte der

Friedland i. Mecklbg.

K. Postamt

Kaiserliches Postamt in der Turmstraße

Kaiser das Manöver vom Mühlenhügel von Siedenbollentin aus
beobachtet. Und am „lütten See", dem Stausee an der Woldegker
Chaussee wurde „Kaiserbiwak" gehalten.

Das Jahr 1912 stand wie überall im Lande auch in Friedland im
Zeichen der Vorbereitungen auf die Wahlen zum Reichstag am
12. Januar 1912. Sie ergaben für den Wahlkreis Mecklenburg-Strelitz
folgende Stimmverteilung: Konservative 8622, Sozialisten 6059,
Freisinnige Partei 5847 Stimmen – die Stichwahl ergab für die Konservativen 12504 und für die Sozialisten 6698 Stimmen.

1912 war auch das Jahr der Olympischen Spiele in Stockholm.
Der deutsche Reichsausschuß für olympische Spiele rief dazu auf,
für die 200 Mann starke Sport- und Turnmannschaft zu spenden.
Rund 100 000 Mark waren nach Angaben des Ausschusses erforderlich. 25 000 Mark wurden vom Reich zur Verfügung gestellt,
einige weitere Tausend Mark sind von den Bundesstaaten, den Ver-
bänden und von Privatpersonen gezeichnet worden. Doch mehr
als die Hälfte der Gesamtsumme mußte noch aufgebracht werden.
Deshalb wandte sich der deutsche Reichsausschuß für olympische

Spiele an die Bevölkerung mit der Bitte um Spenden für die Entsendung der Olympiakämpfer. Wieviel von der Friedländer Bevölkerung dafür gespendet wurde, ist leider nicht bekannt.

Am Montag, 8. April 1912 fand im Gesellschaftshaus des Wirtes H. Varken jun. in der Anklamer Straße unter Mitwirkung des Theatervereins „Volksbühne" der Gewerkschaftsball für alle Angehörigen der einem Kartell angeschlossenen Gewerkschaften statt.

Die positive allgemeinwirtschaftliche Entwicklung Friedlands, seiner Industrie und seines Handwerks war in all den Jahren eindeutig hauptsächlich auf Privatinitiative zurückzuführen. Den Schwerpunkt der Industrie der Stadt bildeten dabei die Aktiengesellschaften.

Am Donnerstag, dem 25. April 1912, führte z. B. die Zuckerfabrik Friedland im Rathaus ihre ordentliche Generalversammlung durch. Unter anderem wurde der Beschluß über die zu zahlende Dividende des abgelaufenen Geschäftsjahres behandelt. Eingeladen hatte der Aufsichtsratsvorsitzende der Zuckerfabrik, Herr von Dewitz aus Roggenhagen. Laut veröffentlichter Bilanz in der Friedländer Heimatzeitung wurden an die Aktionäre 40 % Dividende, das waren 200 000 Mark, zur Auszahlung gebracht. Auf die Unterstützungs- und Sterbekasse wurden dagegen nur 2700 Mark eingezahlt.

Zuckerfabrik 1916

Der erste Kinderhort Friedlands entstand ebenfalls im Jahre 1912. Er war in einem Wohnhaus in der Wollweberstraße, gegenüber der Mädchenschule untergebracht. Zwei große Räume mit kleinen Tischen und Bänken waren für ungefähr 25 Kinder bestimmt. Sie wurden von drei Gemeindeschwestern betreut, die im ersten Stock des Hauses wohnten.

Das Jahr 1912 brachte aber auch die Durchführung des Manövers des Gardekorps in der Friedländer Umgebung. Die Grenzen des Manövergebietes verliefen im Norden auf der Linie Neustrelitz–Waren, im Westen entlang der Linie Waren–Seweckow und im Süden und Osten durch die Landesgrenze. Damit war die Stadt Friedland wieder in ein Manövergebiet einbezogen. Durch den Bezirkskommissar des Aushebungsbezirkes, Oberleutnant a. D. von Gundlach zu Hinrichsberg wurden sämtliche Aufgaben zur Erhebung von Quartier- und Naturalleistungen übernommen.

Ab Oktober 1912 wurde für die katholische Gemeinde ein neuer Geistlicher, Vikar Müscher, angestellt. Er nahm seine Wohnung in der Königstraße 99 bei dem Destillateur Knütter. Im 1. Stock wurde ein größerer Raum als Kapelle eingerichtet, daneben ein kleiner Raum als Sakristei und zugleich Schlafzimmer für den Geistlichen. Der Mietpreis betrug 780 Mark pro Jahr.

Teilweise erlernten die katholischen Pastoren die polnische Sprache, um für die polnischen Gläubigen den Gottesdienst in ihrer Muttersprache abhalten zu können.

Das Friedländer Rathaus erhielt in diesem Jahr seinen Säulenvorbau und den auf den vier Säulen erbauten Balkon. Die Säulen stammten übrigens von dem im gleichen Jahr abgerissenen Haus in der Kaiserstraße 95. Gekrönt wurde der Bau von einem gemütlichen, hohen und breitausladenden Dach mit einem kleinen spitzen Turm darauf, auf dem der goldene Wetterhahn thronte. Neben dem Rathaus stand die Ratsapotheke.

Interessant ist eine Notiz in der Friedländer Zeitung vom 12. Dezember 1912, die besagte:
„Auf Grund der Reichsversicherungsordnung ist für das Gebiet des

Großherzogtums Mecklenburg-Strelitz der durchschnittliche Jahres-
arbeitsverdienst land- und forstwirtschaftlicher Arbeiter mit Wirkung
vom 1. Januar 1913 ab festgesetzt für

a. männliche Arbeiter

1) über 21 Jahre   auf 725 Mark
2) von 16-21 Jahren   "   560   "
3) von 14-16 Jahren   "   358   "
4) unter 14 Jahren   "   60   "

b. weibliche Arbeiter

1) über 21 Jahre   auf 464 Mark
2) von 16-21 Jahren   "   441   "
3) von 14-16 Jahren   "   314   "
4) unter 14 Jahren   "   60 Mark

Ein höchstverdienender Landarbeiter verdiente also im Durchschnitt 60,42 Mark im Monat. Dagegen wurden in der gleichen
Zeitung 100 kg Weizen für 18,90 Mark, 100 kg Erbsen für
17,40 Mark angeboten. Und 1 Pfund Margarine kostete laut Anzeige vom 12. Dezember 1912 1 Mark, ein $4 - 4^{1}/_{2}$ Zentner schweres
Schwein ausgeschlachtet wurde mit 80 Pfg. per Pfund (das sind
320 Mark für ein 4-Zentner-Schwein) angeboten.

Aus dieser Gegenüberstellung allein ist ersichtlich, wie schwer
das Leben der Land- und Forstarbeiter in dieser Zeit in Mecklenburg-Strelitz war. Dazu kam noch das Vorhandensein der Kinderar-
beit, die aus obiger Veröffentlichung hervorgeht. Die soziale Lage
der Menschen in diesem landwirtschaftlich geprägten Gebiet einschließlich unserer Stadt Friedland war in den Jahren vor dem
1. Weltkrieg alles andere als gut. Seitens der Gutsbesitzer sah man
die Landarbeiter vielfach nur als „Arbeitsmaschinen" an, die keine
Bedürfnisse kannten.

Mit Vertrag vom 28. April 1913 verkaufte die Stadt der katholischen Gemeinde zum Bau einer Kirche in der Salower Straße ca.
2000 qm Boden zum Preis von 4 Mark pro qm. Die Baupläne für
die katholische Kirche lieferte der Architekt Lange aus Neustrelitz.
Zum Bau der Kirche spendeten die Zuckerfabrik 2000 Mark, das

Katholische Kirche

Friedländer Brauhaus 400 Mark und die Friedländer Kaufleute zusammen etwa 500 Mark. Das Mosaikplattenwerk schenkte der Kirche den Fußboden.

Der Bau der katholischen Kirche begann am 1. Juli 1913 und am Sonntag vor Ostern 1914 war der Rohbau so weit fertig, daß der erste Gottesdienst abgehalten werden konnte.

Am 11. Juni 1914 starb nach nur zehnjähriger Regierungszeit Großherzog Adolf Friedrich V. von Mecklenburg-Strelitz. Seinem erst 22jährigen Sohn Adolf Friedrich VI. fiel nunmehr die Regierung des Landes zu.

1915 wurde in Mariawerth eine Kartoffelflockenfabrik für die Friedländer Stärkefabrik gebaut.

Die ungleichmäßige wirtschaftliche und militärische Entwicklung der europäischen Länder verschärfte die Widersprüche zwischen

Teich mit Badeanstalt um 1912   *Foto: Karl Spietz*

ihnen und führte zu einem Kampf um die Neuverteilung der Märkte und Kolonien. Der schärfste Gegensatz entwickelte sich zwischen Großbritannien, der zu dieser Zeit stärksten Kolonialmacht, und Deutschland, das eine Vergrößerung seiner internationalen Macht anstrebte. Um beide Mächte bildeten sich aggressive Blöcke. Äußerer Anlaß des 1914 ausbrechenden 1. Weltkrieges war die Ermordung des österreichisch-ungarischen Thronfolgers Erzherzog Franz Ferdinand am 26. August 1914 in Sarajevo.

Der 1. Weltkrieg von 1914 bis 1918 hatte leider die vielversprechende wirtschaftliche Entwicklung unserer Stadt radikal beendet. Wie in vielen anderen deutschen Landen riß die Mobilmachung 1914 auch in Friedland viele Männer und Söhne aus ihren Familien an die Front.

Nach der Kriegserklärung durch den deutschen Kaiser Wilhelm II. am 1. August 1914 an Rußland und am 3. August 1914 an Frankreich sowie dem deutschen Überfall auf Belgien wurden auch die Strelitzer Bataillone mobilisiert. An ihrer Spitze zog der Großherzog Adolf Friedrich VI. als Oberst im Stab der 17. Division in den Krieg. Der Weg der Strelitzer Bataillone führte nach Frankreich. Überall im Land und auch in der Stadt herrschte in der Bevölkerung Siegesgewißheit durch die verklärten Erinnerungen an die Triumphe von 1870/71.

Aber es sollte anders kommen. Am 21. Februar 1916 begann die größte Schlacht der bisherigen Weltgeschichte, die Schlacht um die Befestigungen von Verdun. In dem viermonatigen Ringen verloren 700 000 junge Männer ihr Leben. Dazu gehörten auch viele Friedländer Bürger.

Bereits nach einem Jahr Kriegsführung stellte sich heraus, daß die Bestände an Rohstoffen und Lebensmitteln in Deutschland immer knapper wurden. Die Knappheit begann scheinbar harmlos mit dem Einsammeln alter entbehrlicher Gegenstände des täglichen Gebrauchs. Bald kamen die kupfernen Kessel an die Reihe, die Türklinken, die Beschläge der Eisenbahnwagen, die Firmenschilder.

Dann ging man aufs Ganze und nahm die Kirchenglocken, um Granaten daraus zu gießen. Die Jagd auf Gummi begann, keine Fahrraddecke, kein Automobilreifen wurde verschont. Es folgte die Ersatzfabrikation für unentbehrliche Gebrauchsgegenstände. Schuhsohlen gab es nicht mehr aus Leder, sie wurden aus Pappdeckeln gemacht. Die Kleidung nahm eine sonderbare Wandlung an. Baumwolle und Wolle verschwanden aus den Läden. Brennessel, Bast, Hopfen und Ginster traten für sie ein. Das Papier wurde zum Hauptrohstoff. Man sammelte Obstkerne, Beeren, Laubheu und anderes mehr.

In der Sitzung des Reichstages vom 11. Januar 1916 wurde deshalb zur Sparsamkeit auf allen Gebieten der Ernährung aufgerufen. Während der Debatte stellten die Abgeordneten fest, „daß Butter nicht in genügender Menge vorhanden ist" (Friedländer Zeitung vom 14. Januar 1916). Es wird die Einführung von Fett- und Butterkarten gefordert. Die Regierung mußte zum System der Zwangswirtschaft übergehen, die den privaten Verkäufern die Verfügung über die Ware entzog und sie dem Staat übertrug.

Gerichtsstraße 1914 (heute: August-Bebel-Platz)

Bereits im November 1916 waren viele selbständige Handwerker zum Kriegsdienst einberufen und dadurch viele Betriebe stillgelegt. Das Reichsgesetz über den vaterländischen Hilfsdienst vom 5. Dezember 1916 verschärfte auch die Lage des Mittelstandes in Friedland weiter. In der umliegenden Landwirtschaft trat zum Arbeitskräftemangel noch ein Mangel an Pferden, so daß die Bestellung der Felder und die Einbringung der Ernte erschwert wurden.

Im Jahre 1918 bekam die Bevölkerung gegen Karten nach stundenlangem Anstehen vor den Läden pro Tag noch 116 gr. Mehl, 18 gr. Fleisch und 7 gr. Fett. Im Durchschnitt erhielt eine Person 1000 Kalorien täglich, der Mindestbedarf für einen gesunden Menschen lag bei 2300 Kalorien pro Tag. Es gab keine Apfelsinen, keine Schokolade, keinen Tee, keinen Kaffee. Man behalf sich mit Ersatzmitteln. Dies alles betraf auch die Friedländer Bevölkerung. Viele Menschen starben an den Folgen des Hungers. Die Zahl der Todesfälle an Lungentuberkulose verdoppelte sich. Blutarmut, Abmagerung, Magen- und Darmerkrankungen nahmen immer größere Ausmaße an.

In der letzten Kriegsepoche gab es überhaupt nichts mehr zu kaufen, was nicht der Zwangsbewirtschaftung unterlag. Je mehr der Bedarf der Armee wuchs, desto mehr mußte der Bedarf der Bevölkerung gedrosselt werden. Schleichhandel, Betrug, Hintergehung der Bestimmungen wurden fast zum Alltäglichen. Es hob eine große Leidenszeit an, von der auch die Friedländer Bevölkerung betroffen war.

Der Krieg kostete auch Geld. Die Mittel für den Krieg stammten von den Bürgern.

Zur Ermöglichung der Fortsetzung des Krieges wurde überall die Bevölkerung aufgefordert, sich finanziell an den Kriegskosten zu beteiligen. Auf dem Friedländer Marktplatz wurde unter Einbeziehung der gesamten Bürgerschaft, der Vereine und Traditionsverbände die Bevölkerung ermuntert, sich an der Nagelung eines Eisernen Kreuzes mit Geldspenden zu beteiligen. Damit sollten die Einwohner Friedlands ihre patriotische Gesinnung unter Beweis stellen. Sinn und Zweck war es, die Pfennige der kleinen Leute der Stadt zur weiteren Finanzierung der Kosten des 1. Weltkrieges zu erlangen.

Die allgemeine Wehrpflicht erstreckte sich zu Beginn des Krieges vom 19. bis zum 45. Lebensjahr. Gegen Ende des Krieges wurde sie auf Forderung Hindenburgs auf das 16. bis 60. Lebensjahr ausgedehnt.

Am 2. Dezember 1916 nahm der Reichstag das Hilfsdienstgesetz an. Es wurde der gesetzliche Arbeitszwang festgelegt. In weitestem Maße wurden Frauen zur Arbeit herangezogen, um Männer für die Auffüllung der durch die hohen Gefallenenzahlen entstandenen Lücken freizubekommen.

Im Werk II der Vereinigten Mosaikplattenwerke AG in Friedland preßte man Geschoßhülsen.

Das Jahr 1917 sollte dann zum Schicksalsjahr für das Deutsche Kaiserreich werden. Die Völker hungerten. Am 20. November 1917 erschienen bei Cambrai vor den deutschen Stellungen zum ersten Mal in der Kriegsgeschichte 400 gepanzerte Ungetüme – Tanks.

Adolf Friedrich VI., der Sohn des Großherzogs Adolf Friedrich V. von Mecklenburg-Strelitz, plante zwar zu dieser Zeit bereits eine parlamentarische Demokratie. Doch er erhielt aus den Kreisen der konservativen Ritterschaft und der großen Gutsbesitzer dafür keine Zustimmung.

Er erschoß sich aus noch ungeklärten Umständen – wahrscheinlich aus Liebeskummer – am 23. Februar 1918. Beigesetzt wurde er auf der Liebesinsel am Mirower Schloß. Für kurze Zeit übernahm Großherzog Friedrich Franz IV. von Mecklenburg-Schwerin auch die Amtsgeschäfte in Mecklenburg-Strelitz, da Adolf Friedrich VI. keinen geeigneten Thronfolger hinterlassen hatte.

Und es kam der schwarze Tag, der 8. August 1918, an dem die Briten aus dem Raum Amiens mit 500 Tanks angriffen und die deutsche Front eindrückten. Das deutsche Heer war der wachsenden Übermacht der Alliierten auf Dauer nicht mehr gewachsen.

Endlich, am 4. Oktober 1918 rang sich die deutsche Regierung unter Kanzler Max von Baden dazu durch, um Waffenstillstand nachzusuchen. Aber Briten und Franzosen bestanden auf der Kapitulation. So mußte am 11. November 1918 eine deutsche Delegation im Walde von Compiegne das Waffenstillstandsdiktat unterzeichnen.

Im 1. Weltkrieg von 1914 bis 1918 sind 278 Friedländer Bürger gefallen. Ihre Namen wurden auf den Säulen des Kriegerdenkmals am Bürgermeisterwall verewigt. Nicht erfaßt sind all die toten Bürger, die durch Hunger und Krankheit oder aus Verzweiflung den Tod fanden.

Gefallene des 1. Weltkrieges 1914 bis 1918 aus Friedland
(Namen verewigt an den vier Säulen des Kriegerdenkmals)

Otto Adler	Walter Dittmann	Karl Heidschmidt
Wilh. Ahlschläger	Wilhelm Dornbrack	Otto Helm
Albert Ahrens	Hermann Dowe	Willi Helm
Max Albrecht	Wilhelm Ebert	Heinrich Herbst
Paul Anker	Eduard Eggermann	Hans Herzke

Paul Arndt	Johannes Eggert	Alfred Heuer
Rudolph Arndt	Alfred Eickhoff	Paul Heuer
Karl Arndt	Franz Erdmann	Karl Heuer
Hermann Arndt	Rudolf Farken	Albert Hildebrandt
Heinrich Ave	Hermann Farken	Johann Hofmann
Herm. Ballschmieder	Wilhelm Fechner	Hermann Hohn
Wilhelm Becker	Friedrich Fehlhaber	Max Holz
Robert Bellenbaum	Heinrich Fehlhaber	Karl Hübner
Gustav Belling	Rudolf Fehlhaber	Rudolf Hümpel
Erich Belling	Karl Fehlhaber	Heinz Illmann
Willi Bengelsdorf	Albert Fink	Rudolf Kadow
Ulrich Bengelsdorf	Karl Fötz	Walter Kähler
Kurt Bergmann	Georg Frölich	Max Kasack
Emil Bieler	Friedrich Fronzek	Karl Kasuhlke
Wilhelm Biermann	Adolf Fuchs	Karl Klevesahl
Rudolf Biermann	Paul Ganschow	Wilhelm Klein
Konrad Birum	Hermann Gierke	Willi Knepel
Rudolf Bistier	Karl Gipp	Friedrich Koch
Ewald Blumenhagen	Heinrich Gohr	Otto Köhler
Karl Blumenhagen	Karl Götz	Wilhelm Köhnke
Karl Bogus	Karl A. Götz	Paul Köhnke
Ernst Boldt	Wilhelm Granzow	Hans Kollmorgen
Bernhard Böttcher	Friedrich Greck	Erhard Koppmann
Otto Brandt	Heinrich Gundlach	Friedrich Kossmell
Paul Brauns	Hermann Günther	Oswald Krämer
August Brüggemann	Willi Hagemann	Wilhelm Krasemann
Wilhelm Bruhn	Paul Hagemann	Karl Krause
Reinhold Bruhn	Ewald Hagemann	August Kreienbrink
Wilhelm Buczinski	Otto Hagemann	Otto Kreinbrink
Wilhelm Bunge	Siegfried Hagemann	Hans Kröger
Emil Burt	Rudolf Hahn	Wilhelm Krüger
Richard Buse	Reinhold Hardow	Hans Krüger
August Czaplinski	Friedrich Hackbarth	Rudolf Krüger
Paul Dädelow	Otto Hartwig	Willi Krüger
Hermann Dädelow	Otto Hass	Karl Krull
Richard Darm	Wilhelm Hasselmann	Wilhelm Krull
Richard Dettmann	Albert Hauck	Walter Krull
August Diederich	Rudolf Hecht	Wilh. Krüsemann

Richard Kruse
Wilhelm Kruse
Felix Ladwig
Paul Lange
Hermann Langguth
Paul Lampe
Paul Lebenhagen
Friedrich Lehmann
Otto Lehmann
Wilhelm Lehmann
Fritz Lepke
Adolf Levenhagen
Karl Levenhagen
Max Lichtwardt
Ernst Lieckfeldt
Hermann Lüder
Karl Luplow
Paul Luplow
Karl Maass
Paul Marquardt
Kurt Matinussen
Karl Mau
Heinrich Mau
Hermann Meier
Friedrich Meier
Reinhold Meyer
Otto Möhr
Otto Moldenhauer
Georg Müller
Wilhelm Müller
Paul Mussehl
Willi Nagel
Friedrich Nebeck
Rudolf C.H. Neumann
Rudolf Neumann
Karl Neumann
Robert Nieseler
Max Nürnberg

Karl Pogge
Karl Pöschel
Johannes Pranger
Wilhelm Prehn
Walter Quast
Friedrich Rähse
Hans Rehberg
Wilhelm Reinowski
Hermann Richter
Wilhelm Riebe
Bruno Ristow
Karl Rohrdantz
Erich Roschke
Paul Roschke
Erwin Rose
Richard Rosenthal
Friedrich W.J. Rost
Friedrich Rost
Walter Rutenberg
Hans Rust
Friedrich Saad
Daniel Salow
Otto Salow
Alfred Sass
Wilhelm Sass
Karl Ludwig Sass
Karl Scharf
Paul Scharf
Hermann Scharf
Paul Schenk
Rudolf F.Ch. Schmidt
Rudolf Schmidt
Johann Schmidt
Gustav Schmidt
Hermann Schmidt
Eduard Schmidt
Otto Schnak
Gust. Schnellbeck

Walter Schultz
August Schultz
Hans Schulz
Willi Schulz
Rud. Schumacher
Erich Schumann
Georg Schütt
Karl Schwieghusen
Wilhelm Schwulst
Hermann Seemann
Wilhelm Sievert
Otto Spaller
Hermann Spietz
Hermann Stegemann
Erich Sternberg
Albert Studier
Gustav Telzerow
Johann Telzerow
Fritz Tesch
Georg Tesch
Albert Thormann
Paul Trottnow
Rudolf Trottnow
Alfred Trotzke
Hans Thürkow
Ewald Ulrich
Hermann Varken
Wilhelm Voss
Paul Waldau
Hans Wedel
Ernst Weidemann
Hugo Wendt
Rudolf Wendt
Karl Werner
Johann Wiedemann
Karl Willberg
Adolf Winkel
Heinr. Winkelmann

Friedrich Odebrecht
Rudolf Ohde
Wilhelm Orgel
Wilhelm Panschow
August Peter
Wilhelm Peter
Karl Peters
Wilhelm Plath
Wilhelm Plaumann
Hermann Plog
Wilhelm Wollenzien
Karl Wöllert
Paul Wolter
Fritz Zander
Rudolf Zander
Wilhelm Ziehm
Fritz Zwieg

Karl Schriewer
Rudolf Schröder
Georg Schröder
August Schröder
Karl Schröder
Walter Schröder
Karl Schultz
Hermann Schultz
Heinrich Schultz
Fritz Schultz

Max Winter
Ernst Witte
Wilhelm Witte
Paul Wittke
Helmut Wöldecke
Otto Wodrich
Paul Wollenzien
Herm. Wollenzien
Karl Wollenzien
Rud. Wollenzien

5.2. Die Zeit der Weimarer Republik

Die Niederlage des kaiserlichen Deutschen Reiches im 1. Weltkrieg führte zur Verbitterung und Enttäuschung über das klägliche Scheitern der ehrgeizigen Pläne der kaiserlichen Regierung. Die entstandene Armut unter der Bevölkerung traf fast alle Bevölkerungsschichten mit großer Härte.

Die desolate Lage im ganzen Reich brachte schließlich im November 1918 das Faß zum Überlaufen. Die bestehende Staatsform wurde abgeschafft. Die parlamentarische Demokratie hielt Einzug. Die linken Kräfte wollten die Novemberrevolution in Richtung einer Räterepublik nach dem Vorbild der russischen Oktoberrevolution von 1917 lenken. Die demokratischen Kräfte unter Führung der SPD und anderer Mitteparteien versuchten den Neuaufbau nach den Grundsätzen der demokratischen Rechtsstaatlichkeit.

Wasserstraße 1919

Molkereistraße, Gaststätte Rudolf Müller „Zur Krone"

Das war auch in Mecklenburg so. Auch in Mecklenburg-Strelitz bildeten sich, wenn auch verspätet, Arbeiter- und Soldatenräte – so am 9. und 10. 11. 1918 in Altstrelitz, später in Neustrelitz, Mirow und Feldberg. In Friedland übernahm im Jahre 1918 ebenfalls ein Arbeiter- und Soldatenrat vorübergehend die Stadtgeschäfte.

Die Bevölkerung von Mecklenburg-Strelitz hatte jedoch ein gutes Verhältnis zum großherzoglichen Haus. Sie wollte keine totale Veränderung der bestehenden politischen Landschaft. Doch am 14. November 1918 dankte der Schweriner Großherzog Friedrich Franz IV. ab. Das älteste Fürstengeschlecht Europas verließ den Thron.

Die nach der Novemberrevolution neugebildete provisorische Regierung in Berlin rief das Großherzogtum Mecklenburg-Strelitz als Freistaat aus.

Bei den nachfolgenden Landtagswahlen am 15. Dezember 1918 in Mecklenburg-Strelitz erhielt die SPD 30,2 %, die Deutsche Demokratische Partei 39,9 %, die Handwerker- und Gewerbetreibenden-Vereinigung 4,8 % und der Mecklenburg-Strelitzer Bauernbund

5,0 % der Stimmen. In Friedland wurden 772 Stimmen für die Liberale Partei, 93 Stimmen für den Bauernbund, 1409 Stimmen für bürgerliche Parteien und 2253 Stimmen für die SPD abgegeben.

Schon am 29. Januar 1919 trat die Verfassung des Freistaates, das Landesgrundgesetz, in Kraft. Es regelte in seinen 47 Paragraphen vor allem die Staatsorganisation. Nur einzelne Grundrechte wie die Glaubens- und Gewissensfreiheit wurden garantiert. Außerdem wurde das Eigentum gewährleistet. Der Landesgrundgesetzliche Erbvergleich aus dem Jahre 1755 wurde für unwirksam erklärt. Damit war die ständische Organisation des Herzogtums aufgehoben. Der Freistaat Mecklenburg-Strelitz konnte in der weiteren Entwicklung für sich in Anspruch nehmen, in Deutschland im Verhältnis zur Einwohnerzahl des Landes das Land mit der größten Behördendichte zu sein.

Die politische Uneinigkeit in Deutschland führte auch dazu, daß nach Kriegsende die Zahl der neugegründeten nationalistischen Parteien und Organisationen besonders groß war. Dazu zählten unter anderem der Stahlhelm, der Jungdeutsche Orden, die Deutschnationale Partei, die Nationalsozialistische Kampfgemeinschaft, die Deutschvölkische Partei und andere. Die sozialdemokratische Partei spielte in Mecklenburg-Strelitz nicht die Rolle wie in anderen Ländern. Sie fand hier vor allem keinen Koalitionspartner für eine Zusammenarbeit auf landespolitischer Ebene.

Diese Entwicklung machte auch vor Friedland nicht halt. Das Café Bauer war Treffpunkt für den Kriegerverein, den Marine-Verein, den Verein „Schwarzer Kragen" (eine Vereinigung ehemaliger Artilleristen und Spezialtruppen), den Stahlhelm (Bund deutscher Frontsoldaten), den Vaterländischen Frauenverein und den Verein ehemaliger Kavalleristen. Alle diese Vereinigungen pflegten die alten militärischen Traditionen und Erinnerungen an den Kampf im 1. Weltkrieg. Sie ignorierten das Leid, daß dieser Krieg über die Menschheit, über die deutsche und auch die Friedländer Bevölkerung gebracht hatte. Es war das Reservoir für die sich entwickelnde rechte Szene in Deutschland. Dabei waren die Friedländer Ackerbürger meist deutsch-national, nicht ausgesprochen nationalistisch.

Im Stahlhelm der Stadt – Gruppe Nordmark – organisierten sich vor allem ehemalige Frontsoldaten, Teile der Ackerbürger, Beamte, Amtsträger. Diese Organisation trat in der Hauptsache bei Gedenkfeiern mit Aufmärschen am Kriegerdenkmal und anderen Feierlichkeiten in die Öffentlichkeit auf. Sie agierte weit über die Stadt hinaus bis nach Hamburg und Berlin.

Auf der anderen Seite kam nach der Beendigung des Krieges und der Überwindung der ersten Kriegsfolgen das Friedländer Handwerk schnell wieder auf die Beine. Friedland hatte in seinen Mauern einen breiten und größtenteils auch wohlhabenden Mittelstand. Er hatte sich recht und schlecht über die Wirren und Folgen des Krieges gerettet. Dadurch entwickelte sich schnell wieder eine blühende und gesunde Wirtschaftsstruktur in Friedland. Dadurch, daß die Stadt etwas abseits lag, war sie schon immer in vieler Hinsicht auf sich selbst und ihre eigene Kraftentfaltung angewiesen.

Auch die evangelische Kirche in unserer Kleinstadt war zu dieser Zeit eine große Macht. Mit ihrem riesigen Grundbesitz hatte sie als Eigentümerin und Verpächterin von Ackerland einen großen Einfluß in der Stadt.

Die Einwohnerzahl im Jahre 1919 betrug 7800. Zum 1. Mai 1919 hatte die Ortsgruppe der SPD zur Maifeier in Friedland aufgerufen. In Zivilkleidern bewegte sich der Demonstrationszug nach dem Marsch durch die Stadt aus dem Westabschnitt der Königsstraße zum Marktplatz zur Kundgebung.

Erschüttert wurde die demokratische Entwicklung in Mecklenburg im März 1920 durch den Kapp-Putsch und die rechtsextremistischen Freikorps. Es kam zu bewaffneten Auseinandersetzungen zwischen den von General Lettow-Vorbeck geführten Freikorps und den von den Arbeiterparteien und den Gewerkschaften gebildeten Arbeiterbataillonen. Der Kapp-Putsch fand in Mecklenburg große Unterstützung und trug zum Zerfall der bürgerlichen Mitte bei. Wirtschaftliche Krisenerscheinungen, vor allem die Inflation, polarisierten die politischen Kräfte weiter.

Während des Kapp-Putsches wurde auch in Friedland am 15. März der Generalstreik ausgerufen. Noch am gleichen Tag erschien ein

Kommando der Staatsgendarmerie von 18 Polizisten. Am 17. März besetzten die Putschisten den Marktplatz und begannen eine Jagd auf die Arbeiter. Am nächsten Tag fand eine Versammlung statt, auf der ein Neubrandenburger Kommunist zur Entwaffnung der Staatsgendarmerie aufrief. Durch die Haltung der SPD-Führung und der Gewerkschaftsfunktionäre Friedlands kam es jedoch nicht zu diesem Schritt.

Am 3. und 4. Oktober 1920 fand in Bützow der Landesparteitag der Unabhängigen Sozialdemokratischen Partei Deutschlands (USPD) statt. Teilnehmer aus Friedland war der Vorsitzende der Ortsgruppe der USPD Max Rothhand. Im gleichen Jahr gründete sich in der Stadt die Ortsgruppe der Kommunistischen Partei Deutschlands (KPD), die aus der USPD hervorging. Ihr erster Vorsitzender wurde eben dieser Max Rothhand.

Die Einwohner Friedlands verstanden es in diesen Jahren durchaus, ihre kleine Stadt mit kulturellem Leben zu erfüllen. Es gab ausreichend Vereine, die vielfältig und kulturell erfolgreich tätig waren. Da waren zunächst drei Männergesangsvereine. Es wurde aber auch Theater gespielt. Auch die Tradition der Spielmannszüge an den Friedländer Schulen wurde fortgesetzt. Das Gymnasium und die Bürgerschule am Anklamer Tor hatten jede einen solchen Zug. In den Jahren zwischen 1920 und 1933 bestanden in der Stadt ebenfalls eine Reihe von Erwachsenen-Spielmannszügen. So hatten unter anderem die Deutsche und die Freie Turnerschaft und die Arbeiterparteien SPD und KPD Spielmannszüge.

Sein 200jähriges Bestehen seit der Wiederaufnahme der Tätigkeit der Friedländer „Schützenkompanie" im Jahre 1720 feierte 1920 der Friedländer Schützenverein. Die damalige Leitung des Vereins lag in den Händen von Brauereidirektor Kühne. Beim Preisschießen wurde als Schützenkönig Graf Schwerin vom Gut Zinzow proklamiert. Die Würde des Kronprinzen errang Sattlermeister Otto Hoffmann.

Auf Vorschlag der Ortsgruppe der SPD wählte Friedland am 21. Januar 1921 auf einer öffentlichen Wahlversammlung den So-

zialdemokraten Dr. phil. Alfred Werner aus Danzig zum Bürgermeister der Stadt. Ihm stand eine Stadtverordnetenversammlung von
19 Mitgliedern zur Seite. Das Amt eines Bürgermeisters bekleidete
Dr. Werner in den schweren Jahren der Nachkriegszeit. Sie war
gekennzeichnet durch die Inflation, den Geldverfall und durch Mangel an den Waren des täglichen Bedarfs. Lebensmittel gab es noch
teilweise auf Marken. Eine große Beachtung schenkte Dr. Werner
der Lösung der Wohnungsfrage in der Stadt.

Etwa zehn Jahre nach der Fahrt Kaiser Wilhelms II. im Jahre 1911
mit der MPSB reiste der damalige Reichspräsident Friedrich Ebert
mehrmals im Salonwagen der Bahn von Ferdinandshof bis zum
Kleinbahnhof von Schwichtenberg, um per Droschke nach Fleethof zu gelangen. Hier weilte Ebert auf Einladung des Industriellen
Artelt, der das Anwesen Fleethof gepachtet hatte, um mit Freunden
zur Jagd zu gehen.

1921 übernahm der Freistaat Mecklenburg-Strelitz mit 750 000 RM
in Form von Stammaktien die MPSB, damit das Unternehmen weiterbestehen konnte. Seit 1917/18 war das Verkehrsaufkommen stark
gesunken und die laufenden Ausgaben waren gestiegen. 1921 war
die MPSB so hoch verschuldet, daß ihre Auflösung erwogen wurde.

Die Stadt ließ im Jahre 1921/22 in der 3. Ringstraße das neue Wasserwerk erbauen. Damit trat eine weitere Verbesserung der Wasserversorgung der Haushalte in Friedland ein. Das Wasser wurde aus dem Mühlenteich entnommen und im Wasserwerk gebrauchsfertig aufgearbeitet.

Am 2. Februar 1922 wurde für die katholische Kirche eine 3 Zentner schwere Glocke auf der Kieler Werft erworben. Es war die Glocke des Kriegsschiffes SMS (Seiner Majestät Schiff) „Schwaben", die umgegossen wurde.

Durch Gesetz vom 8. Juni 1923 übernahm der Freistaat Mecklenburg-Strelitz alle höheren Schulen der Stadt einschließlich des Gymnasiums in staatliche Verwaltung. Dies war der Beginn des staatlichen Schulwesens in Friedland. Aus dem Gymnasium wurde ein Reformrealgymnasium.

Königstraße 1923

Die in den 20er Jahren eintretende galoppierende Inflation in Deutschland vernichtete tausende Arbeitsplätze und Betriebe. Diese Abwärtsentwicklung führte zu einer Radikalisierung unter den linken und rechten Gruppierungen. Nach den Hungerunruhen und Lebensmittelkartenschiebungen Anfang der zwanziger Jahre, in die auch der Friedländer Druckereibesitzer Walther verwickelt war, kam es bei der Erstürmung seines Verlagsgebäudes in der Kaiserstraße zur Erschießung von zwei Arbeitern durch Walther. Er entzog sich seiner Verhaftung zusammen mit seinem Sohn durch die Flucht. Sein Nachfolger wurde als Verlagsleiter Emil Scheil.

In der Wirtschaft Mecklenburgs dominierte in den 20er Jahren die Landwirtschaft. Diese wurde entscheidend durch den Groß-grundbesitz geprägt. Die mecklenburgischen Großgrundbesitzer hatten ihre ablehnende Haltung gegen die parlamentarische De-mokratie nicht aufgegeben. Sie nutzten ihren Einfluß auf die Land-bevölkerung, um linke Wahlerfolge zu verhindern und nationalisti-sches Gedankengut zu verbreiten.

Die industriellen Unternehmungen dienten auch in Friedland im wesentlichen der Verarbeitung landwirtschaftlicher Produkte oder den Bedürfnissen der Landwirtschaft. Es handelte sich um mittel-ständische Betriebe, die jedoch meist über den Charakter eines gro-ßen Handwerksbetriebes nicht hinaus kamen.

In Mecklenburg zeichnete sich bis 1923 eine deutliche Entwick-lung nach rechts ab. So stimmten beim Volksentscheid zur entschädigungslosen Enteignung der Fürsten in Mecklenburg nur 34 % für die Enteignung. Die wachsende Unzufriedenheit unter der Bevölkerung, vor allem in den Städten, bildete den Nährboden für die nationalsozialistische Entwicklung.

Das Jahr 1923 brachte ein schnelles Anwachsen der Nationalso-zialistischen Deutschen Arbeiterpartei (NSDAP) im Lande. Schon im Jahre 1923 war Mecklenburg neben Bayern die Hochburg der nationalistischen und völkischen Bewegung. Die Nationalsozia-listen bildeten trotz Verbot der Regierung Geheimbünde in Meck-lenburg. Ausgangspunkt einer beginnenden nationalsozialistischen Geisteshaltung waren die Landarbeiterstreiks 1922/23 in Mecklen-burg. Sie waren zum Teil von Nationalsozialisten organisiert wor-den. In Mecklenburg-Strelitz waren bei der Organisation der Streiks besonders die Deutschnationale Volkspartei, der Block nationaler Mecklenburger und die SPD führend. 1924 lag Friedland mit 143 Arbeitslosen an erster Stelle in Mecklenburg-Strelitz.

Nach ihrem zeitweiligen Verbot 1923/24 beauftragte am 6. April 1925 der Führer der Nationalsozialisten Adolf Hitler den Landarbeiter Friedrich Hildebrandt mit dem Aufbau einer NSDAP-Organisation in Mecklenburg. Ab September 1925 richtete die NSDAP im Lande ihr Hauptaugenmerk auf die Werbung von Landarbeitern. Die Herkunft Hildebrandts und seine Propagierung eines „nationalen Sozialismus" ließen ihn schnell eine starke Anhängerschaft unter der Landbevölkerung finden. In den Stützpunkten der NSDAP in Mecklenburg bildeten sich auch die ersten Sturmabteilungs (SA) – Formationen. Friedland hatte zu diesem Zeitpunkt 7552 Einwohner.

Anfang Mai 1925 entstand in Friedland eine Ortsgruppe des Roten Frontkämpferbundes (RFB) als Kampforganisation der KPD. Vorsitzender war Paul Plog. Die Ortsgruppe zählte etwa 25 Mitglieder.

Nach der Inflation war durch die gewährten Kredite der USA an das Deutsche Reich ein beachtlicher konjultureller Aufschwung der deutschen Wirtschaft erreicht worden. Später erwies er sich allerdings als Scheinblüte mit fatalen Folgen. Dieser zeitweilige wirtschaftliche Aufschwung bewirkte besonders eine rege Bautätigkeit im Wohnungsbau.

So entstanden auch in Friedland in der Nordstadt ganz neue Straßenzüge, zum Beispiel in der Eichenstraße, an der Wallpromenade und der Gartenstraße und viele Eigenheime in der Salower Straße, dem im Volksmund Klein-Kleckersdorf genannten Gebiet. Bis zu diesem Zeitpunkt befand sich dort aus der Zeit der Choleraerkrankungen nur die Cholerabaracke, erbaut aus roten Ziegeln.

Aber auch im Stadtzentrum entstanden neue Wohngebäude. Dabei hatte sich der Komfort dieser Wohnungen gegenüber früheren Bauten erheblich verbessert. Dieser wirtschaftliche Aufschwung vollzog sich in fast allen Bereichen der Bürgerschaft und des Hand-

Klein-Kleckersdorf

werks der Stadt Friedland. Die Kaufleute der Stadt waren besonders angesehen. Verhältnismäßig viele von ihnen wurden als Stadtverordnete gewählt.

1925 baute man erst die Straße von Friedland nach Sandhagen. Am 31. Juli 1925 wurde die „Bodenverbesserungsgenossenschaft Friedländer Große Wiese und Nachbargebiete" gegründet. Sie umfaßte ein Meliorationsgebiet von 660 ha und einen Zweckverband mit preußischen Gebietsteilen von 12 000 ha. Das Land Mecklenburg-Strelitz leistete insgesamt einen Kostenaufwand von 392 000 Mark zur Gründung der Gesellschaft. Der Hauptzweck des Meliorationsverbandes bestand in der Grünlandgewinnung. Daneben erwog man noch Möglichkeiten der Torfgewinnung als Brennstoff und der Verwendung des Moores für medizinische Zwecke. Außerdem überlegte man die Erdölgewinnung und die Herstellung von Zellulose aus Torf für die Papier- und Kunstseidenfabrikation.

Schließlich faßte man im Jahre 1925 den Entschluß, einen vollständig neuen, modernen Molkereibetrieb zu errichten. Er wurde in der Salower Straße gebaut, weil hier die Möglichkeit für eine

Ehemalige Treptower Straße - jetzige Dr.-S.-Allende-Straße

- Gaststätte „Lindenhof",
  Inhaber: Karl Dettmann,
  im Volksmund: „Schlapenkrog"

- Restaurant „Schützenhaus",
  Inhaber: Jückstock/Heidschmidt

Anklamer Straße

- „Gesellschaftshaus",
  Inhaber: W. Wienholz

Ehemaliger Hindenburgplatz - jetziger August-Bebel-Platz

- „Elysium",
  Inhaber: W. Lange

Treptower Straße, gegenüber vom Schützenhaus, parallel zur Datze

- Gaststätte „Seeschlößchen",
  Inhaber: Mina Varken

Molkereistraße, am Eiskellerberg

- Gaststätte „Zur scharfen Ecke",
  Inhaber: Lehmann, nach 1945 Volz

Bahnhofsgelände

- Gaststätte „Zum Großbahnhof",
  Inhaber: Reißmann

- Gaststätte „An der Kleinbahn",
  Inhaber: W. Saß, nach 1945 W. Kipp

Salower Straße

- Bierstube „Paul Laudan"

Mühlenteich, heute Am Brink

- Gaststätte „Strandbad",
  Inhaber: W. Holz,
  heute Gaststätte „Am Brink"

- Cafe und Gaststätte „Altes Wasserwerk",
  Inhaber: Rasmussen

Die meisten der hier aufgeführten Gaststätten, Lokale und Hotels gab es bis zum zweiten Weltkrieg in unserer Stadt.

Von den hier benannten 34 Gaststätten sind im Jahre 1990 noch 6 in Aktion:

- Hotel „Vredeland"

- Stadtkulturhaus

- „Sportpavillon"

- Gaststätte „An der Datze"; ehem. Schützenhaus

- Speisegaststätte „Am Anklamer Tor"; ehem. Elysium

- Gaststätte „Am Brink"

Folgende Gaststätten sind nach 1945 neu entstanden und heute noch in Aktion:

- „Eiscafe" in der Turmstraße

- „Kegelbahn", Vor dem Walltor

- Gaststätte „Am Spring" im Schwimmbad

- Jugendklub

Friedland, im Juli 1990

zusammengestellt von:
K.-H. Schönbeck nach einer Vorlage
von Herrn E. Kaehler

räumliche Ausdehnung und für einen eigenen Gleisanschluß an die Bahnlinie Neubrandenburg–Friedland bestand.

Das Jahr 1925 war das Gründungsjahr des Mandolinenclubs „Norddeutsche Klänge". Vereinslokal war das Friedländer Schützenhaus an der Datzebrücke. Dem Ensemble gehörten vorwiegend junge Handwerksgesellen an. Der erste musikalische Leiter war Walter Streblow.

1925 erfolgte auch die Neugründung des Friedländer Kraftsportvereins. Um diesen Neubeginn hatte sich vor allem der Tischlermeister Paul Dedlin verdient gemacht. In den folgenden Jahren war Friedland eine Hochburg der Schwerathletik in Mecklenburg. Der Saal des Schützenhauses an der Datze war der wöchentliche Trainingsplatz.

Am 10. Oktober 1926 erfolgte die Einweihung eines Denkmals für die Gefallenen des 1. Weltkrieges im Westteil des Bürgermeisterwalls.

Kriegerdenkmal 1914-1918

Rathaus, Rathausapotheke und Marienkirche 1928

Auch eine neue Turnhalle am Schusterwall wurde erbaut. Und Mitte der 20er Jahre errichtete die Stadt am Wall zwischen Wassermühle und Neubrandenburger Tor die neue Badeanstalt.

Am 1. November 1927 fanden sich musikfreudige Bürger im damaligen Gesellschaftshaus Anklamer Straße zusammen. Sie gründeten ein musikalisches Ensemble der leichten Muse. Erster Leiter des Ensembles war Albert Albrecht. Dieser Verein hatte seinen Stammsitz im Gesellschaftshaus.1927 bezog die Friedländer Sparkasse ihr neues Haus in der Kaiserstraße (der heutigen Riemannstraße). Verbunden mit der damaligen Eröffnung ist der Name von Heinrich Schmidt, der Beamter der Stadt Friedland und zugleich Sparkassenrendant war und damit die Verwaltung der Sparkasse leitete. Vorsitzender des Sparkassenvorstandes war der Bürgermeister Dr. Werner.

Im gleichen Jahr wurden durch ein Feuer die kleinen, der St. Marienkirche vorgelagerten Giebelhäuser vernichtet.

Die dem wirtschaftlichen Aufschwung sehr schnell folgende Weltwirtschaftskrise Ende der 20er Jahre machte auch vor Deutschland nicht halt. Dazu trugen vor allem die Investitionsrückgänge in den Jahren 1927/28 bei. Die dadurch entstandene Unzufriedenheit in der Bevölkerung nutzte die NSDAP aus. Es vollzog sich politisch eine Wende nach rechts. In den meisten Ländern des Deutschen Reiches wurde das Redeverbot für Adolf Hitler aufgehoben. Für die NSDAP und ihn war das ein entscheidender Schritt auf dem Wege zur Macht.

1927/28 waren die Arbeiter Friedlands in acht Gewerkschaften organisiert. Sie hatten alle ihren Sitz im Gesellschaftshaus in der Anklamer Straße. Es waren

	Vorsitzender:
• Baugewerksbund	Wilhelm Müller
• Fabrikarbeiterbund	Max Rothhand
• Gemeinde- und Staatsarbeiter	Ernst Heuer
• Holzarbeiter	Wilhelm Börs

	Vorsitzender:
• Landarbeiter	Martin Becker
• Metallarbeiter	Karl Siegmund
• Steinsetzer und verw. Berufe	Otto Lenke
• Verkehrsbund	Karl Krasemann

Die Landarbeiter in Mecklenburg-Strelitz erhielten zu dieser Zeit einen verhältnismäßig niedrigen Stundenlohn. Er betrug zwischen 20 bis 28 Pfennige pro Stunde. Für diesen zahlten die Gutsbesitzer vorwiegend einen sogenannten Deputatlohn, das heißt, sie entlohnten in Naturalien. Der Landwirtschaft ging es in dieser Zeit besonders schlecht.

Viele Arbeiter, vor allem aus dem Bauhandwerk, versuchten ihr Glück in den Großstädten oder im Bergbau. Zur gleichen Zeit setzten viele Auswanderungen nach Übersee ein. Eine Folge der Krise war, daß viele mittelständische Betriebe in Mitleidenschaft gezogen wurden. Davon zeugen zahlreiche Konkurse in Handel und Gewerbe. Es gab allein in Friedland 12 Zwangsversteigerungen. Das Arbeitslosengeld war äußerst gering und reichte oftmals kaum für das Lebensnotwendigste. Viele Einwohner versuchten sich selbst zu helfen. Sie gingen Stubben roden, um durch Kienverkauf einen bescheidenen Verdienst zu haben.

Die Stadt Friedland hat in den Jahren 1925 bis 1929 mit einem Wohlfahrtsetat von 140 000 RM die verhältnismäßig höchste Unterstützung gezahlt. Die Stadt galt als die sozialste Stadt im Lande.

Ab 1927 faßte die NSDAP Fuß in der Bevölkerung durch Gründung von Ortsgruppen in Neubrandenburg, Burg Stargard, Friedland und anderen Orten. Auf Massenkundgebungen, die auch in unserer Stadt stattfanden, erreichte der inzwischen zum Gauleiter der NSDAP in Mecklenburg avancierte Friedrich Hildebrandt – außer in unserer Stadt – einen großen Einfluß. Bei den Reichstagswahlen im Mai 1928 ging in Friedland die SPD mit 1672 Stimmen als stärkste Partei hervor. Die Deutsch-Nationale Volkspartei erhielt 685 Stimmen, die Wirtschaftspartei 486 Stimmen, die KPD 454 Stimmen und die NSDAP 14 Stimmen.

Im Jahre 1928 erfuhr des Teichgebiet des Friedländer Mühlenteiches eine Veränderung. Man setzte einen langgehegten Plan in die Tat um und entwässerte die Wiesen am Oberlauf der Datze im Westen vor der Stadt. Die Datze wurde an die Nordseite des Teiches verlegt und mündete an der Wassermühle wieder in das alte Bett.

Im Neubrandenburger Tor öffnete erstmalig das Friedländer Heimatmuseum seine Pforten. Dem voraus ging die Initiative des Friedländer Heimatvereins, das Neubrandenburger Tor auszubauen und darin ein Museum einzurichten. Aus gespendeten Geldern und durch die Mitarbeit Friedländer Handwerker konnte dieses Vorhaben verwirklicht werden. Durch Sach- und Geldspenden der Friedländer Bevölkerung wurde ein beachtlicher Fundus zusammengetragen. Unter der Leitung des damaligen Vorsitzenden des Heimatvereins und Lehrers Hermann Wiechmann hatte sich das Museum bald zu einer gelungenen Schausammlung etabliert.

1928 wurde auch die Straße Friedland–Sandhagen bis nach Schwichtenberg weitergeführt.

Im Jahre 1929 gab es vor allem für die Kinder, aber auch für die erwachsenen Bürger unserer Stadt ein großes Ereignis. Das Luftschiff „Zeppelin" überflog die Stadt. Alle Schulkinder hatten an diesem Tag schulfrei. Das Jahr brachte aber noch ein Novum in der Friedländer Schulgeschichte: ein Mädchen hatte im Friedländer Gymnasium ihr Abitur gemacht. Sie war die einzige und erste Schülerin, die einen damals noch voll humanistischen Gymnasialkurs absolvierte. Schule und Lehrer standen vor einer völlig neue Situation.

Am 24. und 25. August 1929 fand in unserer Stadt das Gauturnfest des Fritz-Reuter-Gaues der Deutschen Turnerschaft und gleichzeitig das 50. Stiftungsfest des Friedländer Männerturnvereins statt. Unter starker Beteiligung der Bevölkerung wurde dieses Fest auf der Sportstätte „Am Hagedorn" veranstaltet. Mit den Klängen der Stadtkapelle des Musikdirektors Franz Brüdigam marschierten die Turner des Männerturnvereins in einem Demonstrationszug durch die Kaiser- und andere Straßen zum Sportplatz am Hagedorn zum Wettkampf, gefolgt von der Frauenabteilung. Der Verein hatte zu diesem Zeitpunkt 346 Mitglieder.

Gauturnfest 1929

Der September 1929 stand im Zeichen der 500-Jahr-Feier des Friedländer Gymnasiums. Dieses in der Geschichte des Friedländer Schulwesens bedeutsame Ereignis hatte zahlreiche frühere Gymnasiasten veranlaßt, nach Friedland zu kommen.

500-Jahr-Feier des Friedländer Gymnasiums

500-Jahr-Feier des Friedländer Gymnasiumsgäste vor dem Rathaus 1929

Auch eine große Anzahl von Ehrengästen hatte der Einladung zu diesem seltenen Jubiläum einer Lehranstalt Folge geleistet. Drei Tage waren für die Feierlichkeiten vorgesehen. Die Feierlichkeiten begannen am 13. September mit einem Turnfest. Im Anschluß an die Siegerverkündung setzte sich die Festgemeinde unter den Klängen des Pfeifer- und Trommlerkorps der Schüler und der Stadtkapelle unter Leitung von Herrn Brüdigam in Bewegung zu einem Marsch durch die Stadt. An der Festsitzung am 14. September nahm auch der Staatsminister Dr. Dr. Freiherr von Reibnitz teil.

In diesem Jahr 1929 machte die Weltwirtschaftskrise allen Bemühungen um einen langanhaltenden wirtschaftlichen Wiederaufstieg nach dem 1. Weltkrieg ein jähes und rigoroses Ende. Am 29. Oktober 1929, dem „schwarzen Dienstag", kam die Katastrophe. Die Kurse am New Yorker Aktienmarkt brachen völlig zusammen. Das war der Ausgangspunkt für eine Krise, die alle vorausgegangenen Erschütterungen der amerikanischen Wirtschaft in den Schatten stellte. Sie betraf nach und nach alle führenden Industriestaaten und weitete sich in kürzester Zeit zur bisher schwersten und folgenreichsten Wirtschaftskrise der Welt aus. Im außerordentlichen Haus-

halt des Deutschen Reiches fehlten laut Angaben des Reichs-
finanzministeriums am Ende des Monats Juli 1929 862,8 Millionen Reichsmark. Nach statistischen Angaben wurden monatlich in
Deutschland 90 000 Zahlungsbefehle ausgestellt und täglich wurden 35 000 Pfändungen vorgenommen.

Die Wirtschaftskrise erreichte auch Friedland. Nach Feststellun-
gen der städtischen Polizei galten im Juli1929 unter anderem folgende Markt- bzw. Ladenpreise:

- schieres Fleisch   1,30 – 1,40 RM pro Pfd.
- Kotelett   1,40   RM pro Pfd.
- Landbutter   1,70 – 1,90 RM pro Pfd.
- Roggenschrotbrot 1550 g   0,50   RM
- Kartoffeln neu   0,20   RM pro Pfd.

Die Friedländer Zeitung führte in der Zeit vom 1. Juli bis 31. Dezember 1929 folgende Erwerbslosenzahlen an:

	gesamt	davon männlich	weiblich
19. Juli	97	86	11
16. August	115	93	22
08. September	131	95	36
26. Oktober	164	139	25
18. November	236	187	49
29. November	264	211	53
06. Dezember	303	245	58
13. Dezember	326	268	58
21. Dezember	382	324	58

Der aufmerksame Leser der Friedländer Zeitung konnte immer
mehr Zwangsversteigerungen, Konkurse und Geschäftsaufgaben
auch in unserer Stadt registrieren.

Am 19. Dezember 1929 organisierte die Ortsgruppe der KPD in
Friedland einen Demonstrationszug zur Durchsetzung einer
Weihnachtsunterstützung für ausgesteuerte Erwerbslose. Auf dem

Marktplatz sollte eine Kundgebung stattfinden. Am Anklamer Tor löste die Friedländer Polizei die Demonstration aber auf. Die Arbeitslosen zogen daraufhin in kleinen Gruppen trotzdem zum Marktplatz. Im Ergebnis dieser Erwerbslosendemonstration wurde noch im Dezember 1929 ein Arbeitslosenschutzbund gegründet. Ihm traten etwa 60 der KPD angehörende oder nahestehende Arbeitslose bei. Zum Vorsitzenden wählte man Willi Redel.

In der Kaiserstraße wurde am 25. Mai 1930 am Riemannhaus (an der Westseite der Marienkirche) eine Gedenktafel für Heinrich Arminius Riemann enthüllt.

Das Jahr 1930 brachte Deutschland den Höchststand an Arbeitslosigkeit. Sechs Millionen Menschen, das waren 30,8 %, waren schließlich ohne Arbeit. Im Januar 1930 meldete die „Friedländer Zeitung" 568 Erwerbslose für unsere Stadt.

Für die Friedländer Betriebe wurden ab 1929/1930 die Aufträge ebenfalls immer geringer. Dafür stieg die Zahl der Arbeitslosen dramatisch an. Auch vor der MPSB machte die Weltwirtschaftskrise keinen halt. Sie brachte die Bahn erneut in große ökonomische Schwierigkeiten.

Trotzdem war Friedland zu dieser Zeit auch eine Stadt mit vielen florierenden Gaststätten und Hotels.

Das Jahr 1931 war der Höhepunkt im Verfall der deutschen Wirtschaft. Die deutsche Reichsregierung war offensichtlich nicht mehr Herr der Lage. Am 29. Mai beriet das Reichskabinett über die neue Notverordnung. Bei einem Defizit des Reichsetats für 1931/32 von 730 Millionen sollten danach 120 Millionen durch Streichung von Ausgaben und 200 bis 230 Millionen durch Herabsetzung der Leistungen in der Sozialpolitik eingespart werden. Die verbleibenden 400 Millionen sollten durch neue Einnahmen, vor allem die sogenannte „Krisensteuer", aufgebracht werden. Diese Politik führte zu einer Massenverarmung in der Bevölkerung. Heilslehren hatten in dieser Situation Konjunktur, vor allem, weil sich die etablierten Politiker in Ratlosigkeit überboten.

Schützenhaus

Ehemalige Friedländer

Gaststätten, Lokale und Hotels und
deren Lage
ab Anfang der 30er Jahre

Ehemalige Königstraße - jetzige Rudolf-Breitscheid-Straße

- „Mecklenburger Hof" -
  Inhaber: Freiberg;
  nach 1945 im Volksmund auch nach dem
  langjährigen Wirt "Paul Hardow" genannt

- „Zum Erbgroßherzog" - im Volksmund auch
  nach dem langjährigen Inhaber „RichardDube"
  genannt

- Gastwirtschaft „Reinke"

- Gastwirtschaft „Zum Steintor",
  Inhaber: Grell

- Cafe „Kowatsch" -
  im Volksmund auch „Cafe Knutsch" genannt

- Hotel „Deutsches Haus",
  am Pferdemarkt, Inhaber: W. Kipp

Ehemalige Kaiserstraße - jetzige Max-Rothhand-Straße

- „Wegners Weinstuben"

- Gastwirtschaft „Vredeland",
  Inhaber: Prestin

- Gastwirtschaft „Suhr"

- Tanzlokal „Zur goldenen Kugel",
  Inhaber: W. Meier, W. Holz

- Gastwirtschaft Müller

- Stehbierhalle „Hanisch"

Ehemalige Mühlenstraße - jetzige Karl-Liebknecht-Straße

- Gastwirtschaft „Zur Quelle",
  Inhaber: Matthies (bis Anfang der 20er Jahre)

- Hotel „Zum alten Fritz",
  Inhaber: Friedrich Schulz,
  heute: HO-Hotel „Vredeland"

- Gastwirtschaft „Wintergarten",
  Inhaber: Max Winter

Ehemaliger Marktbereich

- Ratskeller", Inhaber: Bruno Haase

- Cafe „Volz"

- Gastwirtschaft „Albrecht"

- Restaurant „Schwarzer Adler",
  Inhaber: Holz, Lüdtke

Ehemalige Herrenstraße - jetzige Riemannstraße

- Gastwirtschaft „Zur Eiche",
  Inhaber: Bruno Quast

Bereich am Wall

- „Cafe Bauer",
  Inhaber: Walter Hase

- Sportpavillon",
  Inhaber: Fam. Holz

Turmstraße/Ecke Mühlenstraße

- Gaststätte „Zur Post",
  Inhaber: Varken, Brandt

Entnommen: Friedländer Heimatblätter 2/1990

Ehemalige Treptower Straße - jetzige Dr.-S.-Allende-Straße

- Gaststätte „Lindenhof",
  Inhaber: Karl Dettmann,
  im Volksmund: „Schlapenkrog"

- Restaurant „Schützenhaus",
  Inhaber: Jückstock/Heidschmidt

Anklamer Straße

- „Gesellschaftshaus",
  Inhaber: W. Wienholz

Ehemaliger Hindenburgplatz - jetziger August-Bebel-Platz

- „Elysium",
  Inhaber: W. Lange

Treptower Straße, gegenüber vom Schützenhaus, parallel zur Datze

- Gaststätte „Seeschlößchen",
  Inhaber: Mina Varken

Molkereistraße, am Eiskellerberg

- Gaststätte „Zur scharfen Ecke",
  Inhaber: Lehmann, nach 1945 Volz

Bahnhofsgelände

- Gaststätte „Zum Großbahnhof",
  Inhaber: Reißmann

- Gaststätte „An der Kleinbahn",
  Inhaber: W. Saß, nach 1945 W. Kipp

Salower Straße

- Bierstube „Paul Laudan"

Mühlenteich, heute Am Brink

- Gaststätte „Strandbad",
  Inhaber: W. Holz,
  heute Gaststätte „Am Brink"

- Cafe und Gaststätte „Altes Wasserwerk",
  Inhaber: Rasmussen

Entnommen: Friedländer Heimatblätter 2/1990

Die meisten der hier aufgeführten Gaststätten, Lokale und Hotels gab es bis zum zweiten Weltkrieg in unserer Stadt.

Von den hier benannten 34 Gaststätten sind im Jahre 1990 noch 6 in Aktion:

- Hotel „Vredeland"

- Stadtkulturhaus

- „Sportpavillon"

- Gaststätte „An der Datze"; ehem. Schützenhaus

- Speisegaststätte „Am Anklamer Tor"; ehem. Elysium

- Gaststätte „Am Brink"

Folgende Gaststätten sind nach 1945 neu entstanden und heute noch in Aktion:

- "Eiscafe" in der Turmstraße

- „Kegelbahn", Vor dem Walltor

- Gaststätte „Am Spring" im Schwimmbad

- Jugendklub

Friedland, im Juli 1990

zusammengestellt von:
K.-H. Schönbeck nach einer Vorlage
von Herrn E. Kaehler

Die politische Meinungsbildung in der Bevölkerung wurde immer mehr von der Frage nach den Ursachen der Krise bestimmt. Die von Antikommunismus, Antisemitismus und Nationalismus bestimmten Antworten der NSDAP begünstigten in dieser Zeit ihre Ausbreitung als Wählerpartei.

So sprach am 31. März 1931 im „Elysium" der Stadt am Anklamer Tor auf einer Großkundgebung der nationalsozialistische Reichstagsabgeordnete Dr. Decker zum Thema: „Der Golgathaweg des deutschen Volkes". Er nutzte die in der Stadt unter der Bevölkerung vorhandene Verbitterung aus, um für die nationalsozialistische Bewegung erfolgreich Stimmung zu machen.

Vor allem die von der NSDAP verkündeten Ziele ihrer Agrarpolitik, die neuen Siedlungsprogramme und eine Aufwertung des Bauernstandes trugen wesentlich dazu bei, daß die NSDAP in breiten Bevölkerungskreisen auch in Friedland und seiner ländlichen Umgebung Fuß faßte.

Im April 1931 lag die Zahl der Erwerbslosen in Friedland bei über 700 und im Winter 1931/32 – zur Zeit des Höhepunktes der Weltwirtschaftskrise – hatte die Stadt bei etwa 8000 Einwohnern 1200 Erwerbslose.

Ein großes Ereignis für Friedland war die Fahnenweihe des Gardevereins am 16. August 1931. Sie wurde auf dem Markt durchgeführt, begleitet von einem Umzug des Gardevereins durch die Straßen der Stadt. Der Fahnenträger dieser Weihe war der Friedländer Ofenbaumeister Karl Wulff.

Ein großes Stahlhelmtreffen fand 1932 in Zinzow bei Friedland statt. Prominentester Gast war der legendäre Husarengeneral Mackensen.

Die Landtagswahlergebnisse in Schwerin führten in all den Nachkriegsjahren nie zu klaren Mehrheiten. Die Regierungsbildung war immer schwierig, die Regierungen blieben meist nur kurz im Amt. Bis 1932 stellten die Linke (vor allem SPD) viermal, die Rechte (Deut-

Fahnenweihe des Gardevereins am 16. 8. 1931

sche Volkspartei, Deutschnationale Volkspartei, Nationale Mecklenburger) dreimal die Regierung. Im 6. ordentlichen Landtag war nach der Liste vom 7. April 1932 aus Friedland der Abgeordnete der KPD Max Rothhand unter der Berufsbezeichnung Gewerkschaftsangestellter vertreten. Trotzdem sympathisierten in der Stadt mehr Bürger mit der SPD als mit der KPD.

Im März 1932 spiegelte sich der Rechtsruck in der allgemeinen Stimmung in Mecklenburg-Strelitz in der Bildung einer Regierung aus Deutsch-Nationalen und NSDAP wider.

Im Juli 1932 führte die Landtagswahl zu einer knappen absoluten Mehrheit der NSDAP. Die NSDAP wurde Regierungspartei. In Schwerin bildeten die Nationalsozialisten noch vor dem 30. Januar 1933 eine Landesregierung mit einer Koalition aus Nationalsozialisten und Deutschnationaler Volkspartei. Der Boden für die nationalsozialistische Diktatur war nun vorbereitet.

5.3. Das Dritte Reich und der 2. Weltkrieg

Die Errichtung des nationalsozialistischen Dritten Reiches am 30. Januar 1933 beendete die Eigenstaatlichkeit der beiden mecklenburgischen Länder. Durch die nationalsozialistische Gleichschaltungspolitik wurden die Landesregierungen aufgelöst. Es wurde ein Reichsstatthalter eingesetzt. Für Mecklenburg hieß er Friedrich Hildebrandt.

Der sozialdemokratische Bürgermeister Dr. Werner hatte die Geschicke der Stadt in all den schweren Jahren bis zur Errichtung des Dritten Reiches im Jahre 1933 geführt. Ihm wurde seine Einstellung zum Nationalsozialismus zum Verhängnis. Er wollte die Hakenkreuzfahne, das Symbol der Nationalsozialisten, die auf dem Rathaus gesetzt worden war, wieder entfernen lassen und verbieten, daß diese wieder gesetzt würde. Dazu sollte die städtische Stahlhelm-Hilfspolizei bei etwa auftretenden Unruhen gegen die SA-

Hilfspolizei eingesetzt werden. Im Ergebnis einer durch die Staatspolizei von Mecklenburg-Strelitz eingeleiteten Untersuchung vom
5. März 1933 wurde die Ablösung von Dr. Werner als Bürgermeister veranlaßt. Als seinen Nachfolger setzte man den SA-Sturmbann-
führer Heinrich von Stuckradt ein.

Am 31. März 1933 wurden die bestehenden Länderparlamente
durch das „Gleichschaltungsgesetz" aufgelöst und ohne Wahl unter Ausschluß der KPD neu gebildet. Diese Restparlamente beschlossen dann die Vereinigung der beiden mecklenburgischen Staaten
mit dem Jahr 1934. Zum Reichsstatthalter für Mecklenburg wurde
der NSDAP-Gauleiter Friedrich Hildebrandt ernannt.

Bereits im gleichen Jahr 1933 wurde der Friedländer Stahlhelm
geschlossen in die SA übernommen. Auf dem Bahnhof zum Beispiel fand eines Morgens eine Betriebsversammlung statt. Auf ihr
eröffnete die Leitung der Belegschaft, daß die Organisation des Stahl-
helms nicht mehr existiert und in die SA übernommen worden sei.

Die Einwohnerzahl Friedlands im Jahr 1933 betrug 8158 Bürger.
Nach der Machtübernahme durch die Nationalsozialisten zeichnete sich ein neuer wirtschaftlicher Aufschwung ab. Die Vereinigten
Mosaik- und Wandplattenwerke AG, Werk Friedland, waren während der Weltwirtschaftskrise von 1929 bis 1933 stillgelegt worden. Jetzt nahmen sie ihre Produktion wieder auf. Die Tongewinnung
in der dazugehörigen Tongrube war aber nach wie vor schwerste
körperliche Arbeit. Der Transport aus der Grube erfolgte wie bisher
per Handloren.

Auch die MPSB gewann wieder an Bedeutung für die Wirtschaft
der Stadt. Sie führte mit ihrem 250 km langen Kleinbahnnetz nach
Nordosten und durch die Große Wiese wichtige Personen- und
Gütertransporte durch. Reparaturen wurden im eigenen Aus-
besserungswerk am Friedländer Kleinbahnhof ausgeführt.

Besonders das Handwerk stand in der Gunst der Nationalsozialisten.

Für die Gewinnung von Baumaterial und als Straßenpflaster zerschlugen Friedländer Handwerker in Handarbeit, bei großen Blöcken durch vorherige Sprengung, eiszeitliche Blöcke aus schwedischem Granit und behauten sie.

Mit dem Abbau der Arbeitslosigkeit stieg das Realeinkommen bei allen Bevölkerungsschichten. Der wirtschaftliche Aufschwung gegenüber dem Ende der 20er Jahre war in jeder Friedländer Familie spürbar durch mehr Lohn und der dadurch erreichten höheren Kaufkraft. Dies führte auch zur Belebung des Handels in der Stadt. Lediglich der Wohnungsbau stagnierte. Im Mai 1933 kostete 1 kg Brot 0,32 RM, der durchschnittliche Stundenlohn betrug 0,75 RM.

Die insgesamt positive wirtschaftliche Entwicklung und die Sicherung von Vollbeschäftigung nach den Jahren der Instabilität und Not führten zu einer breiten Akzeptanz der Nationalsozialisten in der Bevölkerung.

Unsere kleine Stadt führte bis zum Beginn des 2. Weltkrieges ein stilles, verträumtes Dasein. Sie war nach wie vor eine Ackerbürgerstadt mit Industrie und einem ausgeprägten Mittelstand. Das gewerbliche wie auch das geistige und gesellschaftliche Leben in der Stadt war regsam und unterhaltend. In ihren Mauern fühlten sich die fleißigen Bürger sicher und geborgen. Sie waren konservativ im Denken und Fühlen, da weniger neue Eindrücke und Erlebnisse auf sie einstürmten als auf Großstädter. Stolz auf ihre Stadt mit den vielen wertvollen kulturhistorischen Baudenkmälern waren die Friedländer.

Im Neubrandenburger Tor befand sich das Heimatmuseum unter Leitung des Friedländer Heimatvereins. Die Wallanlagen waren noch weitgehend intakt. Unmittelbar neben dem Durchgang des Neubrandenburger Tores stand noch ein Torwächterhaus. Am Mühlenteich arbeiteten wie immer Fischer auf dem Platz gegenüber der Wassermühle. In der Kaiserstraße führte man Schachtarbeiten durch, um die Häuser an die Kanalisation anzuschließen. Straßenausbesserungsarbeiten wurden auch in der Anklamer Straße durchgeführt.

Die berühmten Kühe

Und jeden Morgen trieb man die Kühe aus allen Gehöften der Stadt auf die Weiden westlich der Stadt. Abends kamen sie durch das Neubrandenburger Tor wieder in die Stadt zurück. Sie fanden meist allein den Weg zu ihren Gehöften. Danach begann die allgemeine Reinigung der beschmutzten Bürgersteige.

Mit Beginn der 30er Jahre wurde das gesamte Gebiet um den Mühlenteich umgestaltet. Feste Wege entstanden rings um den Teich. Am Brink baute die Stadt das neue Volksbad. Dazu mußte der Mühlenteich teilweise ausgebaggert und der ausgebaggerte Schlick mit viel körperlicher Arbeit von dieser Stelle per Handlore abtransportiert werden. Er wurde unterhalb der Neubrandenburger Straße abgekippt. Es entstand am Mühlenteich ein für damalige Verhältnisse modernes Freibad mit Umkleidekabinen, flachem Nichtschwimmerteil, Anlagen und Sportgeräten. In diesem Volksbad führten unter anderem die Schulen Sportfeste durch.

Im Jahre 1934 wurde die vom Orgelbauer Sauer 1905 für Berlin-Zehlendorf gebaute Orgel nach Friedland in die St. Marienkirche umgesetzt.

Die evangelische Kirche hatte sich sehr bald mit dem NS-System arrangiert, sie war gleichgeschaltet worden. In Mecklenburg gründete sich mit Unterstützung des Landesbischofs von Mecklenburg-

Schwerin Heinrich Rendtorff bereits 1932 die Bewegung „Deutsche Christen". Diese Bewegung gab es auch in der Kirche Mecklenburg-Strelitz. Allerdings hielt sich der hiesige Landesbischof Dr. Gerhard Tolzin gegenüber der NSDAP zurück.

Noch 1934 marschierte aber die Friedländer SA geschlossen in Uniform in die Kirche zum Gottesdienst.

1934 gründete sich in Friedland auch eine Neuapostolische Gemeinde. Sie hatte ihr Domizil bei Friseur Willi Behmke am Markt.

Die NSDAP bekannte sich seit ihren Anfängen zu einer radikalen Gegnerschaft gegenüber der Freimaurerei. Nach ihrer Meinung war die Freimaurerei von Marxismus und Judentum durchsetzt. In Friedland gab es eine aktive Freimaurerloge „Zum Friedenstempel", der angesehene Kaufleute, Ärzte wie Dr. Koeppler und andere Bürger aus dem städtischen Mittelstand angehörten. Sie hatte ihr Domizil in der Weinstube Wegner in der Kaiserstraße. Im August 1935 wurde die Tätigkeit der Freimaurerlogen wegen angeblicher staatsfeindlicher Tätigkeit vom Reichsstatthalter für Mecklenburg Friedrich Hildebrandt offiziell verboten. Die Freimaurer stufte man als politisch unzuverlässig ein. Trotz dieses Verbots hat die Friedländer Freimaurerloge im Untergrund vor allem bei den Kaufleuten der Stadt weitergelebt. Ein bekannter Friedländer Logenbruder der Freimaurer war auch der Betriebsdirektor der MPSB Gustav Witthöft.

Ab Mitte der 30er Jahre befand sich in der Mühlenstraße 7 die Führung des Reichsarbeitsdienstes (RAD) für den hiesigen Bereich. Vor dem Tor standen RAD-Leute mit geschultertem Spaten Posten. Für die Friedländer Jugend war es immer ein Ereignis, wenn beim Besuch höherer Vorgesetzter das Kommando zum Heraustreten der Wache erscholl.

Die NSDAP organisierte sich in der Stadt in zwei Ortsgruppen. Eine erfaßte die Mitglieder westlich vom Markt, die andere die Mitglieder östlich vom Markt. Der NSDAP gehörten vor allem Amtsträger, Beamte, Führungskräfte und Kaufleute an. Ortsgruppenleiter der Ortsgruppe Ost war ein Parteigenosse Schulz, Postangestellter;

die Ortsgruppe West führte Bruno Müller. Das Parteibüro befand sich für beide Gruppen in der Königsstraße im Haus „bei Reißmann" (gegenüber dem Gebäude des heutigen Friseursalons VIVA). An den Reichsparteitagen der NSDAP nahmen auch Friedländer teil. Nach der Rückkehr werteten sie diese Großaufmärsche in ihren Organisationen aus.

1935 begann der Neubau der Siedlung Besendahlweg. Im Sommer dieses Jahres weilte eine Delegation von SA- und Parteiführern unter Leitung des Gauleiters und Reichsstatthalters Friedrich Hildebrandt in Friedland. Sie besuchten Friedländer Betriebe wie die Mosaik- und Wandplattenwerke (Fliesenwerke), die Stärkefabrik, die Baustelle der Siedlung am Besendahlweg und das Dorf Sandhagen. Bürgermeister Heinrich von Stuckradt, gleichzeitig Sturmbannführer der SA, führte die Delegation durch die Stadt. In Sandhagen fand ein Appell mit den SA-, Hitlerjugend (HJ)- und Arbeitsdienstkräften statt, die im Dorf eingesetzt waren. Der Appell fand unter starker Beteiligung der Bauern und Landwirte des Ortes und der Umgebung statt; unter ihnen waren ebenfalls viele Angehörige der SA. 1935 betrug die Einwohnerzahl Friedlands etwa 8500 Einwohner. Von den meisten wurde die Zeit des Nationalsozialismus intensiv erlebt.

In der Stadt existierten auch zwei SA-Stürme, davon ein Reservesturm mit den älteren Männern. Die SA-Stürme traten in der Stadt sehr aktiv auf. Sturmführer waren Paul Bartel, Hausmeister an einer Friedländer Schule und der Kaufmann Paul Krull. In den SA-Stürmen organisierten sich sehr viele Friedländer Männer, vom normalen Arbeiter bis zum Kaufmann. Meist wurde an Gedenktagen aufmarschiert. Solche Gedenktage waren zum Beispiel die Sonnwendfeiern auf dem alten Turnplatz, die Heldengedenktage, die Geburtstage von Adolf Hitler und der 1. Mai, der als „Tag der nationalen Arbeit" gefeiert wurde. Bei Umzügen marschierte die SA zuerst, die Schutzstaffel (SS) mit maximal 25 Leuten bildete den Schluß. Sie war nur schwach in Friedland vertreten. Die Männer Friedlands, die nicht der SA beitreten wollten, organisierten sich meist im Nationalsozialistischen Kraftfahrer-Korps (NSKK). Ihm gehörten etwa 20 bis 30 Männer an.

Die vormilitärische und politische Erziehung der männlichen Jugend im Geiste des Nationalsozialismus lag auch in unserer Stadt unter anderem in den Händen von Jungvolk (10 bis 14 Jahre) und der Hitlerjugend (HJ) (ab 14 Jahre). In Friedland gab es eine HJ-Liniengefolgschaft, dazu noch Flieger-HJ, Motor-HJ und einen Spielmannszug – alle in der Größe von Scharen. Im Jungvolk waren Jugendliche derer v. Oertzen als Führer sehr aktiv. Mit der HJ hatten die jungen v. Oertzen dagegen nicht viel im Sinn. Sie wurde mehr von jungen Leuten aus dem städtischen Mittelstand geführt. Bannführer der Hitlerjugend, das heißt ranghöchster Jugendführer, war in Friedland ein gewisser „Ziethen" Behnke. 1945 wurde er von Polen oder Angehörigen der Roten Armee erschlagen. Führerin des Bundes Deutscher Mädchen (BDM) für die Stadt war Wally Krüger.

1936 kam es zur Zentralisierung der deutschen Sportbewegung und der militärischen Vereine. Auch die Friedländer Schützenzunft änderte in dieser Zeit ihre Anzugsordnung. Frack und Zylinderhut gehörten der Vergangenheit an. Die Schützenbrüder kleidete nun eine jägerliche Uniform mit Püschel am Filzhut, damit ein wehrhafterer Anblick entstand. Ebenso wurde der Ablauf des Schützenfestes verändert. Der Spielmannszug des Männerturnvereins Friedland wurde geschlossen als SA-Spielmannszug in die SA übernommen.

Seit 1936 schlug die Arbeitslosigkeit in Deutschland durch den wirtschaftlichen Aufschwung in Arbeitskräftemangel um. Zur Behebung wurden Dienstverpflichtungen eingeführt, die freie Berufswahl eingeschränkt und ein Pflichtjahr verordnet. Für rüstungswichtige Bereiche mußte man vor allem aus der Landwirtschaft Arbeitskräfte herausziehen.

Gleichzeitig entwickelte man ein Sozialprogramm mit der Organisation „Kraft durch Freude" (KdF) an der Spitze. Es erzielte mit vielen Kultur- und Urlaubsangeboten beträchtliche Wirkung unter den Menschen.

Das Leben auf dem Lande veränderte sich kaum. Trotz der propagandistischen Aufwertung des Bauernstandes durch die NS-Politiker, der Schaffung von Erbhofstellen und eines neu angelegten Siedlungprogramms blieb der Zuwachs an bäuerlichen Betrieben gering. Die Landwirtschaft wurde auch weiterhin durch den Großgrundbesitz getragen. Mit Hilfe des „Reichsnährstandes" erfolgte jedoch eine staatliche Lenkung und Regulierung der Landwirtschaft. Sie wurde voll in die Kriegsvorbereitungen des Dritten Reiches integriert.

Auf der Grundlage der nationalsozialistischen Siedlungsgesetze errichtete die Reichsregierung in den Jahren 1937 – 1940 in Mecklenburg, Vorpommern und der Uckermark neue ländliche Siedlungen. Auch in der Region um Friedland entstanden solche Siedlungen, zum Beispiel die Siedlung Jatzke- Ausbau nahe der Woldegker Chaussee. Allerdings blieben die Wegeverhältnisse zu den Siedlungen oft sehr schlecht. Bei Regenwetter konnte man im Dreck versinken.

Am 13. Dezember 1937 brachte die Friedländer Zeitung die Nachricht, daß mit Hilfe von 4 Reichsarbeitsdienstabteilungen umfangreiche Kultivierungsarbeiten in der Friedländer Großen Wiese vorgenommen würden. Dies betraf etwa 625 ha Ödland. Untergebracht waren die Reichsarbeitsdienstmänner in den Reichsarbeitsdienstlagern Nr. 5/62 und 6/72 in Schwichtenberg und am Lübkower See nahe dem Bahnhof Uhlenhorst (dort befindet sich heute das Erholungsgebiet am Lübkower See). Es wurden Gräben gezogen und tausende Faschinen zur Grabenbefestigung gefertigt. Mit dem Ausbruch des 2. Weltkrieges brach der RAD diese Arbeiten ab.

Im Jahr 1937 fand im Raum Friedland wieder ein großes Manöver statt. Es war für die Bevölkerung der Stadt ein Ereignis und erreichte bei den Friedländern eine große Resonanz. Viele Familien hatten Soldaten und Offiziere zur Einquartierung. Nach Abschluß des Manövers fand im Ballhaus Haase am Pariser Tor ein großer Manöverball statt. Dieses Manöver ließ aber auch erkennen, daß durch die Führung des Reiches Vorbereitungen für einen neuen Krieg getroffen wurden.

Ballhaus Haase 1937

Deutschland war ein rohstoffarmes Land. Wo es ging, wurden Ersatzstoffe entwickelt oder heimische Produkte eingesetzt, um unabhängig von Importen zu werden. Dazu wurde 1936 ein Vierjahresplan verkündet. Neben der Nutzung der Großen Wiese als Weideland sollte deshalb vor allem Faserhanf angebaut werden.

Zu diesem Zweck wurde bereits 1935 eine Hanfverwertungs-Genossenschaft gegründet. Sie erhielt den Namen „Hanfverwertungsgenossenschaft Friedland GmbH". In diesem Zusammenhang entstand im Jahre 1936 auf den sogenannten Hausabfindungen die Hanfröste. Der Bau der Hanfröste in Friedland am Pleetzer Weg wurde 1937 abgeschlossen. Sie wurde errichtet, um für die steigende Wehrmachtsrüstung wichtige Dichtungsmaterialien herzustellen und Deutschland von der Einfuhr von Faserpflanzen unabhängig machen.

1937 wurde das Gesellschaftshaus in der Anklamer Straße als Gaststätte aufgelöst und geschlossen. 1938 baute man das frühere Gasthaus mit Tanzlokal „Wienholz" (das Gesellschaftshaus) zum Arbeitsdienstlager für Mädchen um.

Die MPSB beförderte in diesem Jahr mit Bahn und zum Unternehmen gehörenden Bussen 131 104 Personen und transportierte 418 210 t Güter.

Blick auf Friedland 1934

Bereits bis Mitte 1934 gelang es den Nationalsozialisten, den größten Teil der Kräfte des Widerstandes aus der organisierten Arbeiterbewegung zu zerschlagen. Ab 1935 ist für Mecklenburg nur das Wirken loser Gruppen und einzelner Gegner des Nationalsozialismus kennzeichnend. Im Frühjahr 1938 tauchten auch in Friedland an den Wänden der Zuckerfabrik Parolen wie „Rot Front" und „Heil Moskau" auf. Dies blieben aber Einzelaktionen.

1938 war bereits im Zuge der Kriegsvorbereitungen des Reiches eine leichte wirtschaftliche Abwärtsentwicklung spürbar. So wurde zum Beispiel Butter rationiert. Um 1939 herum kosteten ein Brot 0,51 Reichsmark (RM), 500 g Butter 1,80 RM, 500 g Fleisch 0,80 – 1,00 RM, 1 Paar Halbschuhe 6,00 – 8,00 RM.

Die Stundenlohnvergütung eines Fachgesellen im Handwerk lag bei 0,79 RM. Der Bruttoverdienst pro Woche in der Friedländer Ortsklasse lag bei 55,00 – 65,00 RM bei mehr als 48 Wochenarbeitsstunden. Ein Ofensetzerlehrling bekam laut Lehrvertrag als Nettovergütung pro Woche im 1. Lehrjahr 3,00 RM, im 2. Lehrjahr 4,50 RM und im 3. Lehrjahr 6,00 bis 7,50 RM.

Vor dem zweiten Weltkrieg gab es in Friedland 264 Handwerks- und Gewerbebetriebe.

Am 1. September 1939 begann mit dem Überfall auf Polen durch die deutsche Wehrmacht der 2. Weltkrieg. Er brachte auch für die Friedländer Bevölkerung tiefe Einschnitte in das persönliche Leben mit sich. Männer und Söhne wurden eingezogen, ihr Leben war durch die Teilnahme an den Kampfhandlungen in Gefahr.

Auch die weitere Rationierung mit Beginn des Krieges verschlech- terte die Lebensbedingungen. Trotzdem war die Versorgung mit Lebensmitteln für die Friedländer noch kein ernsthaftes Problem. Ringsumher und in der Stadt gab es landwirtschaftliche Produktion und die Zuckerfabrik gab Deputate aus. Aber die Sicherung der persönlichen Versorgung verließ in den Kriegsjahren immer mehr legale Wege der Beschaffung.

Mit Beginn des Krieges gegen Polen zeigte die Geheime Staats- polizei (Gestapo) reges Interesse vor allem für die katholische Kir- che. Es erfolgten eingehende polizeiliche Durchsuchungen des Pfarr- hauses, man durchstöberte die kirchlichen Akten. Es erfolgte eine ständige polizeiliche Kontrolle der Gottesdienste für die polnischen Saisonarbeiter in Friedland und Umgebung. Die Abhaltung des Gottesdienstes in polnischer Sprache wurde verboten.

1940 lebten in Friedland 8890 Einwohner. Anfang 1940 bereits wurden auch in Friedland Personenkraftwagen und Lastkraftwagen von der Wehrmacht eingezogen. Diese Fahrzeuge nahm die Wehr- macht kostenlos für die Nutzung im Krieg in Beschlag.

1942 schmolz man die berühmte Glocke der St.Marienkirche der Stadt aus dem Jahre 1876 für Kriegszwecke ein. Sie war von der Fa. C. Voss & Sohn in Stettin beim Turmneubau 1876 mit einem Ge- wicht von 4029 kg hergestellt worden. Im gleichen Jahr wurde das

Werk I der Mosaik-Wandplattenwerke durch ein Großfeuer fast völlig zerstört.

Im Jahre 1943 wurde ein Divisionsstab der deutschen Wehrmacht nach Friedland verlegt. Der dazu gehörende katholische Divisionspfarrer Jäger zelebrierte täglich in der katholischen Pfarrkirche. Er wurde 1944 auf den bischöflichen Stuhl der Diozöse Paderborn erhoben.

1943 hob die Reichsregierung die Beschränkungen für den Einsatz von Schülern der oberen Klassen der Schulen als Luftwaffenhelfer auf. Das hieß, daß weitere Schüler mittlerer und höherer Klassen des Landes der Luftwaffe bzw. der Kriegsmarine zu überstellen waren. Die endgültige Führerentscheidung zum Einsatz von Schülern der mittleren und höheren Klassen fiel am 7. Januar 1943. Am 22. Januar 1943 übermittelte der Reichserziehungsminister die letzten Anweisungen hinsichtlich der zum Einsatz angeforderten Schüler. Die Luftwaffenhelfer für die Fliegerabwehrkräfte (Flak) rekrutierten sich aus Gymnasiasten. Die Grundschüler wurden zum RAD eingezogen und ebenfalls an der Flak ausgebildet (1/4 Jahr Grundausbildung, 6 Wochen Flakausbildung, dann meist Einsatz an der 8,8 cm Flak).

Für die höheren Schulen Friedlands ergab sich hinsichtlich des Einsatzes der einzusetzenden Schüler und der Einsatzorte, daß aus der Oberschule für Jungen Friedland 5 Schüler der Jahrgänge 1927/28 der Klassen 5 bis 7 am Einsatzort Kiel einzusetzen waren. Außerdem meldeten sich viele Oberschüler aus der Stadt als Fahnenjunker zur Wehrmacht und kamen an die Front. Auch bei den Grundschülern gab es viele Freiwillige. HJ-Führer war in den letzten Kriegsjahren der SA-Führer Paul Behnke.

Während des Krieges wurden mehrere Betriebe der Stadt für die Rüstung umprofiliert. In der Stärkefabrik an der Salower Chaussee hinter dem Bahnübergang produzierte man Klebstoff für die Flugzeugindustrie. In der alten Turnhalle am Schusterwall stellte man Zünder für Granaten und in der Automobilfirma Autoböttcher in der Königsstraße (heute von der Fa. Mundthal übernommen) panzerbrechende Waffen her.

Das Generalkommando Stettin verlagerte Ausrüstungen in die Mosaik- und Wandplattenwerke, im Werk I befand sich ein Ersatzteillager für Kraftfahrzeuge, im Werk II ein aus Stettin ausgelagertes Bekleidungsdepot der Wehrmacht.

Den Arbeitskräftemangel, der durch die Einberufung der Männer zum Kriegsdienst entstanden war, versuchte die Führung des Dritten Reiches auszugleichen durch eine „Arbeitsmeldepflicht" für Frauen. Sie mußten die meist unbekannte und ungewohnte körperliche Arbeit der Männer übernehmen unter dem ausgegebenen Motto: „Das private Leben ist heute Nebensache" (Dr. Goebbels, Reichspropagandaminister).

Außerdem sollten die fehlenden Arbeitskräfte, vor allem in der Landwirtschaft, durch den Einsatz von Zwangsarbeitern aus den besetzten Gebieten Europas und Kriegsgefangenen ersetzt werden. Sie stellten 1943 fast die Hälfte der mecklenburgischen Arbeitskräfte.

Im Schützenhaus und in der Sportscheune am Hagedorn richtete man Außenlager des sogenannten Stalag II a aus Neubrandenburg ein. Hier wurden Gefangene untergebracht. Im Garten hinter dem Schützenhaus waren sowjetische Kriegsgefangene eingesperrt. Sie führten ein elendiges Leben. Ihr Einsatz erfolgte für städtische Aufgaben unter strenger, scharfer Bewachung.

Die polnischen Zwangsarbeiter waren dezentralisiert untergebracht. Sie lebten in Zivil mit entsprechender Kennzeichnung. Ihr Einsatz erfolgte in Betrieben der Stadt und vor allem in der Landwirtschaft. Sie hatten es ebenfalls schwer, vor allem von Polizisten wurden sie schlecht behandelt. Viele Friedländer verhielten sich den polnischen Zwangsarbeitern gegenüber aber auch sehr tolerant. So brauchten die in der Firma Wulff & Wagner eingesetzten Polen keine Kennzeichnung tragen und aßen mit der Familie. Wenn sie sich in ihrer Unterkunft zu Zusammenkünften versammelt hatten, warnte oft der damalige Polizist Karl Dewitz aus der Eichenstraße vor Kontrollen. Auch Bäcker Krempin beschäftigte polnische Zwangsarbeiter, die er sehr tolerant und menschenwürdig behandelte. Die polnischen Zwangsarbeiter in Friedland hatten einen illegalen Versammlungsort an der Ecke Herren-/ Wollweberstraße.

Den in Friedland eingesetzten Franzosen ging es teilweise besser als der deutschen Bevölkerung. Sie bekamen Lebensmittelpakete von zu Hause. Einige hatten deutsche Freundinnen in der Stadt.

Nach der Zerstörung von Peenemünde am 23. August 1943 wurde beim damaligen Bürgermeister Wiedemann der Leiter einer Spezialistengruppe der Raketenversuchsanstalt Peenemünde namens Dr. Steurer vorstellig. Er forderte für sich und seine 25 Mann starke Mitarbeitergruppe eine zuverlässige Unterbringung und die erforderlichen Räumlichkeiten zur Fortsetzung der Rüstungsforschung an der Rakete V 2.

Zur Gruppe gehörten:
- Dr. Wolfgang Steurer als Leiter
- Dr. Ing. Erika Steurer
- Rudolf Kuhnert, Laborant
- Rudolf Schäfer, Dreher
- Dr. phys. Werner Gutlitz
- Dipl.-Ing. Kurt Baron
- Dr. Ing. Wilhelm Timmerhof
- Dr. chem. Hermann Gannter
- Elfriede Bartelt, chem.-techn. Assistentin
- Marlis Nilfau, techn. Assistentin
- Dipl. Ing. Martin Barth
- Irene Beckendorfer, Laborantin
- Linde Neudeck
- Ing. Odilo Winkler
- Dipl. Ing. Hans Wingenriefen
- Werner Lange, Werkstoffprüfer
- Renate Stienen, Metallographin
- Festigkeitsing. Gregor Gasch
- Herbert Bartzlass, Dreher
- Erich Malan, Herdschlosser
- Kurt Schwiede, militärwissenschaftl. Assistent
- Dipl. Ing. Johann Fabian
- Herr Sperling, Angestellter mit Frau und Tochter.

Im Ergebnis des Gesprächs legten beide Seiten fest, daß die Unterbringung bei solchen Friedländer Familien zu erfolgen habe, die als staatsverbunden eingeschätzt wurden. Dr. Steurer wohnte zum Beispiel bei Studienrat Dr. Grobbecker.

Für die Fortsetzung der Forschungsarbeiten übergab die Stadt dieser Gruppe die Kornspeicher am Pleetzer Weg. Zusätzlich baute man zur Sicherung der Arbeiten an diesem Objekt einen Bunker. Er wurde vor dem Kriegsende wieder gesprengt. Zur Tarnung verlagerte man in die Mosaik- und Wandplattenwerke neben den Kornspeichern eine in Hamburg ausgebombte Gurkenfabrik.

Über das, was in Friedland von dieser Gruppe getan wurde, gab es in der Stadt die tollsten Gerüchte. Sie reichten von der Herstellung von Spezialreifen über Vereisungsversuche und Raketenproduktion bis auf das Gebiet der Atomforschung. Außer der psychologischen Wirkung auf die Bevölkerung durch den dadurch verstärkten Glauben an eine kommende Wunderwaffe war von diesen Aktivitäten nicht viel zu merken. Tatsächlich arbeitete die Forschergruppe an der Raketenwaffenforschung und an Experimenten mit schwerem Wasser. Für die Mitarbeiter bestand absolute Schweigepflicht und es war nur ein zentral gelenkter Briefverkehr erlaubt. Als Deckadresse für die Post fungierte eine Frau Busse in der Salower Straße.

Vor dem Einrücken der sowjetischen Kampfeinheiten am Ende des Krieges fuhr die Gruppe samt Forschungsmaterial und Geräten in einem Sonderzug in Richtung Geraberg/Thüringen ab. Von Geraberg aus verlegte man die Gruppe im Februar 1945 nach München.

Nach dem Einmarsch der amerikanischen Truppen in Bayern deportierten diese Dr. Steurer nach Nevada/Vereinigte Staaten von Amerika (USA). Von dort hat Dr. Steurer noch einmal an seine Friedländer Quartierwirtin geschrieben. Etliche Mitarbeiter tauchten nach dem Krieg bei der westdeutschen Firma DEGUSSA wieder auf.

Die Bevölkerung Friedlands riß im Verlaufe des Krieges sehr oft Luftalarm aus dem nächtlichen Schlaf. Die Luftverbände der Engländer und Amerikaner kamen bei ihren Anflügen auf Stettin oder Berlin meist über die Ostsee. In dieser Zeit wurden auch Durchbrüche in der Stadtmauer vorgenommen, um den Bürgern einen schnellen Fluchtweg zu den Wallanlagen bei eventuellen Luftangriffen zu ermöglichen.

Weiterhin verschärften sich die Maßnahmen zur Verdunkelung der Häuser. Die Stadt, die vorher viele Geschäfte mit hellen Schaufenstern hatte, wurde dunkel. Sie wirkte bedrückend. Zwar fiel in Friedland keine Bombe. Aber es gab Einwirkungen durch Flugzeuge in Genzkow und in Altwigshagen, daß von Brand- und Sprengbomben getroffen wurde.

In Genzkow warf ein einzelner Lancaster-Bomber der englischen Luftwaffe eines nachts eine 200-Zentner-Bombe ab. Eine ernstzunehmende Version besagte, daß dieser Abwurf für die Unterkunft der Peene-Forschungsgruppe in Friedland gedacht war. Dafür spricht die Tatsache, daß der Abwurf durch ein Einzelflugzeug erfolgte und daß 200-Ztr.-Bomben in der Regel nur gegen Viadukte und militärische Ziele, nicht aber gegen Wohngebiete eingesetzt wurden.

Eine zweite Version behauptete, daß dieser Bomber von deutschen Jagdflugzeugen verfolgt wurde. Zur Erhöhung seiner Manövrierfähigkeit sollte er eine erste Bombe bereits über dem Jühlschen Grasgarten gegenüber Mohrmannshof abgeworfen und dann den zweiten Abwurf über Genzkow getätigt haben. All das machte die Friedländer nüchterner und nachdenklicher.

Nach der Niederlage der deutschen Wehrmacht in Stalingrad im Jahre 1943 gab es in Friedland kaum noch kulturelle Betätigung mehr außer Kino und Veranstaltungen der Organisation „Kraft durch Freude". Das war ein weiterer Einschnitt in das persönliche Leben der Bewohner. Der Krieg war ernst geworden. Die Gefallenenanzeigen wurden immer zahlreicher. Auch sie drückten die Stimmung in der Stadt. Dazu kamen die vielen Plakate mit der Aufschrift „Feind hört mit", die das gegenseitige Mißtrauen zwischen den Bürgern förderten. Erste Strafen wegen Schwarzschlachtungen wurden ausgesprochen.

Nun begann allmählich eine allgemeine Demoralisierung und Kriegsmüdigkeit in der Bevölkerung um sich zu greifen. Sie verstärkte sich, als Anfang 1945 die ersten Flüchtlinge aus den deutschen Ostgebieten Mecklenburg erreichten.

Es hat in den zwölf Jahren des Dritten Reiches trotz der außerordentlich schwierigen Bedingungen immer wieder Widerstand gegen die Hitlerregierung gegeben. An ihm war eine kleine Minderheit der Bevölkerung beteiligt. Aber die Mehrzahl der Friedländer verhielt sich tolerant gegenüber den Nationalsozialisten. Es gab trotzdem wenig Denunziationen.

Aus dem Jahr 1944 berichten Zeitzeugen, daß vier amerikanische Piloten aus einem abgeschossenen Flugzeug in der Nähe der Stadt abgesprungen waren und gefangen genommen wurden. In der Gegend des Glockshimmelsberges hatten sie vorher ihre Bombenlast ziellos abgeworfen. Ein unrühmliches Kapitel für die Friedländer war dabei die Tatsache, daß diese 4 Gefangenen, die man durch die Königsstraße zum Markt führte, von Teilen der Bevölkerung auf diesem Weg beschimpft und beleidigt wurden.

Die Gutsbesitzer der Umgebung waren in der Regel deutschnational, nicht ausgesprochen nationalsozialistisch. So ist bekannt, daß der Baron von Brandenstein auf Hohenstein statt des obligatorischen Hitlergrußes immer „Guten Morgen" wünschte. Auch der Musikverein „Arkona", eine Arbeiterkapelle, hatte es verstanden, sich lange Zeit der Programmdiktatur der nationalsozialistischen Stadtgrößen zu entziehen. Aber es wurde immer gefährlicher, seine Meinung zu sagen. Von direktem Widerstand oder Sabotage war in der Stadt allerdings nichts zu merken.

Trotzdem sperrten die Nationalsozialisten ihnen unbequeme Bürger der Stadt in Konzentrationslager (KZ) oder nahmen sie in Schutzhaft.

Die Bespitzelung durch Gestapo und Polizei wurde immer schärfer. Als zum Beispiel bei einem katholischen Gottesdienst für die

französischen Gefangenen ohne Wissen des Pfarrers auch eine Po-
lin erschien, wurde der Pfarrer zwei Stunden lang vernommen. Er
wurde nach Neustrelitz befohlen, wo er eine ernste Verwarnung
entgegennehmen mußte.

Am 16. Oktober 1944 wurde der Verlagsleiter der Friedländer
Zeitung Emil Scheil vor dem Volksgerichtshof durch dessen Präsi-
denten Roland Freisler wegen Wehrkraftzersetzung und schwerer
staatsfeindlicher Vergehen unter Aberkennung der bürgerlichen Eh-
renrechte zum Tode verurteilt. Er hatte mit anderen über die Schuld
Hitlers an dem Untergang einer deutschen Armee in Stalingrad ge-
sprochen, über Möglichkeiten der Absetzung Hitlers und über die
Lustlosigkeit deutscher Soldaten, auf den Trümmern der eigenen
Heimat zu kämpfen. Emil Scheil lebte seit den zwanziger Jahren als
Verlagsleiter in Friedland. Er gehörte vor 1933 dem Stahlhelm und
der Deutschnationalen Partei an.

Vom Herbst 1941 bis Februar 1944 war er Mitglied der NSDAP.
Nach der tödlichen Verwundung seines Sohnes Gerhard an der
Ostfront setzte bei ihm ein kritischeres Verhältnis zum Kriegsge-
schehen und zum Nationalsozialismus ein.

Als wegen Personalmangel die Friedländer Zeitung ab Februar
1943 in Neubrandenburg beim Verlag der Neubrandenburger Zeitung gedruckt wurde, erfolgte dort sein Einsatz als Verlagsleiter und
Chefredakteur. Seine Gespräche über das Kriegsgeschehen mit dem
Verleger Greve aus Altentreptow wurden von dem Hauptschriftsetzer
Giersch belauscht und über einen Neubrandenburger Bürger namens Bitterlich zur Anzeige gebracht. Scheil wurde am 12. Februar
1944 von dem Major der Geheimen Staatspolizei Pohle verhaftet
und in die Strafanstalt Strelitz-Alt als Schutzhäftling gebracht. Während dieser Schutzhaft brachte man Scheil täglich zum Arbeitsein-
satz in die Munitionsfabrik Fürstensee.

Nach achtwöchiger Schutzhaft kam Scheil dann am 21. April 1944
in das Zuchthaus Bützow-Dreibergen. Seine Weiterleitung nach
Berlin-Moabit erfolgte am 25. Juli 1944, weil die Anklage durch
den Volksgerichtshof erfolgte. Nach seiner Verurteilung zum Tode
wurde er am 25. Oktober 1944 in das Zuchthaus Brandenburg-

Görden verlegt und dort am 20. November 1944 durch das Fallbeil hingerichtet. Die Beisetzung seiner Urne erfolgte in Friedland am 9. April 1946 auf dem neuen Friedhof in der Abteilung D, Reihe 17, Grabnummer 17.

Ein weiterer Fall von Denunziation traf den 70jährigen grauhaarigen Buchhändler Marcus Jensen. Er betrieb in der Kaiser-/ Ecke Wasserstraße eine Buchhandlung. Jensen haßte den Krieg und lehnte aus innerer Überzeugung das Kriegshandwerk ab, daß er selber im 1. Weltkrieg miterleben mußte. Auch in der Zeit des Dritten Reiches sprach er offen seine Meinung aus. Das wurde ihm zum Verhängnis. Als im Dezember 1943 eine Frau für ihren Sohn in seiner Buchhandlung ein Soldatenliederbuch kaufen wollte, lautete seine Antwort:„Liebe Frau, schreiben sie mal ihrem Sohn, erst sollen sie mal mit dem Krieg Schluß machen, dann kann man singen. So haben wir das im 1. Weltkrieg auch gemacht." Von der Frau wurde er wegen dieser Äußerung denunziert. Eines Morgens zwischen Weihnachten und Neujahr 1943 verhaftete ihn die Geheime Staatspolizei (Gestapo) und brachte ihn, nur mit Anzug, Hut und Mantel bekleidet, in die Haftanstalt Altstrelitz. In der folgenden Gerichtsverhandlung verurteilte das Gericht ihn trotz seines Alters am 3. März 1944 zu 18 Monaten Gefängnis und wies ihn zur Strafverbüßung in das Zuchthaus Bützow-Dreibergen ein. Den Drangsalierungen und Mißhandlungen war Marcus Jensen nicht mehr gewachsen. Ein Vierteljahr hat er durchgehalten, dann erhielt die Familie die Nachricht, daß er am 10. April 1944 an „Lungenentzündung" gestorben sei. Auch sein Andenken sollte in unserer Stadt weiter bewahrt bleiben.

In einem KZ internierte man die Bürger Karl Ballschmieter, Werner Weidenbach und Karl Preuster. Max Rothhand, Funktionär der SPD und später der KPD, wurde durch die Verfolgung durch die Nationalsozialisten gesundheitlich und geistig erschöpft in eine Nervenklinik eingeliefert, wo er verstarb. Schutzhaft unterschiedlicher Länge erlitten Rudolf Hackbarth, Karl Wittke, Otto Lenke, Hermann Schwulst, Wilhelm Redel, Hubert Senf, Willi Steinfeld, Albert Goltz und Otto Knaack.

Weiter wurden in der NS-Zeit aus Friedland Friedrich Bruhn, Hans Mittelstädt und Karl Wolmuth hingerichtet, ermordet bzw. zu Tode drangsaliert.

Durch Feld- und Kriegsgerichte wurden aus unserer Stadt zum Tode durch Erschießen die Wehrmachtsangehörigen Willi Albrecht, Heinz Haase, Werner Haase, Friedrich Lach und Hermann Müller verurteilt.

Zu Tode drangsaliert bzw. in Auschwitz vergast wurden die Friedländer jüdischen Bürger Artur Arens (Aron), Artur Pleß und A. Schlawanski.

Merkwürdigerweise war der Jüdische Friedhof der Stadt auf dem Neuen Friedhof bis Kriegsende, vom natürlichen Verschleiß abgesehen, erhalten geblieben. Er war eingezäunt und mit einem eigenen Eingang versehen.

Bis 1945 wurde der Einfluß des Staates und der NSDAP durch die auf dem Führerprinzip aufgebaute Stellung des Bürgermeisters gewahrt. Er, der Bürgermeister, führte die Verwaltung in voller und ausschließlicher Verantwortung. Alle früher üblichen kollegialen Entscheidungen gingen an ihn über.

Die Neubrandenburg – Friedländer Eisenbahn blieb bis zum Ende des Krieges eine privat geführte Bahn. Zuständig für die Verwaltung war im Auftrag der Eisenbahngesellschaft die „Zentralverwaltung für Sekundärbahnen Hermann Bachstein GmbH".

Die MPSB wurde 1944/45 als „Landeseigene Schmalspurbahn" verwaltet. Ihre letzte Aufsichtratssitzung führte sie am 18. April 1945 durch. Danach verließ der damalige Betriebsdirektor der MPSB seine Friedländer Nebenwohnung und erlebte das Kriegsende in seinem Stralsunder Einfamilienhaus.

Im Frühjahr 1945 zeichnete sich das Ende des 2. Weltkrieges ab. Für einige Wochen wurde das Odergelände Hauptkampflinie, Vorpommern und Ostmecklenburg rückwärtiges Kampfgebiet. Bis Kriegsende waren in der Stadt keinerlei Wehrmachtsverbände stationiert. Die Schulen Friedlands waren in Lazarette umgewandelt. Der Unterricht wurde zunächst in Gaststätten erteilt, später ganz eingestellt.

Kurz vor dem Zusammenbruch war der in Friedland tätige evangelische Propst Kublanck noch zum Lazarettpfarrer ernannt worden. Das in die Stadt verlegte Reservelazarett der Wehrmacht wurde von ihm übrigens noch bis 5 Wochen nach dem Zusammenbruch betreut.

Als die Rote Armee immer näher heranrückte, setzten die deutschen Wehrmachtsorgane in den Städten Kampfkommandanten ein.

Diese Kampfkommandanten organisierten die örtlichen Verteidigungsvorbereitungen. Man begann, auch das unbedeutende Friedland zu befestigen.

Friedland vor der Zerstörung 1945

An den Zufahrtsstraßen entstanden Panzersperren und -gräben sowie Infanteriestellungen. Auch am Treptower Tor, am Anklamer und Neubrandenburger Tor sowie am Pariser Tor zum Hagedorn befanden sich beim Herannahen der Roten Armee Panzersperren.

Die Mehrzahl der Friedländer sah die Lächerlichkeit dieser Vorhaben wohl ein, aber die Furcht vor Repressalien, Konzentrationslager und Hinrichtung hemmte jeglichen Widerstand. Selbst als Stettin verloren war, man den Kanonendonner hörte und Brände der vorliegenden Ortschaften beobachtet werden konnten, waren die verantwortlichen Stellen von der Nutzlosigkeit eines Widerstandes nicht zu überzeugen.

Das erste Aufgebot des Volkssturms in Friedland war bereits zum Jahreswechsel 1944/45 eingezogen worden. Das zweite und dritte Aufgebot führte regelmäßig an jedem Wochenende militärische Ausbildung durch. Als Kampfkommandant in den letzten Kriegstagen des Jahres 1945 fungierte ein Major der Wehrmacht, dessen Name unbekannt geblieben ist.

Am 20. April 1945 begann die Rote Armee im Raum südlich von Stettin mit ihrer Offensive. Ziel war die Einnahme des Territoriums Vorpommerns und Mecklenburgs sowie der Stadt Neubrandenburg.

Am 26. April 1945 durchquerten Flüchtlinge und rückwärtige Wehrmachtseinrichtungen Friedland. Straßen und Plätze waren durch die aus dem Osten gekommenen Flüchtlinge verstopft.

Der Friedländer Volkssturm stand in Bereitschaft und erwartete das Signal „Panzeralarm". Im Verlaufe dieses Tages traf Generalleutnant Schack, Kommandierender General des XXXII. Armeekorps in Friedland ein. Seine Truppen führten zu dieser Zeit Rückzugsgefechte auf der Linie Neuwarper See – Löcknitz. Der Friedländer Kampfkommandant erstattete Meldung. Der General forderte angesichts der Auflösungserscheinungen in seiner Truppe vom Stadtkommandanten hartes Durchgreifen.

Am folgenden Tag wurden dann, vermutlich im Ergebnis der Forderung des Generals, zwei Soldaten in der Stadt zum Tode verurteilt und am Neuen Friedhof stranguliert. Beim XXXII. Armeekorps war am 20. April 1945 ein fliegendes Standgericht gebildet worden. Es ist möglich, daß dieses Standgericht sich zeitweilig in Friedland aufhielt. Die Initiative zur Hinrichtung der Soldaten kann aber auch vom Kampfkommandanten ausgegangen sein.

Die zurückflutenden deutschen Truppen des XXXII. Armeekorps erreichten am 27. April 1945 den Ostrand der Friedländer Großen Wiese. In Friedland räumte die Wehrmacht daraufhin die Lazarette. Mehrere Züge der MPSB brachten am Abend Verwundete nach Jarmen. Die Bevölkerung wurde aufgerufen, die Stadt zu verlassen.

Um 21.00 Uhr fuhr noch ein Zug der MPSB bis zur Landwehr bei Bresewitz-Dorf.

Am 28. April 1945 setzte sich der Stab des XXXII. Armeekorps aus dem Gutshaus Klockow über Friedland weiter in Richtung Demmin ab. Der Volkssturm der Stadt bezog die vorbereiteten Plätze. Aber er wurde von der allgemeinen Panik der Bevölkerung der Stadt erfaßt. Nach der Inspektion von Schützengräben des Volkssturms in Güntersfelde setzte sich auch der Friedländer Kampfkommandant in Richtung Anklam ab. Danach soll ein Friedländer SS-Angehöriger noch eine Rolle bei dem Versuch der Organisation der Verteidigung der Stadt gespielt haben, dessen Name nicht bekannt ist. Als der Krieg verloren war, siedelte er mit seiner Frau wahrscheinlich nach dem Nahen Osten aus!

Um 10.00 Uhr dieses Tages fuhr ein weiterer Lazarettzug nach Jarmen. Am späten Nachmittag brachten noch zwei Züge Flüchtlinge nach Ramelow-Forsthaus. Mit dem letzten Zug der MPSB verließen die Bediensteten der Bahn die Stadt. Bis zum 1./2. Mai versteckten sich hunderte Friedländer und Menschen aus der näheren Umgebung an der Landesgrenze zu Vorpommern im Ramelower Forst oder im Hagedornschen Gehölz.

Am 28. April 1945 unterstellte der Marschall der Sowjetunion Rokossowski dem 1. Garde-Panzerkorps unter Generalleutnant Panow, das in Richtung Strasburg – Friedland handelte, zusätzlich

eine Panzerbrigade mit 25 schweren Panzern. Bis zum Abend er-
reichten die Hauptkräfte dieses Korps die Linie Brohm – Schönbeck
– Golm. Noch am 28. April 1945 erreichte die 44. Schützendivision
des 105. Schützenkorps den Raum um Galenbeck. Die 413.
Schützendivision des 46. Schützenkorps besetzte den Abschnitt
Groß Daberkow – Strasburg. Diese Truppenteile gehörten zur 65.
Armee des Generaloberst Batow. Die Vorauskräfte der Armee hat-
ten teilweise einen Vorsprung von 10 bis 20 km.

Nach 20.00 Uhr an diesem 28. April 1945 tasteten sich über die
Woldegker Höhen von Lübbersdorf kommend mehrere sowjetische
Panzer an unsere Stadt heran. Sie gehörten zu den Vorausabteilun-
gen des 1. Garde-Panzerkorps. Die angreifenden Kräfte der Roten
Armee vermuteten in der Stadt Beobachter. Deshalb feuerten die
sowjetischen Panzer der Vorauskräfte mehrere Granaten auf her-
ausragende Ziele der Stadt ab. Drei Granaten trafen die Mühle
in der Bahnhofsstraße, den Turm der Marienkirche und den Turm
der Nikolaikirche, die daraufhin bis auf die Grundmauern abbrannte.

Das um Friedland herum vorbereitete Stellungssystem wurde von
der deutschen Wehrmacht nur teilweise besetzt. Da das Neubrandenburger Tor durch eine Panzersperre verschlossen war,
schickten die herannahenden Truppen der Roten Armee mehrere
Soldaten zur Aufklärung der Situation zu Fuß zum Tor. Sie gelangten auch durch das Tor in die Stadt. Von dem aus Breslau nach
Friedland versetzten Kriminalsekretär Pude wurden sie entdeckt und
die zwei Rotarmisten von einem Fenster des heutigen Senioren-
wohnheimes erschossen. In Weltuntergangsstimmung hatte dieser
vorher seine Familie getötet. Nach der Erschießung der Rotarmisten
erschoß er auch sich selbst.

Nach den Schüssen am Neubrandenburger Tor zog es der sowjetische Kommandeur vor, nicht an dieser Stelle in die Stadt einzu-
dringen, sondern über den Hagedorn. Auf Widerstand stießen die
Panzer nicht. Die letzten Wehrmachtsangehörigen hatten schon im
Schutze der Dunkelheit der vergangenen Nacht die Stadt verlassen. Nur ein stehengebliebener Munitionswagen geriet, möglicherweise durch Beschuß, in Brand. Die Geschosse explodierten und
dadurch entstanden einige Brandherde. Einer der eindringenden

Panzer rollte zielgerichtet in Richtung Pleetzer Weg. Das läßt vermuten, daß die Rote Armee im Besitz von Informationen über die Forschungsstätte der Gruppe Dr. Steurer war, ohne zu wissen, daß diese bereits verlegt worden war.

Am 29. April 1945 erreichten die Hauptkräfte der Roten Armee die Stadt. Es handelte sich um Teile der 44. Schützendivision unter Generalmajor Borissow mit der 38. schweren Garde-Panzerbrigade unter Oberst Konowalow, Teilen der 1. mechanisierten Garde-Schützenbrigade unter Oberstleutnant Petrow, dem 1001. Selbstfahrartillerie-Regiment unter Oberstleutnant Nikolajewzew und anderen Einheiten von Teilen der rückwärtigen Dienste.

Generaloberst Batow stellte dem 1. Garde-Panzerkorps und den dahinter angreifenden Schützenkorps nach der Einnahme des Territoriums um Friedland die Aufgabe, in der allgemeinen Richtung Demmin anzugreifen. Noch in der Nacht vom 28. zum 29. April 1945 hatten dazu Pioniere Brücken über die Datze zu schlagen.

Vor allem die durchziehenden Einheiten der rückwärtigen Dienste der Roten Armee und die 2. Staffel der Angreifer in Gestalt der 186. Schützendivision zeigten eine äußerst mangelhafte Disziplin. Plündernd, vergewaltigend und bei Nichtgefügigsein auch tötend brandschatzten sie Friedland.

Nach dem Einzug der Roten Armee legte diese im Tagesverlauf des 29. April 1945 den großen Stadtbrand. Haus für Haus innerhalb der Stadtmauern zündeten die Soldaten an, nachdem sie die Häuser geplündert hatten. Dabei wurden 96 % der Innenstadt zerstört, unter anderem auch das Bürgerhospital (die ehemalige Kapelle zum Heiligen Geist), die Ratsapotheke und das Friedländer Rathaus auf dem Markt. Wertvolle Schriftstücke und Urkunden zur Geschichte der Stadt gingen dabei wieder verloren. Einzelne Häuser außerhalb des Stadtkerns sind auch noch in den folgenden Tagen Brandstiftungen zum Opfer gefallen. Nach neuesten Erkenntnissen sollen sich neben den frei gewordenen Polen auch die wenigen zurückgebliebenen Friedländer an Plünderungen und Brandschatzungen beteiligt haben. Dies alles hatte auf den militärischen

Ausgang des 2. Weltkrieges nichts zu tun, sondern war ein reiner Willkürakt.

Insgesamt wurden 435 Häuser in der Innenstadt durch die Rote Armee eingeäschert. Nur 118 in einem schlechten baulichen Zustand befindliche Häuser blieben erhalten. Nicht einbezogen sind in diese Zahlen die in der Außenstadt eingeäscherten Häuser. Auch die infolge der Kampfhandlungen beziehungsweise durch den Brand stark beschädigten Häuser sind hierbei nicht erfaßt. In der Geschichte unserer Stadt war dies die fünfte, fast völlige Zerstörung.

Als der Friedländer Stadtbrand am 30. April 1945 langsam erlosch, kehrten die Flüchtlinge zu Fuß nach Friedland zurück. Davon hielten sie auch die noch weithin sichtbaren Rauchwolken des Brandes nicht ab.

Unter den verbliebenen oder schon zurückgekehrten Einwohnern Friedlands entstanden Paniksituationen. Sie führten dazu, daß sich angesichts der brennenden Stadt und der Übergriffe der Soldaten der Roten Armee Familien und ganze Gruppen von Bewohnern das Leben nahmen. Viele suchten ihr Heil auch in hektischer Flucht. Andere verfielen in Lethargie und tiefe Depression. Es waren vor allem die Funktionäre der NSDAP und ihrer Gliederungen, für die eine Welt zusammengebrochen war. Sie vor allem schieden jetzt freiwillig aus dem Leben. Auch der letzte Direktor der traditionsreichen *schola fridlandensis*, des Friedländer Gymnasiums, Dr. Schreckhas, nahm sich mit seiner Frau das Leben durch Einnahme von Gift.

Aber auch ältere Männer und Frauen, die den Strapazen einer Flucht nicht mehr gewachsen waren, legten Hand an sich. Angesichts des Erlebens von Brand, Plünderung, Gewalt und sexueller Demütigung schieden in den folgenden Tagen noch viele Friedländer aus dem Leben. Ganze Familien gingen gemeinsam in den Freitod. Überliefert ist, daß auf dem Dachboden der heutigen Friederike-Krüger-Schule auf Grund von Vergewaltigungen viele Familien aus dem Leben schieden.

Anzahl der Häuser im Stadtkern vor und nach der Zerstörung

	vor 1945	nach 1945
Markt	22	4
Kaiserstr.	105	10
Königstr.	112	20
Mühlenstr.	101	27
Wollweberstr.	98	25
Treptower Str.	16	–
Friederike-Krüger-Str.	1	–
Wasserstr.	24	1
Turmstr.	9	4
Herrenstr.	11	–
Marienstr.	21	11
Schulstr.	19	6
Färberstr.	4	3
Ringstr. I, II, III	7	4
Hospitalstr.	1	–
Hinter dem Rathaus	2	2
Summe	553	117

Neue Bezeichnung	Hausnummern bestehender Häuser	Anzahl Haushalte	Personenzahl
Markt	12, 16–20	36	112
Hinter dem Rathaus	3	8	32
M.-Rothhand-Str.	1–8, 10–12, 19, 28, 30, 32, 33, 38, 43, 48, 59, 60, 65, 71, 80, 89, 90	76	224
Rudolf-Breit-scheid-Str.	3, 17, 23, 25, 26, 35, 39, 42, 45, 48, 52, 56, 57, 61–64, 72, 73, 76, 79–81, 85, 86, 88, 95, 97–111	151	481
Karl-Lieb-knecht-Str.	1, 7–11, 14–27, 35, 40, 44–46, 49, 51, 55, 57, 63, 64, 71, 73, 88, 89, 92, 98–101	185	500
Max-Leistner-Str.	1–7, 10, 15, 19, 26, 29, 33, 34, 34a, 36, 42, 44, 45, 46, 48, 61, 63, 64, 67, 71–97	176	577
Treptower Str.	3, 4, 12	5	10
Wasserstr.	5, 8, 19, 23	7	19
Turmstr.	6–9	25	85
Herrenstr.	3	1	3
Marienstr.	1–7, 12, 16–20	55	156
Schulstr.	1–3, 3a, 10–12	36	101
Färberstr.	1–3	13	31
II. Ring-Str.	2	10	28
III. Ring-Str.	1, 2, 4, 6, 7, Baracke	34	128
Thälmannstr.	1–3, 5–14, 16–19, Großer Bahnhof	162	552
Jahnstr.	1, 2	18	52
An der Wall-promenade	1, 2	11	29
Gartenstr.	2–6	35	125
Feldstr.	1–8	56	194
Molkereistr.	1–10, 14, 15	86	280
Salower Str.	1–4, 7–17, 17a, 18–31, 31a, 31b, 31c, 32–34, 36, 37	227	701
Eichenstr.	1–10	65	316
Fritz-Reuter-Str.	2–6	31	97

Entnommen: Friedländer Heimatblätter 3/1991

Neue Bezeichnung	Hausnummern bestehender Häuser	Anzahl Haushalte	Personenzahl
Bresewitzer Str.	1, 2, 2a, 2c, 3, 4, 7, Behelfsheim Zuckerfabrik Baracke 38		123
An der Kleinbahn, Kleinbahnhof II	3, 4, Kleinbahnhof II. Baracke Zuckerfabrik	28	99
Schwanbecker Str.	1–19, 26–28	125	412
Schwanbecker Chaussee	1	6	12
August-Bebel-Platz	1–16, 18	104	297
Anklamer Str.	1–4, 4a, 5, 6, 6a, 7, 7a, 8, 8a, 9-15, 18–20, Baracke	151	495
Apothekergang	1, 1, 1, 2	9	26
Galgenberg	1–7	10	55
Bauersheimer Weg	2–4	22	84
Sägewerk Kreienbring		21	66
Stöckigt		9	30
Pasewalker Str.	1, 2, 2a, 2c, 3–8	57	178
Verwalterweg	1–4	15	30
Vor dem Walltor	1–4	21	59
Hagedorn (Scheune)		5	21
Haus Mauer	1	1	2
Nbdg. Str.	1, 2, 2a, 3–6, 8, 11, Baracke I, II, Götz	38	–
Walter, Strandbad		4	11
Besendahlweg	1–14, 14a, 15–17, 17a Zeisig	32	144
Schröderweg	1–10, 13–18	29	89
Berlinweg	1–10, Buchfink	24	100
Vossweg	8–19, 21–28, 30–32	40	149
Pleetzer Weg	1, 2	14	48
Hanfröste Baracke		7	12
Angestelltenheim		7	28
Plattenwerk			123
Stärkefabrik		14	44
Behelfsheim an der Salower Chaussee		4	10
Wolters Mühle	5–12	15	40
Woldegker Chausseehaus Hoffmann		8	26
Woldegker Chaussee Koch Altes Wasserwerk Lübbers, Zikowsky		7	26
Carolinenhof		5	22
Mohrmannshof		2	10
Günthersfelde		10	43
Bauersheim		19	83
Mecklenburg. Cavel		3	11

Entnommen: Friedländer Heimatblätter 3/1991

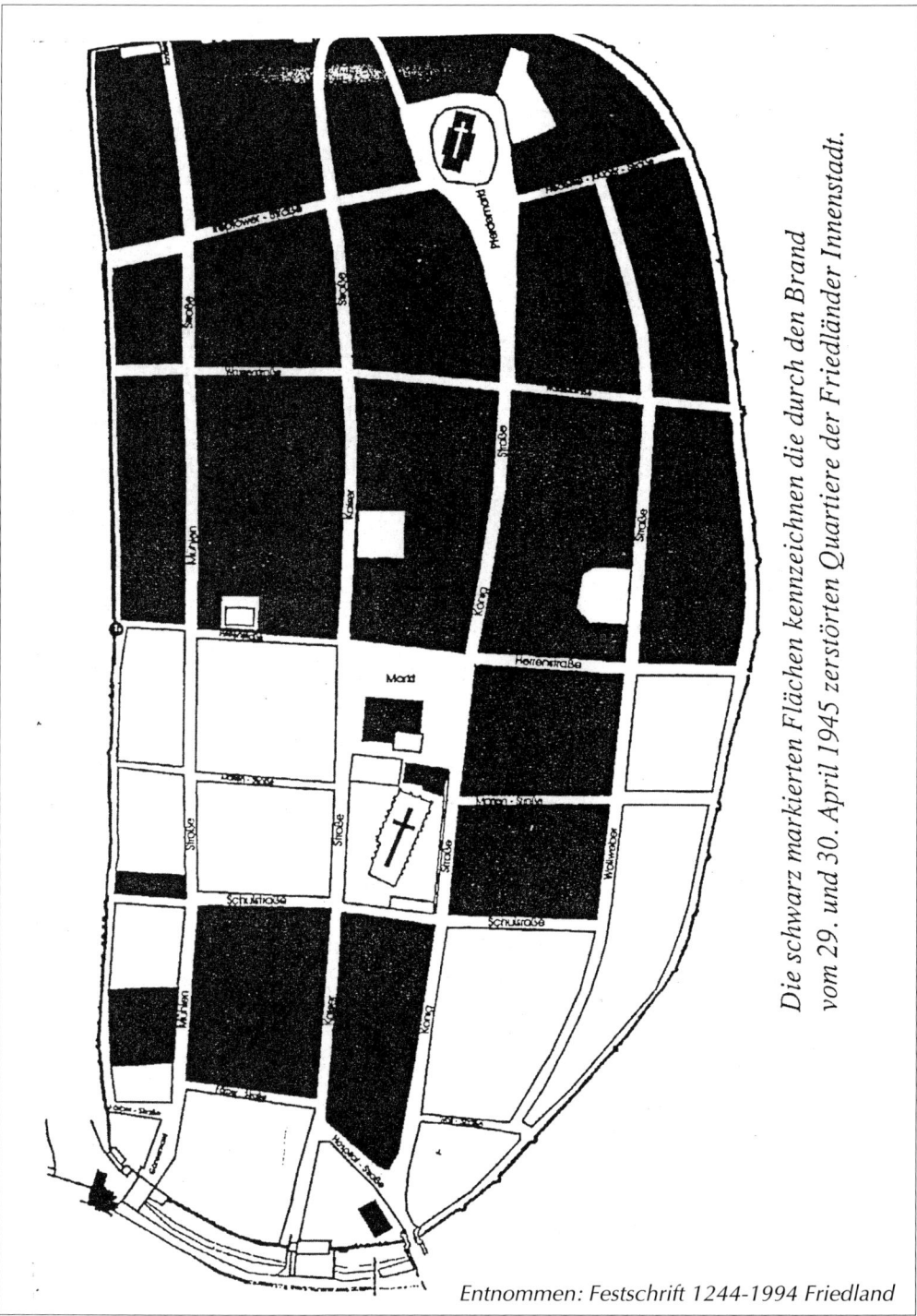

Die schwarz markierten Flächen kennzeichnen die durch den Brand vom 29. und 30. April 1945 zerstörten Quartiere der Friedländer Innenstadt.

Entnommen: Festschrift 1244-1994 Friedland

Der Gerechtigkeit halber muß jedoch auch festgestellt werden,
daß sich keineswegs alle Rotarmisten an Plünderungen und Vergewaltigungen beteiligten. Veranwortungsvolle Kommandeure der
Roten Armee verboten das Plündern. Wer dabei erwischt wurde –
ob Russe, Pole oder Deutscher – mußte damit rechnen, erschossen
zu werden.

Schon bei der Annäherung der Truppen der Roten Armee gab es
Beispiele von humanitären Verhaltens sowjetischer Soldaten. Dies
erlebte die Familie Orgel (Hedwig und Erich Orgel mit ihren Töch-
tern Inge und Henny) aus Friedland am eigenen Leib. Sie hielten
sich im Hagedornschen Gehölz versteckt. Bei Annäherung der Roten Armee öffneten sie sich aus Angst die Pulsadern. Soldaten der
Roten Armee fanden die Familie, verbanden sofort alle vier Famili-
enmitglieder und konnten dadurch drei von ihnen das Leben ret-
ten. Nur Henny Orgel verstarb an den beigebrachten Verletzun-
gen.

Bei den Toten dieser Tage handelte es sich nicht nur um Freitode.
Nicht wenige sind von Angehörigen der Roten Armee erschossen
worden. Dazu zählen sicher auch deutsche Soldaten. Elf Leichen
von Wehrmachtsangehörigen wurden insgesamt im Friedländer
Stadtgebiet geborgen. Weitere sechzehn sind im Mai 1945 an verschiedenen Stellen der Feldmark aufgefunden worden.

Im Raum Friedland fielen bzw. starben an Verwundungen auch
13 Angehörige der Roten Armee. Auf dem nach 1945 errichteten
Friedländer Ehrenfriedhof in der Anklamer Straße befinden sich
heute 24 Gräber von Soldaten der Roten Armee. Vier Gräber von
Rotarmisten sollen noch heute links neben dem jüdischen Friedhof
der Stadt zu finden sein. Diese unter Denkmalschutz stehenden
Grabanlagen sollen ewige Erinnerung und Mahnung für nachfol-
gende Generationen sein.

Am 9. Mai 1945 trat die Gesamtkapitulation der deutschen Wehrmacht gegenüber den vier Alliierten, England, Frankreich, Sowjetunion und Vereinigte Staaten von Amerika, in Kraft. Der 2. Weltkrieg war zu Ende. Deutschland verlor diesen Krieg, der der Bevöl-

kerung unsägliches Leid, Millionen Tote und Trümmer über Trümmer gebracht hatte.

Friedland hatte in diesem Krieg 423 Gefallene und nach Verwundung oder in Gefangenschaft verstorbene Soldaten zu beklagen. 92 Soldaten aus Friedland gelten als vermißt. 5 Soldaten wurden in der NS-Zeit durch Feld- oder Kriegsgerichte zum Tode durch Erschießen verurteilt.

40 Friedländer Bürger sind bei Kampfhandlungen tödlich verletzt, erschossen, ermordet oder durch Urteile des Volksgerichtshofes zum Tode verurteilt, im Konzentrationslager oder in Zuchthäusern und Heilanstalten zu Tode gekommen.

Und schließlich haben 211 Friedländer Bürger aus Verzweiflung den Freitod gewählt. Es war ein hoher Blutzoll, den unsere Stadt in diesem mörderischen und verbrecherischen Krieg leisten mußte.
Bis Kriegsende besaß die Stadt 234 Handwerks- und Gewerbebetriebe. Nach dem Einrücken der Roten Armee und der Brandlegung blieben 49 Betriebe übrig. Und auch die meisten Bauern waren ohne feste Bleibe.

Friedland war zu einer Wüste von Trümmern, Toten und Tränen geworden. Die Stadt hatte ihr jahrhundertealtes Gesicht verloren.

Gefallene und nach Verwundung oder in Gefangenschaft verstorbene Soldaten des 2. Weltkrieges 1939 – 1945 aus Friedland

(nach Dokumentation „Ich hatt' einen Kameraden" - Herausgeber Stadtverwaltung Friedland)

Ahrndt, Kurt	v. Bülow, Fedor
Albrecht, Otto	Bülow, Heinz
Albrecht, Willi	Bünning, Ewald
Arndt, Ernst	Bünting, Bruno
Asmus, Erich	Burwig, Bruno

Ballschmieter, Hermann
Bandelow, Werner
Bartels, Kurt
Bartelt
Beerbaum, Hans Horst
Beese, Otto
Beise, Paul
Beitz, Paul
Benzin, Dietrich
Bernhardt, Otto
Bengelsdorf, Benno
Besch, Otto
Biber, Karl
Biber, Walter
Biermann, Willi
Bischke, Bruno
Blank, Walter
Blumhagen, Rudolf
Blumhagen, Walter
Blumhagen, Willi
Blodin, Paul
Boers, Hermann
Bohn, Albert
Bolle, Carl-Hermann
Borchert, Erich
Borchert, Ewald
Brandenburg, Hans-Jürgen
Brandenburg, Heinz
Brandt, Gerd
Bremer, Walter
Bremer, Kurt
Bruckner, Willi
Bruhn, Horst
Brümmer, Wolfgang
Buchführer, Hermann
Buchholz, Ernst
Buchholz, Paul
Buckrei, Walter

Christ, Hugo
Christann, Hans
Daedelow, Bruno
Daedelow, Heinz
David, Karl
David, Paul
Dehmel, Helmut
Dieske, Willi
Discher, Walter
Dörnbrack, Friedrich
Doß, Otto
Drafmann, Heinrich
von Dresky, Hans-Wilhelm
Eggert, Erich
Eggert, Werner
Ehlert, Joachim
Elies, Hermann
Elski, Georg
Engelhardt, Balduin
Eschenburg, Friedrich
Eschenburg, Walter
Ette, Albin
Fahrnow, Walter
Fischer, Franz
Fischer, (unbekannt)
Fleck, Hermann
Frank, Emil
Frehse, Artur
Frehse, Ludwig
Frehse, Rudolf
Freiberg, Ulrich
Fröhlich, Walter
Gädt, Werner
Ganschow, Reinhold
Ganschow, Rudolf
Ganschow, Ulrich
Geburtig, Ernst
Geist, Friedrich

Gennerich , Wilhelm

Dr. Gensch, Walter

Gentz, Erich

Gerlitz , Walter

Giermann, Wilhelm

Glawe, Alfred

Gluth, Helge

Gohr, Otto

Görner, Klaus

Götz, Albert

Götz, Heinz

Gronow, Rudolf

Gudapp, Heinz

Gülzow, Rudolf

Gürtler, Walter

Gustke, Otto

Haase, Bruno

Haase, Georg

Haase, Georg

Haase, Walter

Häker,Walter

Hanf, Rudolf

Hammler, Gerd

Hänler, Hans

Hansen, Karl

Hansen, Kurt

Hardow, Willi

Harke, Johann

Haß, Walter

Heise, Hans

Helm, Walter

Henkel, Max

Heuer, August

Heuer, Karl

Heuer, Karl

Heuer, Paul

Hildebrandt, Erich

Hildebrandt, Hans-Joachim

Jacobs, Kurt

Jahn, Paul

Juhrs, Erich

Jückstock, Heinz

Jürgens, Friedrich

Jüstinger, (unbekannt)

Kallina, Hermann

Kallina, Willi

Kalow, Willi

Kandler, Horst

Kaselow, Max

Kasischke, Herbert

Kasten, Heinz

Kasuhlke, Georg

Kathmann, Alfons

Kempert, Hermann

Kempt, Willi

Kerbs, Max

Kiesling, (unbekannt)

Klein, Karl-Heinz

Kadow,Walter

Kleinhardt, Heinz

Klien, Erich

Kluge, Wilhelm

Klüsener, Richard

Knepel, Hans

Koch, Rudolf

Koeppler, Dietrich

Koeppler, Henning

Kohlberg, Willi

Köhnke, Rudolf

Köhnke, Willy

Kollow, (unbekannt)

Krambehr, Harry

Krase, Sven

Krasemann, Paul

Krauel, Erich

Kreienbrink, Wilhelm

Hoffmeier, Hans
Hohn, Erich
Holz, Fritz
Holz, Hermann
Holz, Wilhelm
Höppner, Ulrich
Horn, Hans-Ulrich
Hoyer, Siegfried
Humke, Kurt
Huttmann, Harry
Krüger, Willi
Krüger, Willy
Kruse, Gerhard
Kuch, Stanislaus
Kühn, Georg
Kulow, Erich
Kulow, Willi
Kunkel, Hermann
Laabs, Karl-Friedrich
Laatz, Kurt
Ladewig, Karl-Heinz
Landmann, Karl-Ludwig
Lange, Gerhard
Lange, Hans
Lange, Paul
Lange, Paul
Lange, Willi
Langguth, Erich
Langguth, Erwin
Langguth, Hermann
Leistner, Alfred
Lemke, Erich
Lemke, Karl-Heinz
Lenke, Alfons
Lenke, Erich
Lepke, Erwin
Levenhagen, Heinrich
Lewenhagen, Paul

Krenz, Hans
Krenz, Robert
Kröger, Waldemar
Krüger, Jürgen
Krüger, Otto
Krüger, Paul
Krüger, Rudolf
Krüger, Rudolf
Krüger, Wilhelm
Krüger, Wilhelm
Mauer, Eduard
Meckelmann, Arnold
Mertig, Helmut
Meyer, Gerd
Meyn, Alfred
Mielke, Bruno
Mielke, Willi
Mittelstädt, Hans
Mix, Günter
Müller, Hans
Müller, Hermann
Müller, Horst
Müller, Otto
Müller, Richard
Müller, Rudolf
Müller, Walter
Müller, Wolfgang
Mülling, (unbekannt)
Nehrenst, Walter
Neumann, Hans
Nichterlein, Werner
Noack, Wilhelm
Noe, Helmut
Nottmeier, (unbekannt)
v. Oertzen, Jürgen
v. Oertzen, Karl-Otto
Oldag, Fritz
Ollermann, Karl

Liebetreu, Siegfried
Lissau, Heinz
Lojewski, Heinz
Lojewski, Kurt
Lorenz, Franz
Lorenz, Hans
Lorenz, Walter
Lorenz, Willi
Lorenz, Wolfgang
Lösche, Walter
Lück, Paul
Lück, Wilhelm
Luckow, (unbekannt)
Lüder, Karl-Friedrich
Luplow, Heinz
Luth, Karl
Luth, Willi
Luzius, Otto
Martens, Wilhelm
Ramin, Rudolf
Reppin, Wilhelm
Rettig, Rudolf
Rexin, Willi
Riebe, Bernhard
Rieck, Willi
Rohde, Heino
Rohde, Heinz
Rohde, Karl-Friedrich
Röser, Ehrenfried
Röser, Joachim
Rost, Walter
Roth, Bernd
Sachse, Adolf
Salchow, Georg
Salow, Bruno
Salow, Hermann
Salow, Werner
Saß, Georg

Orgel, Detlev
Orgel, Friedrich Wilhelm
Orgel, Hans-Martin
Ormann, Ludwig
Passow, Hermann
Pagel, Rudolf
Pätzold, Gerhard
Patzwald, (unbekannt)
Peter, Erwin
Peters, Albert
Pietsch, Gustav
Piskulla, Steffen
Plog, Paul
Prestin, Otto
Preuster, Heinz
Propst, Paul
Propst, Willi
Propp, Johannes
Quiel, Erich
v. Randow, Heinz
Schultz, Rudolf
Schulz, Heinrich
Schünemann, Hans
Schwarz, Walter
Schwieghusen, Walter
Schwulst, Hermann
Schwulst, Kurt
Seete, Friedrich
Seidel, Paul
Sengpiel, Willi
Setzkorn, Ulrich
Sievert, Heinrich
Sievert, Leopold
Sommerfeld, Erwin
Sonnenberg, Ernst
Spaller, Karl
Spaller, Wilhelm
Springborn, Kurt

Saß, Rudolf
Schaller, (unbekannt)
Scharf, Erich
Scharf, Walter
Scheil, Gerhard
Schlundt, Hans
Schlüter, Joachim
Schmidt, (unbekannt)
Schmidt, Bruno
Schmidt, Bruno
Schmidt, Bruno
Schmidt, Erich
Schmidt, Franz
Schmidt, Hans-Jürgen
Schmidt, Heinrich
Schmidt, Heinz
Schmidt, Heinz-Karl-Gerd
Schmidt, Horst
Schmidt, Kurt
Schmidt, Kurt-Benno
Schmidt, Willy
Schmunz, Heinz
Schnak, Alfred
Schröder, Alfred
Schröder, Rudolf
Schröder, Walter
Schubert, Horst
Schultz, Gerhard
Schultz, Heinrich
Voß, Wilhelm
Voß, Willi
Wackernagel, Herbert
Wagner, Paul
Wasmund, Hans-Jochen
Wasmund, Max
Wasmund, Wilhelm
Weber, Wilhelm
Wegner, Heinrich

Stechow, Paul
Steinfeld, (unbekannt)
Steinhauer, Erich
Sternberg, Heinrich
Stolle, Willi
Stollnow, Harry
Streeck, Georg
Szodra, Walter
Tagge, Heinz
Tanger, Robert
Tautz, Richard
Tesch, Walter
v. Tettenborn, Heinrich
Teuchert, Wolfgang
Thal, Hermann
Thormann, Paul
Tiede, Hermann
Tiedt, Joachim
Tomnitz, Walter
Topp, Fritz
Trottnow, Johannes
Trotzke, Alfred
Trotzke, Erwin
Urbaneck, Erich
Varken, Rudolf (Kurt)
Vinzing, Karl
Vogelsang, Erich
Vohs, Emil
Voß, Otto

Wegner, Karl-Heinz
Wegner, Wilhelm
Weidemann, Karl-Heinz
Welz, Wilhelm
Wengler, Karl
Werner, Berthold
Werth, Hans
Weyer, Erich
Wieruszewski, Reinhold
Wilken, (unbekannt)
Winkelmann, Paul
Winkler, Dietrich
Witt, Ernst-Georg
Wodrich, Franz
Wolf, Erwin
Wolf, Paul
Wollenzien, Hans
Wollenzien, Karl
Wollenzien, Heinrich
Wybranitz, Franz
Zahrn, Günter
Zerwinski, Richard
Ziehm, Kurt
Zielke, Artur
Zimmermann, (unbekannt)
Zingelmann, Heinz

Ergänzung:
Kadow , Reinhold
Koeppler, Roland
Krenz, Kurt
Krüger, Kurt
Lemke, Hugo
Schultz, Rudolf
Schulz, Willi
Schünemann, Herbert
Stelzer, Erich
Tagge, Heinz
Trottnow, Rudolf
Masius, Rudolf
Propp, Max

5.4. Die Nachkriegszeit und die Zeit der DDR
(von 1945 bis 1989)

Bereits Ende 1943 war von den vier Alliierten USA, England, Frankreich und Sowjetunion die Teilung des besiegten Deutschlands beschlossen worden.

Auf der Konferenz von Jalta vom 4. bis 11. Februar 1945 billigten die Repräsentanten dieser Staaten Roosevelt (USA), Churchill (England) und Stalin (Sowjetunion) die Nachkriegspolitik gegenüber Deutschland. Sie sah unter anderem die Aufteilung Deutschlands in Besatzungszonen der vier Alliierten USA, England, Frankreich und Sowjetunion vor. Mecklenburg und Vorpommern wurden Teil der sowjetischen Besatzungszone.

Zur sowjetischen Besatzungszone gehörte auch die Stadt Friedland. Das Chaos in der Stadt in den Maitagen 1945 war schlimm. Der 2. Weltkrieg hatte mit großer Schärfe und ohne Rücksicht auf Verluste eine deutliche Zäsur in die progressive Entwicklung unserer Stadt geschlagen. Für alle Bewohner war der Mai 1945 die Stunde 0.

Als Kommandant der Roten Armee in Friedland wurde Major Moskwitschew befohlen, sein Politkommissar war Major Grigorij M. Berson. Er war aus Stralsund nach Friedland versetzt worden. Major Moskwitschew blieb etwa ein Jahr als Kommandant in Friedland. Danach übernahm Berson diese Funktion. Der Wirtschaftsoffizier der Kommandantur hieß Belusow.

Die Kommandantur befand sich in der Villa von Brandenburg & Bulgrin (der späteren zeitweiligen Zahnstation) und den anderen Villen in der Bahnhofstraße. Die gesamte Bahnhofstraße ab der Ecke Salower Straße war dazu von der Kommandantur gesperrt worden. Die Nutzung durch die Friedländer als Weg zum Bahnhof wurde aber stillschweigend geduldet. Der Keller der Villa Brandenburg diente unter anderem als Arrestraum für festgenommene Friedländer Bürger.

Der sowjetische Sicherheitsdienst (NKWD – deutsch: Volks-kommissariat für innere Sicherheit der UdSSR) hatte sein Quartier bis Mitte Juni 1945 am Hindenburgplatz 15 im Wohnhaus der Fa-milie Wagner aufgeschlagen. Er zog danach ebenfalls in Räume der Kommandantur in der Bahnhofstraße. Daß das Haus Hinden-burgplatz 15 so schnell wieder vom Eigentümer bezogen werden konnte, ist auf die Fürsprachen der während des Krieges bei der Firma Wulff & Wagner beschäftigten polnischen Zwangsarbeiter zurückzuführen. Sie erstatteten der Familie Wagner damit ihren Dank für die tolerante und gute Behandlung während ihres Einsat-zes in der Firma.

In den Händen des NKWD lagen die Aufgaben der politischen Polizei. Unter seiner Leitung fand die Verfolgung der nationalso-zialistischen Verbrechen statt. Es wurden aber auch kritische, aus unterschiedlichen Gründen heraus denunzierte oder auch einfach wahllos aufgegriffene unschuldige Bürger verhaftet.

Anfang Mai begannen in Friedland die Verhaftungen durch den sowjetischen Sicherheitsdienst NKWD. Es kam zu Anzeigen und Denunziationen. Bei vielen Menschen der Stadt ging es dabei um das nackte Überleben. Man bezichtigte lieber den Nachbarn als selbst denunziert zu werden. Eine unrühmliche Rolle spielten bei diesen Aktionen vor allem die Kommunisten Albert Götz und Rosa Dieske.

Viele Friedländer Bürger machten in diesen Tagen und den fol-genden Monaten vorübergehend oder für immer mit dem berüch-tigten Internierungslager der Roten Armee in Neubrandenburg-Fünf-eichen leidvolle Bekanntschaft. Es waren meist Angehörige der ehe-maligen Stadtverwaltung oder unliebsam aufgefallene Bürger der Stadt, die dorthin transportiert wurden. Oft erfolgten die Verhaftun-gen „nach Nase" beziehungsweise auf Grund von Verdächtigun-gen. Eine ganze Reihe dieser Inhaftierten fanden in den Lagern durch Unterernährung und Krankheit den Tod.

Diesen Weg gingen für immer unter anderem die Friedländer Bür-ger Paul Sehlke, Hans Koeppler (weiter deportiert nach Sibirien), Ehlert (weiter deportiert nach Sibirien), Stadtrat Alfred Mohrmann (weiter deportiert nach Sibirien), Paul Schumacher (weiter deportiert nach Sibirien), Reckling, Klüsendorf, Eisenbahnbetriebsoberkontrolleur Johannes Rambow und andere.

Kaum hatten sich die Rauchschwaden des zweitgrößten Brandes in der Geschichte unserer Stadt verzogen, fand auf Anweisung des sowjetischen Ortskommandanten am 3. Mai 1945 eine öffentliche Versammlung auf dem Marktplatz statt. Der Kommandant erläuterte der Bevölkerung Friedlands die Lage. Er setzte den Bürgermeister und eine Reihe weiterer Männer in Funktionen ein. Ihnen übertrug er die Verantwortung für die Normalisierung der Situation und die weitere Entwicklung der Stadt.

Als erster Bürgermeister nach Kriegsende wurde durch die Kommandantur zunächst der Friedländer Studienrat Schröder eingesetzt. Er führte die Geschäfte des Bürgermeisters jedoch nur bis 15. Mai 1945. Danach betraute die Kommandantur den bisherigen Rechtsbeistand Oberinspektor Herbert Schwebs und ab September 1945 den Kommunisten Willi Geist mit dieser Aufgabe. Die Geschäftsstelle der neuen Stadtverwaltung richtete sie in der Mühlenstraße 7, im ehemaligen Haus des RAD ein.

Der erste Polizeichef nach der Kapitulation Deutschlands war in Friedland der Elektroinstallationsmeister Paul Becker. Die Polizeistation befand sich im Amtsgericht am Hindenburgplatz. Dort war aus Zeiten der Nutzung als Amtsgericht ein kleines Untersuchungsgefängnis vorhanden. Als Polizist arbeitete weiter ein Herr Grothusen. Durch ihn begann ein Schreckensregiment gegenüber den Friedländer Bürgern. Später wurde er als Polizist auf die Insel Usedom versetzt, schließlich landete er in Westdeutschland.

Da seit Kriegsende die bis dahin nur noch notdürftig aufrechterhaltene Nahrungsmittelversorgung völlig zusammenbrach, bedrohte Hungersnot das Land Mecklenburg. Mangelnde Ernährung, fehlender Wohnraum, ungesicherte Wasserversorgung und unzureichende medizinische Betreuung führten zum Ausbruch von Seuchen im Land. Auch Friedland war nach dem Brand eine Trümmerwüste.

Mühsam begannen die Menschen unserer Stadt, die Trümmer ihrer Häuser zu beseitigen und notdürftige Quartiere zu errichten. Der gesamte Bahn- und Busverkehr, die Wasser-, Gas- und Energieversorgung der Stadt lagen am Boden. Große Teile der landwirtschaftlichen Nutzflächen waren verwüstet. Vielfach durchzogen Verteidigungsanlagen der deutschen Wehrmacht und des Volkssturms die Felder und Anlagen.

In der Stadt gab es fast nichts zu essen. Tagelang wurde kein Brot gebacken. Es gab weder Milch noch Nährmittel, nicht einmal für die Kleinkinder.

Im Mai 1945 zählte man in Friedland 8202 Einwohner. Von den Bewohnern der Stadt wurden 1928 Gärten bewirtschaftet. Mit deren Erträgen versuchten sie, ihre Lebensbedingungen zu verbessern.

Die Straßen waren noch nicht von Panzersperren und Trümmerschutt beräumt. Tausende von Flüchtlingen irrten rat- und perspektivlos in der Stadt umher. Tausende von den Nationalsozialisten verschleppte Zwangsarbeiter zogen in die entgegengesetzte Richtung nach Osten in ihre Heimat zurück.

Das völlige wirtschaftliche Chaos machte eine geordnete medizinische Betreuung der Bevölkerung Friedlands unmöglich. Es fehlten nicht nur Ärzte, sondern es mangelte auch an Medikamenten. Die Apotheke und die als Lazarett eingerichteten Häuser waren durch den Brand zerstört. Das örtliche Krankenhaus hatte sich vorübergehend in der Wassermühle eingerichtet. Die Folge war, daß sich Seuche und Epidemien, besonders Typhus und die Tuberkulose, in Friedland ausbreiteten. Besonders betroffen davon waren die Kinder und die Flüchtlinge.

Am 4. Mai 1945 erließ der neuernannte Bürgermeister Schröder seine erste Bekanntmachung an die Bürger der Stadt. In ihr waren die notwendigsten Maßnahmen zur Wiederbelebung des Lebens in der Stadt festgelegt.

Bekanntmachung

1. Ab 4. 5. 1945 sind die Bürgermeister in einem Büro des Rathauses (Haus des ehemaligen Reichsarbeitsdienstes, Mühlenstraße) zu sprechen.

2. Bis zum 4. 5. 1945 abends müssen alle Leichen, die in Kellern und anderswo gefunden werden, von den Nachbarn beerdigt werden. (Seuchengefahr!)

3. Tote russische Soldaten sind der Kommandantur zu melden.

4. Am 4. 5. 1945 müssen von allen Arbeitsfähigen die Straßen gesäubert werden. Beginn der Arbeit: 8 Uhr.

5. Totes Vieh wird an Ort und Stelle vergraben.

6. Flüchtlinge müssen Friedland verlassen.
Ausnahmen: a) Schwerkranke,
b) alle diejenigen, welche westlich der Elbe oder im Kriegsgebiet wohnen.

7. Von jetzt ab richten wir uns nach der Moskauer Zeit. Die Uhr wird eine Stunde weiter gestellt (z. B. statt 2 Uhr jetzt 3 Uhr).

8. Waffen müssen auf der Kommandantur abgeliefert werden. Die russischen Soldaten finden immer noch wieder Waffen.

9. Die Ackerbürger müssen, wie bisher, die Milch auf der Molkerei abliefern. Sie bekommen ab morgen auf dem Büro eine Bescheinigung in russischer Sprache, damit sie unbehelligt auf die Weide fahren können.

10. Die Geschäfte, deren Wohnungen nicht von der russischen Wehrmacht belegt sind, öffnen wieder nach gründlicher Aufräumung. Vorläufig werden Lebensmittel ohne Marken, aber gegen Geld abgegeben. Russische Soldaten erhalten Ware gegen russisches Militärgeld, und zwar nach dem bisherigen Preis.

11. Aufkommende Brände sind von der Zivilbevölkerung zu löschen. Hierzu sind alle Nachbarn verpflichtet. Brände in Häusern, in denen russische Soldaten einquartiert sind, werden von den russischen Soldaten gelöscht.

Friedland i. Meckl., den 4. Mai 1945.

Der Bürgermeister.

(gez. Schröder.)

Auch die Handwerker und Gewerbetreibenden der Stadt standen vor dem absoluten Nichts. Sie spürten wie alle anderen Lebensbereiche die Schwere der Kriegsfolgen. Einberufungen, Verwundete und Gefallene, Materialknappheit sowie viele andere wirtschaftliche und soziale Probleme führten zu einem allgemeinen Niedergang. So mußten am Anfang mit den primitivsten Mitteln einfachste Dinge hergestellt werden, um der notleidenden Bevölkerung der Stadt zu helfen. Mit viel Erfindergeist und unbeschreiblicher Einsatzbereitschaft wurden die Handwerksbetriebe und Handelsgeschäfte in der Stadt wieder aufgebaut.

Zur Überwindung der vorhandenen chaotischen Zustände im Land und auch in der Stadt waren Zwangsmaßnahmen unumgänglich. Dazu kam bei einigen der mit Funktionen zur Neuordnung des Lebens beauftragten Bürger der Stadt eine etwas mangelnde Bildung und die willfährige Anlehnung an die Besatzungsmacht, die aber kaum Kenntnis der deutschen Mentalität hatte. Das führte sehr oft zu unpopulären und nicht immer gerechtfertigten Härtefällen.

Ein Arbeitsamt zur Koordinierung der vorhandenen Arbeitskräfte wurde in Friedland von dem Bürger Paul Bodlin aufgebaut. Ab 1946 übernahm Franz Fischer dessen Leitung.

Unter großem Einsatz des MPSB-Personals gelang es, die durch Kampfhandlungen teilweise zerstörten Bahnanlagen der MPSB im wesentlichen bis Ende Juni 1945 zu reparieren. Der Zugverkehr danach beschränkte sich auf Gütertransporte zur Versorgung der Bevölkerung und die Beförderung von Flüchtlingen. Ab dem 7. Mai 1945 verkehrte wieder täglich der Milchzug von Jatzke nach Friedland.

Von Anfang Mai 1945 an konnte durch die angeordnete Arbeitsaufnahme in einigen Bäckereien an die Friedländer Bevölkerung wieder Brot ausgegeben werden. Laufend wurde zur Sicherstellung Brotgetreide herangeschafft. Oftmals war es notwendig, auch dies mit Zwangsmaßnahmen durchzusetzen.

Die Molkerei lieferte in den Maitagen die erste Milch. Viel herrenloses Vieh war den Ackerbürgern der Stadt übergeben worden. Sämtliche Lebensmittel wurden bewirtschaftet. Dadurch war es möglich, die Dekadenversorgung unter Ausgabe von Lebensmittelkarten vorzunehmen.

Am 12. Juni 1945 beschlagnahmte die Rote Armee die MPSB. Alle 236 km des Streckennetzes mit Ausnahme der Strecke Friedland – Anklam wurden abgebaut und mit den Fahrzeugen als Reparationsgut in die damalige Sowjetunion transportiert. Das Material sollte nach Solikamsk im Permer Gebiet der Sowjetunion gefahren werden, wo es nach Berichten aber niemals ankam.

Der Betriebsleitung gelang es im Zusammenwirken mit den Landräten der Kreise Stargard (Mecklenburg) und Anklam lediglich, die sowjetische Besatzungsmacht davon zu überzeugen, den Streckenabschnitt Anklam-Dennin-Friedland und die für den Betrieb dieser Gleisanlage erforderlichen Fahrzeuge von Abbau und Abtransport auszuschließen. Damit blieb die Versorgung der Stadt Friedland und der westlichen Teile des Kreises Anklam über den dortigen Peenehafen auf dem Schienenweg zunächst gewährleistet.

Auch das noch erhalten gebliebene Werk II der Fliesenwerke wurde 1945 im Zuge der Reparationsleitungen demontiert.

Mit Erlaubnis des sowjetischen Stadtkommandanten konnte ab Pfingsten 1945 wieder Gottesdienst in der St. Marienkirche gehalten werden.

Auch die Durchführung von Gottesdiensten in der katholischen Gemeinde konnte auf Anordnung des Stadtkommandanten wieder aufgenommen werden. Die Kirche war durch die Rote Armee unangetastet geblieben.

Eine notwendige und deshalb auch angeordnete Aufgabe war der Beginn der Einebnung der Verteidigungsstellungen, die sich rund um die Stadt zogen. Jeden Tag waren von Juli bis September 1945 vor allem Frauen, die im Dritten Reich in der NS-Frauenschaft organisiert waren, Jugendlichen und ältere Männer und Frauen Friedlands unterwegs, um in harter körperlicher Arbeit diese Aufgabe zu lösen. Die jüngeren Männer, die dies körperlich besser hätten durchhalten können, waren meist noch in der Gefangenschaft, in Lazaretten oder gefallen.

Die Situation in der Stadt machte es zu diesem Zeitpunkt erforderlich, daß für das provisorische Krankenhaus in der Wassermühle eine andere Unterkunft gefunden werden mußte. In kürzester Zeit wurde in städtischer Regie auf dem Gelände der Fliesenwerke eine behelfsmäßige Einrichtung mit zirka 150 Betten geschaffen. Sie war teilweise im Werk, teilweise in kleineren Wohnungen untergebracht. Außerdem mußte eine Entlausungsanstalt gebaut werden. Unumgänglich notwendig machte sich auch ein Bau für Infektionskranke mit 30 Betten. Diese Betten holte man aus dem ehemaligen Arbeitsdienstlager in der Friedländer Großen Wiese. Zur Eindämmung der Typhusepidemie setzte eine durchgreifende Schutzimpfung ein. Im Amtsbezirk Friedland wurden damals rund 20 000 Personen einer Schutzimpfung zugeführt. Später baute die Stadt die Gemeindeschule am Hindenburgplatz zum Krankenhaus um.

Die wichtigste Aufgabe jener Tage – die Einbringung der Ernte – gestaltete sich im Sommer 1945 sehr schwierig. Es mangelte nicht nur an Arbeitskräften, Maschinen, Dreschmaschinen und Gespannen, sondern auch an Treibriemen, Öl und anderen Materialien. Tägliche Stromunterbrechungen waren an der Tagesordnung. Es mußten zur Sicherung der verlustlosen Einbringung der Ernte Hilfsaktionen der Verwaltungen und Betriebe organisiert werden.

Mit Befehl Nr. 2 der Sowjetischen Militäradministration (SMAD) vom 10. Juni 1945 wurden in der sowjetischen Besatzungszone antifaschistisch-demokratische Parteien zugelassen.

Am 11. Juni 1945 erließ die KPD einen Aufruf zur Neugründung ihrer Partei, am 15. Juni 1945 erfolgte die Gründung der SPD. Der Freie Deutsche Gewerkschaftsbund (FDGB) als Einheitsgewerkschaft gründete sich ebenfalls am 15. Juni 1945. Am 26. Juni 1945 folgte die Gründung der Christlich-Demokratischen Union (CDU) und am 5. Juli 1945 der Liberal-Demokratischen Partei Deutschlands (LDPD). Sie schlossen sich zum „Antifaschistischen Block" zusammen. Dabei spielten die Blockparteien in Friedland eine weitgehend gleichberechtigte Rolle. In Entscheidungen bezog man sie meist mit ein. Ursache dafür war, daß die Stadt einen ausgeprägten Mittelstand besaß, der auch für ein relativ baldiges Aufblühen von Handwerk und Handel sorgte.

In Friedland war Wilhelm Müller als Vorsitzender der SPD gewählt worden; Albert Götz führte als Arbeitsgebietssekretär die KPD in der Stadt. Die bestimmende Kraft in der Stadt war die KPD in Gestalt des Albert Götz. Er besaß zwar verhältnismäßig wenig Bildung, war aber zutiefst von seiner Sache überzeugt. Die SPD war zwar zahlenmäßig stärker, bekam aber nicht den Einfluß auf das Geschehen. Mit dem Aufbau des FDGB in der Stadt beauftragte man Walter Dieske.

Am 9. Juli 1945 wurde die sowjetische Militäradministration für Mecklenburg/Vorpommern gebildet. Neben der Militäradministration errichtete man eine deutsche Landesverwaltung, zu deren Präsident am 4. Juli 1945 Wilhelm Höcker (SPD) berufen wurde.

Vom 11. bis 20 September 1945 mußte als letzte Strecke der MPSB die „Milchmagistrale" Friedland-Jatzke demontiert werden. Damit waren die Schienenverbindungen aus dem Umland nach Friedland zur Versorgung der Stadt abgebrochen.

Die Verordnung Nr. 19 der Landesverwaltung über die Bodenreform vom 5. September 1945 schuf die Voraussetzungen für die grundlegende Umgestaltung der Besitzverhältnisse in der mecklenburgischen Landwirtschaft. Danach waren alle Güter über 100 Hektar und die Betriebe der Nazi- und Kriegsverbrecher entschädigungslos zu enteignen. Die Bodenreform zielte darauf ab, einerseits den Großgrundbesitzern ihre wirtschaftliche Existenz zu nehmen und sie als Bevölkerungsschicht zu beseitigen. Andererseits sollte sie der großen Masse der Flüchtlinge und Vertriebenen eine neue Existenzmöglichkeit durch Bildung von 5 bis 10 Hektar großen bäuerlichen Wirtschaftens geben.

Noch im September 1945 waren die Vorbereitungen für die Bodenreform im wesentlichen abgeschlossen und es begannen die ersten Enteignungen von Großgrundbesitz im Raum Friedland. Enteignet wurden v. Trettenborn in Heinrichshöh, Thomas in Bauersheim, Kreienbring in Kreienbringshof und v. Müffling in Günthersfelde. Günthersfelde bewirtschaftete zunächst die sowjetische Kommandantur. Die übrigen Flächen gelangten zur Aufteilung an Landarbeiter. Besonders aktiv dabei wirkten der Landwirt August Salchow, der Landarbeiter Reinhold Christen und der Buchdrucker Willi Bremert mit. Die genossenschaftliche Molkerei wurde der Vereinigung der gegenseitigen Bauernhilfe (VdgB) übergeben.

Eine wesentliche Aufgabe bestand auch in der Wiederinbetriebnahme der Fabriken und Versorgungseinrichtungen. Dazu war elektrischer Strom notwendig. Hier war es die Stärkefabrik, die zunächst zum Stromlieferanten für die Stadt wurde; erst für die Vorstadt und nach und nach für den dringendsten Bedarf der übrigen Abnehmer. Sogar an die Stadt Neubrandenburg wurde vom 16. Mai 1945 bis 14. Juli 1945 Strom geliefert. Ab 15. Juli 1945 lieferte mit kürzeren und längeren Unterbrechungen die Überlandzentrale Neubrandenburg wieder Strom.

Bis zum Januar 1946 kam es aber häufig vor, daß die Stärkefabrik noch einspringen mußte. In den Monaten Juli bis Oktober 1945 konnten nur die lebensnotwendigen Betriebe der Stadt mit Strom versorgt werden. Alle übrigen Abnehmer wurden erst ab Oktober 1945 nach und nach angeschlossen.

Das Gaswerk wurde am 28. April 1945 vor dem Einmarsch der Roten Armee stillgelegt. Ab 19. Juni 1945 konnten Teile der Stadt, vor allem die Anklamer Vorstadt, erneut mit Gas beliefert werden. Zum Strecken des Kohlevorrates zur Gasproduktion verwendete der

Betrieb 120 Raummeter Holz. Erst im November 1945 kamen einige Wagenladungen mit Braunkohlenbriketts für die Gasproduktion.

Die Versorgung der Stadt mit Wasser wurde gleich in den ersten Maitagen 1945 wieder aufgenommen. Dies betraf vor allem die Vorstadt. Gegen Ende des Jahres 1945 war die Versorgung der Bevölkerung mit Wasser, Gas und Strom bis auf einige alleinstehende Häuser wieder gewährleistet.

Am 8. August 1945 rückte die Friedländer Freiwillige Feuerwehr zu ihrem ersten Brandbekämpfungseinsatz nach dem 2. Weltkrieg aus. Wehrleiter war seit dem 21. Juni 1945 Wilhelm Daedelow. Das Gerätehaus befand sich am Markt.

Im Juni 1945 stellte die sowjetische Kommandantur pro Familie $1/2$ qm Holz als Brennmaterial zur Verfügung. Weil das Betreten der umliegenden Forste aus Sicherheitsgründen wegen des dort noch lagernden Kriegsmaterials nicht gestattet werden konnte, wurden zusätzlich im Juli 1945 10 000 Eisenbahnschwellen von der abgebauten Kleinbahn ausgegeben. Das waren nochmals $1/2$ qm pro Familie. Dazu kamen im Oktober des Jahres etwa 1600 qm Brennholz aus dem Stadtforst und im November die Verteilung von etwa 4000 Ztr. Torf. Für die Torfproduktion am Kavelpaß wurden extra unter schwierigen Bedingungen Handstichmaschinen angeschafft und Lokomobilen und Torfpressen repariert.

Am 16. September stellte die alteingesessene Friedländer Firma Wulff & Wagner die ersten Arbeitskräfte wieder ein und begann mit der Produktion von dringend benötigten Kochstellen und transportablen Öfen.

Entsprechend des Befehls Nr. 40 des Obersten Chefs der Sowjetischen Militäradministration in Deutschland vom 25. August 1945 begann auch in Friedland am 1. Oktober 1945 in der Schule am Anklamer Tor der Schulbetrieb wieder. Als Rektor wurde F. Döben berufen. Er war bis zum 16. Februar 1945 Rektor in seiner Heimat-

stadt Tolkemit, Kreis Elbing, gewesen. In die Sowjetunion ver-
schleppt, kam er Ende September 1945 nach Friedland.

Bei der Eröffnung gab es noch einen Konrektor, eine Lehrerin,
einen Lehrer, einen Eisenbahningenieur und eine Apothekenhelferin,
sowie einige junge Leute, die man in wenigen Tagen auf den Leh-
rerberuf vorbereitet hatte. Kreide war wenig vorhanden, es gab keine Tinte und Schreibhefte.

Im Oktober 1945 setzte in der Stadt die Arbeit des Sozialamtes
ein. Für den Amtsbezirk Friedland wurden vom 1. November 1945
bis 1. August 1946 Wohlfahrtsgelder in Höhe von 83 387, - RM zur
Auszahlung gebracht.

Die Friedländer Zuckerfabrik konnte am 1. November 1945 mit
der Rübenverarbeitung beginnen. Bei der Inbetriebnahme der Fabriken gab es im wesentlichen die gleichen Schwierigkeiten wie in
der Landwirtschaft. Trotzdem hatte die frühzeitige Wiederinbetriebnahme der meisten örtlichen Betriebe zur Folge, daß genügend Arbeitsplätze vorhanden waren. Es entstand im wesentliche keine Arbeitslosigkeit in der Stadt.

Im November 1945 schuf die Stadt aus eigenen Mitteln in Friedland
ein Kinderheim. Hier fanden zirka 40 Kinder, die in den Kriegswirren ihre Eltern verloren hatten, eine neue Heimstatt. Dem Kinderheim angeschlossen war eine Kindertagesstätte.

Auf der Grundlage des Befehls 124 des obersten Chefs der SMAD
vom 30. Oktober 1945 wurden auch die Vermögenswerte der Neubrandenburg–Friedländer Eisenbahn beschlagnahmt. Sie erhielt einen Sonderstatus als Vermögen des Landes Mecklenburg, denn es
erfolgte nicht sofort die Übernahme durch die Deutsche Reichsbahn.

Große Probleme warfen die Unterbringung immer neuer Transporte von Umsiedlern in der abgebrannten Stadt auf. Im Dezember
1945 mußten vorübergehend 1200 Umsiedler untergebracht und
verpflegt werden. Es folgten dem noch zwei weitere Transporte von

400 und 600 Personen, von denen 500 auch in Friedland untergebracht wurden. Die Wohnungssituation gestaltete sich demzufolge
katastrophal. Die vorhandenen Wohnungen waren 2- bis 3fach
belegt. Aber die Friedländer murrten kaum, sondern halfen sich
gegenseitig. Bei der Lösung dieser Probleme haben sich Zahnarzt
Kurt Rotter und der Maurer Hermann Schoof besonders verdient
gemacht.

Langsam entwickelte sich auch das kulturelle und sportliche Leben in der Stadt wieder. Eine Varieté-Gruppe wurden ins Leben
gerufen.

Bereits am 10. November 1945 fand, durch Ausrufer in der Stadt
bekanntgegeben, die erste öffentliche Sportveranstaltung nach Ende
des Krieges im Konzerthaus Haase (dem späteren Stadtkulturhaus)
statt. Während der Veranstaltung beriet man über die Bildung einer
Fußball- und Handballmannschaft für Friedland. Noch im gleichen
Monat kam es unter musikalischer Beteiligung der Schalmeien-
kapelle der Friedländer Feuerwehr zum ersten Fußballvergleich einer Friedländer Mannschaft mit einer Neubrandenburger Auswahl.
Dieses erste Spiel gewannen die Friedländer Fußballer mit 6:4 Toren.

Der Winter 1945/46 war mild. Das war die Rettung für die Friedländer im Hinblick auf das Heizen der verbliebenen Wohnräume.
Aber der milde Winter brachte auch viel Regen. Das hatte für die
halb zerstörten und notdürftig hergerichteten Gebäude erhebliche
bauliche Folgen.

Am 4. Januar 1946 nahm die Stärkefabrik die Produktion wieder
auf. Weiterhin erfolgte die Arbeitsaufnahme in der Eisengießerei
Bentz, der Molkerei, der Hanfröste und anderen Betrieben der Stadt.
1946 begann auch der Wiederaufbau des Fliesenwerkes. Die ehemaligen Arbeiter der Fliesenwerke gingen daran, Maschinen aus
den Trümmern der Werkes I zu bergen und damit das Werk II wieder aufzubauen.

Mit dem Befehl Nr. 1 des Kriegskommandanten der Stadt Friedland
vom 13. Februar 1946 wurde festgelegt, daß die Arbeiten zur end-

gültigen Beseitigung der Verteidigungsanlagen aus den letzten Tagen des Krieges, vor allem in der näheren Umgebung der Stadt, ab 15. Februar 1946 zu beginnen haben. Zu beendigen waren die Arbeiten bis zum 28. Februar 1946.

Befehl Nr. 1

des Kriegskommandanten der Stadt Friedland

vom 13 Februar 1946.

In Ausführung des Befehles des Regierungshauptes der sowjet. Kriegsadministration der Provinz Mecklenburg und Westpommern

befehle ich:

1. Dem Bürgermeister der Stadt Friedland und allen Bürgermeistern der Gemeinden, mit Heranziehung der städtischen sowie ländlichen Bevölkerung, an die Vernichtung der Verteidigungsvorrichtungen wie: Schanzengräben, Schützengräben, Panzerfallen, Maschinengewehrlöcher und Schutzvorrichtungen gegen Fliegerangriffe ab 15. Februar 1946 heranzugehen.

2. Die Arbeiten der Vernichtung obengenannter Verteidigungsvorrichtungen sind bis zum 28.2.1946 zu beendigen.

3. Ueber den Verlauf dieser Arbeit berichten zum Tagesschluß am 19.2., 24.2. und 28.2. die Bürgermeister der Gemeinden dem Bürgermeister der Stadt über die Meterzahl der zugeschütteten Schanzengräben, Schützengräben u. a. Verteidigungsvorrichtungen.

4. Der Bürgermeister der Stadt berichtet mir über den Verlauf der Vernichtungsarbeiten im ganzen Bezirk am 20.2., 25.2. und 28.2.1946.

5. Die Kontrolle über den Verlauf der Vernichtungsarbeiten übernimmt der Bürgermeister und der Polizeichef der Stadt.

6. Diejenigen, die sich den Vernichtungsarbeiten entziehen, werden zu strenger Verantwortung herangezogen.

Der Kriegskommandant der Stadt Friedland

Major Moskwitschew

Entnommen: 25 Jahre Agrarpolitik der SED

Im Gesellschaftshaus in der Anklamer Straße fand am 26. Februar 1946 die Gründungsversammlung der Sozialistischen Einheitspartei Deutschlands (SED) statt. Es erfolgte der Zusammenschluß der SPD und der KPD zu einer einheitlichen Arbeiterpartei. Der Zusammenschluß der KPD und der SPD zur Sozialistischen Einheitspartei Deutschlands war nicht problemlos und ohne Widerstand erfolgt. Eine Urabstimmung der Mitglieder beider Parteien blieb aus. Trotzdem fanden viele, vor allem junge Leute der Basisorganisation der SPD, diese Vereinigung aus dem Gefühl heraus richtig, daß nach dem Untergang des Dritten Reiches alle einfachen, arbeitenden Menschen zusammengehen und -handeln müßten. Das Gefühl der Zwangsvereinigung war vor allem in den Führungsorganen der SPD vorhanden.

1946 gründete sich in Friedland auch die Jugendorganisation „Freie Deutsche Jugend" (FDJ). Erster Leiter der FDJ in der Stadt war Egon Rupinski. Treffpunkt waren die ehemaligen Büroräume hinter der Villa Brandenburg, der sowjetischen Kommandantur. Diese Räume wurden der Jugendorganisation von der Kommandantur zur Verfügung gestellt. In diesen Anfangsjahren nahmen aber nur wenige Jugendliche am FDJ-Leben teil. Während der Treffs diskutierten die jungen Leute meist sehr ernsthaft über die politische Zukunft des Landes. Die Jugend wollte gerechter leben, ohne Untertanengeist. Das war ihr Anspruch an das Leben im Nachkriegsdeutschland.

Mit dem 1. März 1946 trat die Rentenversicherung wieder in Kraft. Die Rente belief sich bei Ehepaaren auf 60, - RM und bei Einzelpersonen auf 40, - RM pro Person.

Durch Befehl Nr. 48 des Chefs der SMAD in Mecklenburg vom 15. März 1946 wurde der ehemalige Kreis Stargard in die Kreise Neubrandenburg, zu dem auch Friedland gehörte, und Neustrelitz geteilt.

Zur Behebung des Lehrermangels, hervorgerufen durch die Entlassung vieler Lehrer aus der Zeit des Nationalsozialismus, suchten die Behörden neue Lehrer. Die Bewerbungen für den Schuldienst prüfte 1946 eine Lehrereinstellungskommission, der angehörten: Vorsitzender Albert Götz (KPD), Ing. Emmerich von der Kleinbahn (CDU), Schuldirektor Döben (CDU), Alfred Müller (SPD) und ein Vertreter der LDPD. Die bürgerlichen Parteien waren in diesem Gremium dominant. Viele neue junge Lehrer, aber auch ehemalige Lehrer, die schon im Schuldienst tätig waren, wurden wieder in den Schuldienst der Stadt eingestellt.

Aus den Monatsberichten 1946 der damaligen Abteilung Handel und Versorgung ist zu entnehmen, daß am 26. Februar 1946 die Firma Karstadt das Friedländer Geschäft in einem notdürftig hergerichteten Raum der ehemaligen Kaffeegaststätte Volz am Markt wieder eröffnet hat.

Der erste Leiter nach dem 2. Weltkrieg war Herr Horst. Karstadt schaffte für einige tausend Mark Ware heran. Auch im März 1946 kaufte die Firma in Berlin Ware ein. Sie konnte diese Waren aber auf Grund von Transportschwierigkeiten nicht heranschaffen. Die Firma Karstadt war sehr rührig. Die Verbindung mit ihrem Stammhaus ermöglichte es ihr, wichtige Gebrauchsgüter nach Friedland zu schaffen. Die Karstadt AG erklärte damals sogar ihre Bereitschaft, ein neues Kaufhaus zu erbauen. Den Antrag lehnte leider der damalige Bürgermeister der Stadt Willi Geist ab. Als Begründung wurde angegeben, daß ein kapitalistischer Konzern nicht zugelassen werden könnte.

Im Juli 1946 gab es das erste Mal nach dem Krieg Frühkartoffeln bei einem Tagessatz von 300 bis 400 g. Pferde- und Freibankfleisch stand damals in einem besonders hohen Kurs. Ab 1946 war es möglich, Brot, Butter, Zucker, Nährmittel, Eier, Kaffee-Ersatz und Salz voll auszugeben. Fleisch und Käse bildeten nach wie vor einen Schwerpunkt in der Versorgung, weil diese Lebensmittel nicht immer genügend vorhanden waren.

Durch die Wiederaufnahme der Arbeit in der Molkerei, der Stärkefabrik und der Zuckerfabrik wurde die Lebenssituation für die Bevölkerung nach und nach etwas erleichtert. Diese Betriebe ga-

ben Deputate aus. Auch Landwirtschaft war wieder vorhanden. Die
Sicherung des täglichen Lebens basierte deshalb hauptsächlich auf
Tauschhandel. Die ausgegebenen Deputate fungierten als „Wäh-
rung". Von Januar 1946 bis Juli 1946 kamen nochmals 2350 qm
Brennholz zur Verteilung an die Bevölkerung der Stadt.

Da die einheimischen Baufirmen verwaist beziehungsweise bereits enteignet waren, faßte das städtische Bauamt alle vorhandenen arbeitsfähigen Baufacharbeiter und eine größere Anzahl Hilfs-
kräfte zusammen. Sie wurden eingesetzt, um an städtischen und
auch privaten Wohngebäuden entstandene Schäden instandzu-
setzen. Größere Schäden waren zum Beispiel in der Stadtrandsied-
lung an der Neubrandenburger Chaussee zu beseitigen.

Dabei war es unter den damaligen Verhältnissen schwierig, die
erforderlichen Baustoffe und sonstige benötigte Materialien zu be-
schaffen und sicherzustellen. Trotzdem wurden bis Mitte Juli 1946
35 mehr oder weniger stark beschädigte Wohnungen wiederherge-
stellt. Durch Um- und Ausbau konnten weitere 40 behelfsmäßige
Klein- und Kleinstwohnungen fertiggestellt werden. Teilweise errichtete man gemeinsame Feuerstellen in Dachgeschossen und son-
stigen Räumen. Eine Instandsetzung erfuhren zur gleichen Zeit
mehrere städtische Gebäude zur Unterbringung von lebendem und
toten Inventar der Ackerbürger. Das erste neugebaute Wohnhaus
war das Haus gegenüber der Einmündung Schwanbecker-/ Molkereistraße.

Gleichzeitig nahm man die Räumung der Straßen und Bürgersteige von Verkehrshindernissen, Straßensperren und Gebäudeschutt
in Angriff. Diese schwere Arbeit führten in monatelanger Arbeit die
Einwohner der Stadt durch. Dazu zählten auch die vielen „Trümmer-
frauen", deren Männer und Söhne gefallen, vermißt oder noch in
Gefangenschaft waren. Auf Anordnung der sowjetischen Kommandantur riß man die ausgebrannten Gebäuderuinen wegen Gefähr-
dung der Sicherheit ein. Gleichzeitig wurde auf Anordnung der
Kommandantur die Instandsetzung und der Zeit entsprechende ver-
kehrssichere Unterhaltung der Fernverkehrsstraßen vorgenommen.

Nikolaikirche 1946

Am 6. Mai 1946 befahl die Sowjetische Militäradministration Deutschlands (SMAD) in Mecklenburg mit dem Befehl 75 den Wiederaufbau von Teilstrecken der MPSB. Zum Bau- und Betriebsdirektor wurde Gustav Witthöft wiederberufen.

Ab 27. Juli 1946 nahm die MPSB auf den verbliebenen beziehungsweise wieder instandgesetzten Strecken Friedland – Kiesgrube und Ferdinandshof – Große Wiese den planmäßigen Verkehr auf. Ab 18. Oktober 1946 fand auf der Strecke Anklam – Friedland wieder regelmäßiger Reise- und Güterverkehr statt, soweit für die Lokomotiven Kohle vorhanden war. Gleichzeitig wurde die Bahn an diesem Tag in Landeseigentum übernommen.

Am 20. Oktober 1946 wurde eine Landtagswahl durchgeführt. Es erhielten dabei die SED 49,5%, die CDU 34,1%, die LDPD 12,5% und die VdGB (Vereinigung der gegenseitigen Bauernhilfe) 3,8% der abgegebenen Stimmen in Mecklenburg. Mit dem 16. Januar 1947 trat die neue vom Landtag beschlossene Landesverfassung für Mecklenburg in Kraft.

Bis Ende Mai 1947 gelang der Wiederaufbau der Strecke Kotelow – Schwichtenberg der MPSB. Ab 7. November 1947 konnte die Strecke Friedland – Uhlenhorst – Ferdinandshof wieder durchgängig befahren werden. Nach der Übernahme der MPSB durch das Land Mecklenburg wurde am 23. Oktober 1947 die Firma „Mecklenburg-Pommersche Schmalspurbahn AG" durch das Amtsgericht Neubrandenburg im Handelsregister gelöscht.

In den Jahren 1946 bis 1948 bestand das gesellschaftliche Leben in der Stadt vor allem in einem Massenansturm auf Kinoveranstaltungen. Mittwoch, Sonnabend und Sonntag war Tanz in allen Sälen. Es war wie eine Erlösung nach dem Krieg und der Verdunklung der Stadt. Die Menschen hatten ein großes Bedürfnis und großen Nachholbedarf zum Ausleben. Sport wurde wieder groß geschrieben; Laienspiel- und Musikgruppen entstanden.

Von 1947 bis etwa zum Jahr 1958 führte die Neuapostolische Gemeinde ihre Gottesdienste in der Anklamer Straße im Hause Wiegert durch, danach in der Pasewalker Straße in einem Hintergebäude auf dem Gelände von Willi Geist.

Seit 1947 bis 1962 bestand in der Stadt eine Theater-Laienspielgruppe. Ihr Leiter war bis 1954 der Friedländer Bierverleger Franz Griesenhofer. Nach 1954 übernahm diese Funktion der Friseurmeister Wolfgang Schulz.

Der Volkschor Friedland gründete sich im März 1948. Er war ein gemischtes Ensemble. Den Vorsitz übernahm Karl Mohr.

Am 3. September 1948 setzten sich einige musikinteressierte Jugendliche zusammen und gründeten den Fanfarenzug „Friederike Krüger" (diesen Namen trägt er seit 1960).

Ende 1948 wurde auch für die Gründung einer Mandolinengruppe geworben. Die Ausbildung und Leitung wurde Walter Streblow anvertraut. In kürzester Zeit entstand ein einsatzfähiges Ensemble, das den Namen „Klampfenchor Friedland" erhielt.

Am 7. Januar 1948 erfolgte die Löschung der Eintragung der Neubrandenburg-Friedländer- Eisenbahngesellschaft im Handelsregister. Die Bahn wurde der Verantwortung der Reichsbahndirektion Greifswald als Bestandteil der Deutschen Reichsbahn zugeordnet.

Nach einer Zählung der Gewerbeaufsicht befanden sich am 17. März 1948 im Amtsbezirk Friedland 32 Handwerksbetriebe und 139 Gewerbetreibende.

1948 wurde von der Inhaberin der Gaststätte „Anklamer Tor" Inge Lange diese Einrichtung zu einem Kindergarten umfunktioniert. Sie übernahm auch dessen Leitung. Bis zu 50 Kinder, vor allem Flüchtlingskinder, wurden hier betreut. In der Einrichtung erhielten die Kinder Frühstück und Vesper. Die Bäckerei Peplow lieferte Brot und Brötchen.

Ab 1. April 1949 übernahm die Deutsche Reichsbahn ebenfalls die Verwaltung der MPSB. Am 1. Januar 1950 wurde die ehemalige MPSB völlig in die Struktur der Deutschen Reichsbahn integriert.

Vor dem Kleinbahnhof 1960

Nachdem am 7. September 1949 in den westlichen Besatzungszonen die Bundesrepublik Deutschland von den westlichen Siegermächten aus der Taufe gehoben wurde, proklamierte am 7. Oktober 1949 in Berlin der Deutsche Volksrat im wiederhergestellten Riesengebäude des ehemaligen Reichsluftfahrtministeriums das Gebiet der bisherigen sowjetischen Besatzungszone zum selbständigen deutschen Staat Deutsche Demokratische Republik. Am gleichen Tag wurde deren Verfassung angenommen. Höchstes Machtorgan war die Volkskammer. Erster Staatspräsident war der Kommunist Wilhelm Pieck, erster Ministerpräsident der frühere Sozialdemokrat Otto Grothewohl. In der DDR hatte das Land Mecklenburg als staatliches Gebilde jedoch nur bis 1952 Bestand.

In Friedland übernahm mit dem 7. Oktober 1949 Alfred Tesch das Amt des Bürgermeisters. Er war einer der fähigsten Bürgermeister der Nachkriegszeit.

Im Laufe der Entwicklung waren die führenden Köpfe der SED-Parteiorganisation in Friedland immer weniger überzeugte Kommunisten. Eine Ausnahme bildete der spätere Ortssekretär der SED Rudi Hackbarth. Andere wie Schönhoff (ging später nach Westdeutschland), Otto Mohrmann und andere entwickelten sich zunehmend zu „Parteibeamten".

Im Jahre 1949 wurde in der ehemaligen Gemeindeschule am Hindenburgplatz (nunmehr August-Bebel-Platz) das Landambulatorium eingerichtet. Es war das erste Landambulatorium im damaligen Bezirk Neubrandenburg.

Es bildeten sich in unserer Stadt die ersten neuen Betriebssportgemeinschaften.

Die Fliesenwerke nahmen nach schwieriger Instandsetzung des Werkes II in den Jahren 1946 bis 1949 die Produktion von Fußbodenplatten wieder auf. Besonders aktiv bei dem Wiederaufbau waren Wilhelm Baars, Paul Stein, Ernst Schulz, Heinz Schünemann und andere.

Im Schuljahr 1949/50 erhielten nunmehr alle Friedländer Schulkinder täglich Schulspeisung. Mit dem 26. Juni 1949 setzte eine Kaltverpflegung ein, für die vom Amt für Handel und Versorgung 75 g Roggenmehl, 5 g Fett, 10 g Fleisch und Zucker sowie 20 g Nährmittel täglich zur Verfügung gestellt wurden. Für den Preis von 0,70 DM gab es für jeden Schüler 4mal in der Woche eine mit Butter bestrichene und mit Wurst belegte Feinbrotstulle sowie 2mal ein Gebäckstück mit Marmeladenfüllung.

Nach 1949 wurde die Stadtmauer vom Steintor zum Amtsgerichtsgebäude am August-Bebel-Platz abgerissen.

Als 1950 die Neustrelitzer Landesbibliothek aufgelöst wurde, gelangten die bis dahin dort eingelagerten wertvollen Teile der Friedländer Kirchenbibliothek nach Schwerin. Und in den Jahren 1947 bis 1950 wurde die Ruine des ersten Pfarrhauses in der ehemaligen Kaiserstraße unter tausend Schwierigkeiten zur sogenannten Winterkirche ausgebaut.

Am 14. August 1951 öffnete das Friedländer Museum auf Initiative des Lehrers Richard Hagemann im Neubrandenburger Tor wieder seine Pforten für die Friedländer Bevölkerung.

Die Wahlen in der DDR am 15. Oktober 1950 fanden nach einer Einheitsliste statt, die der SED durch einen festgelegten Verteilungsschlüssel die Mehrheit sicherte. Hatte bereits der Zweijahresplan 1949/50 und der 1950 verabschiedete Fünfjahresplan die wirtschaftliche Entwicklung Mecklenburgs in die zentrale Planung und Leitung der Wirtschaft eingebunden, so reduzierte sich mit der Gründung der DDR auch der politische Spielraum des Landes. Der nun in allen Bereichen des gesellschaftlichen Lebens forcierte Zentralismus in Planung, Verwaltung, Struktur und Organisation führte am 25. Juni 1952 zur Auflösung des Landes Mecklenburg und zur Bildung der drei Nordbezirke Schwerin, Rostock und Neubrandenburg. Damit waren die noch bestehenden Reste von Föderalismus und Landestradition beseitigt.

Durch die Neuaufteilung Mecklenburgs im Jahre 1952 in Bezirke und Kreise wurde die einst selbständige Stadt Friedland dem Land-

kreis Neubrandenburg als zweite Stadt zugeordnet. Mit dieser Maß-
nahme verlor die Stadt viele Einrichtungen und als Stadt immer
mehr an Bedeutung.

In den 50er Jahren kamen die städtischen Industrie, die mittelständischen Betriebe, das Handwerk und das private Handwerk
wieder in Schwung.

Der organisierte Wohnungsbau zur Beseitigung der Brandschä-
den von 1945 begann 1952/53. Als erstes entstanden die Häuser
westlich der St. Marienkirche in der Kaiserstraße, die nunmehr in
Max-Rothhand-Straße umbenannt worden war.

Beginn des Wiederaufbaus - Teilabschnitt der Max-Rothhand-Straße

1952 wurde auf dem Wall eine Baracke für eine neue Kinderein-richtung aufgestellt. Es wurde der Kindergarten „Am Wall" eröffnet. Für die Kinder war der Wall ideal, viel Grün gab es hier und er hatte eine ruhige Lage.

Die im Juli 1952 stattgefundene 2. Parteikonferenz der SED be-schloß den Aufbau des Sozialismus in der DDR. In diesem Zusam-menhang orientierte sie auf den Zusammenschluß der Bauern in Landwirtschaftliche Produktionsgenossenschaften (LPG). Diese soll-ten nach einem schrittweisen Aufbau die alleinige Produktionsform in der Landwirtschaft bilden. Gleichzeitig wurden die Repressalien gegen die Großbauern durch drastische Erhöhungen des Abliefe-rungssolls verschärft. Diese teilweise unrealistischen Ablieferungs-pflichten konnten häufig nicht erfüllt werden. Die Ablieferungs-schulden wurden nicht selten als Sabotage gewertet und die Bau-ern zu hohen Gefängnisstrafen verurteilt.

1953 begann auch im Stadtgebiet Friedland die Vergenossen-schaftlichung der Landwirtschaft unter staatlicher Regie. Viele Bau-ern aus der Umgebung, vor allem aus Sandhagen, flüchteten des-halb nach Westdeutschland. Sie verließen meist über Nacht nur mit dem Notwendigsten Haus und Hof. Alle verlassenen Grund-stücke einschließlich des noch vorhandenen lebenden und toten Inventars übergaben die staatlichen Organe den LPG zur Bewirt-schaftung. So bildete sich 1955 durch weiteren Zusammenschluß von örtlichen Landwirtschaftsbetrieben die Landwirtschaftliche Pro-duktionsgenossenschaft (LPG) „Karl Liebknecht" in Friedland. Bis März 1960 waren alle Einzelbauern freiwillig, meist jedoch mit star-kem Druck von staatlicher und städtischer Seite zu LPG zusam-mengeschlossen.

Am 23. September 1953 konnte der Wiederaufbau der Turnhalle in Friedland mit ihrer feierlichen Einweihung beendet werden. Da-mit waren für die Stadt günstige Bedingungen für einen ganzjähri-gen Trainingsbetrieb der Sportgemeinschaften und Schulen geschaf-fen worden.

Durch die Zerstörung der Stadt gegen Ende des Krieges war auch das Krankenhaus mit der dazugehörenden Leichenhalle in der

Mühlenstraße abgebrannt. Ein früherer Abstellraum war notdürftig als Ersatz eingerichtet. Nur die nächsten Angehörigen konnten an einer Trauerfeier teilnehmen. Nach jahrelangem Verhandeln wurde 1954 die Notwendigkeit eines Neubaus eingesehen und 50 000 DM bereitgestellt. Der Rest von etwa 2 000 DM wurde durch Spenden und Solidariätsarbeiten aufgebracht.

Am 10. Juli 1955 konnte die auf dem städtischen Friedhof erbaute Friedhofskapelle ihrer Bestimmung übergeben werden. Die Bauarbeiten wurden durch die Friedländer Baufirma Hermann Hohn ausgeführt. Die Bevölkerung half bei den Ausschachtungs- und Aufräumungsarbeiten. Die evangelische Gemeinde stiftete das Bauholz aus ihrem Wald. Handwerker leisteten unbezahlte Arbeit im Rahmen des „Nationalen Aufbauwerkes".

Die katholische Kirche erhielt am 8. November 1955 weitere drei Glocken zur Erweiterung des Geläuts. Sie wurden geliefert von der Firma Schilling & Lattermann in Apolda. Die größte Glocke ist 753 kg schwer, auf den Ton „gis" gestimmt und trägt die Inschrift „Christi Reich – Liebe und Gnade".

1955 nahm das neu aufgebaute Werk II der Fliesenwerke die Produktion mit einem modernen Tunnelofen auf.

Mitte der 50er Jahre beseitigte die Gründung einer einheitlichen Betriebssportgemeinschaft (BSG) „Empor" die Zersplitterung der Sportbewegung in der Stadt.

Der 13. Oktober 1957 brachte auch für die Friedländer Bürger den über Nacht organisierten Geldumtausch im Verhältnis 1:1. Damit sollten unter anderem nach Westdeutschland illegal ausgeführte Geldnoten unbenutzbar gemacht werden. Umtauschen konnten nur Bürger der DDR unter Vorlage ihres Personalausweises und nur eine amtlich festgelegte Barsumme sowie ihre bei Banken der DDR vorhandenen Konten.

Für viele, vor allem ältere Bürger, brachte dies manche böse Überraschung mit sich. Hatten sie doch aus der Erfahrung ihres Lebens fälschlicherweise größere Mengen Bargeld zu Hause aufbewahrt, statt sie auf einer Bank zu deponieren. Auch zwei Friedländer Geschwister, die beiden Frauen Köster von der Stadtreinigung, hatten solches Pech. Eigentlich glaubte jeder, daß sie unterstützungsbedürftig seien; der Umtauschtag brachte aber an den Tag, daß beide zu Hause viel Geld angesammelt hatten. So ging es noch vielen anderen Friedländer Bürgern.

Am 9. August 1958 beschloß die Bezirksleitung Neubrandenburg der SED einen „Plan zur Entfaltung der Masseninitiative". In diesem Plan war unter anderem festgelegt, daß Projekt Friedländer Große Wiese in einem Zeitraum von 10 Jahren zu verwirklichen.

Am 16. August 1958 begann als Großereignis dieser Jahre: das Jugendobjekt der Freien Deutschen Jugend (FDJ) „Entwässerung Friedländer Große Wiese". Zur Unterbringung der Jugendlichen wurde bei Schwichtenberg das Jugendlager „Nikolai Ostrowski" aufgebaut. Es war zu dieser Zeit das Hauptquartier der Jugend. Aus einer kleinen, kaum 120 Jungen und Mädchen fassenden Zeltstadt entstand das Jugendlager. Es beherbergte 6264 Jugendliche, die sich aus dem Bezirk Neubrandenburg an den Meliorationsarbeiten beteiligten. Sie schufen mit viel Enthusiasmus Meliorationsanlagen auf zirka 8000 ha Moorflächen. Im Zuge dieser umfangreichen Meliorationsarbeiten entstand zwischen Schwichtenberg und Ferdinandshof ein langes Streckennetz der MPSB, das vor allem als Werkbahn fungierte.

Großen Wert legten die staatlichen Organe seit Januar/Februar 1957 auf die Bildung von Produktionsgenossenschaften des Handwerks (PGH). Sie bildeten sich vorwiegend aus den bestehenden Bau- und Baunebenbetrieben. In Friedland entstanden die ersten PGH 1958. Es gründeten sich die PGH Klempner, Bau und Dachdecker. Im Laufe der Zeit entwickelten sich diese Genossenschaften zu meist rentabel wirtschaftenden großen Handwerksbetrieben.

Für die bestehenden privaten Produktionsbetriebe, vor allem des Mittelstandes, begann ab 1958 das System der staatlichen Beteiligung. Dazu gab der Staat zinslose Anleihen zur Kapitalerhöhung

an diese Betriebe. Sie wurden in Kommanditgesellschaften umgewandelt, an denen der Staat der DDR in Höhe der gegebenen An-
leihe beteiligt war. Dafür erhielt er entsprechende Anteile vom er-
wirtschafteten Gewinn dieser Betriebe und hatte einen wirtschaftlichen Einfluß auf die Gestaltung der Produktion in die Hand bekommen.

1959 fragte der Rat der Stadt den Friedländer Bürger Heinz Günther, ob er wieder einen Friedländer Spielmannszug führen würde.
Er sagte zu und am 3. Juni 1959 fand im Kulturraum der Zuckerfabrik die Gründungsversammlung statt. Die Stärkefabrik und die
Gewerkschaft übernahmen die Patenschaft. Am 6. Oktober 1959
ertönten zum ersten Mal nach dem Krieg wieder die Klänge eines
Spielmannszuges in Friedland. Heinz Günther war danach 21 Jahre Stabführer beim Spielmannszug des Freien Deutschen Gewerk-
schaftsbundes (FDGB) in Friedland.

Der Spielmannszug begleitete in den folgenden Jahren auch die
jährlichen Umzüge der Friedländer Betriebe zum 1. Mai. Die Ab-
schlußkundgebungen zum 1. Mai fanden immer auf dem Marktplatz, verbunden mit einem Appell der Kampfgruppen der Stadt,
statt. Leider wurde aus der alten traditionellen politischen Demonstration zum Ende der DDR eine „freiwillige Pflichtveranstaltung";
nach der Kundgebung zahlten die meisten Betriebe in den letzten
Jahren ein Handgeld an die Teilnehmer, um eine hohe Beteiligung
zu sichern.

Die Kampfgruppen, eine Art bewaffnete Volkswehr, wurden in
den 50er Jahren nach der mitteldeutschen Revolte vom 17. Juni
1951 unter Führung der SED aufgestellt. Träger der Truppen waren
volkseigene Betriebe. Die Friedländer Kampfgruppe befand sich in
der Trägerschaft des VEB Stärkefabrik Friedland.

Trotz Wiederaufbaus des Streckennetzes der MPSB in den Jahren
nach 1945 und die Übernahme der Bahn durch die Deutsche Reichsbahn begann 1959 abermals die stückweise Stillegung von Strecken-
abschnitten. Die Strecke Jarmen–Demmin der MPSB wurde 1959
stillgelegt, 1960 folgte die Strecke Ferdinandshof–Uhlenhorst.

1960 legte die Stadt das Wasserwerk in der Ringstraße still. In Betrieb genommen wurde das neuerbaute Wasserwerk am Riemannweg (jetzt Hagedornstraße). Damit verlor auch der Druckbehälter im Fangelturm seine Bedeutung.

In den Fliesenwerken begann man im gleichen Jahr mit der zusätzlichen Produktion von Tonmehl. Diese neue Produktionslinie verdrängte immer stärker die bis dahin dominierende Rolle des keramischen Produktionsbereiches.

Tontransport in das Fliesenwerk

Der 13. August 1961 ging in die Geschichte der DDR ein als der Tag, an dem die Grenzen zu Westdeutschland und Westberlin durch Stacheldraht und die danach gebaute Betonmauer befestigt wurden. Dies bedeutete für alle Bürger der DDR, auch für viele Friedländer Einwohner, die vollkommene persönliche Trennung von Verwandten und Bekannten, die auf der anderen Seite der gezogenen Grenze lebten. Reisen von und nach Westdeutschland wurden unterbunden. Nur der Briefverkehr hielt die Kontakte zwischen den Menschen noch aufrecht.

1962 erfolgte die Gründung der Meliorationsgenossenschaft „Friedländer Große Wiese". Die alte Hanfröste am Pleetzer Weg wurde im gleichen Jahr umprofiliert, und die Hanfverarbeitung eingestellt. 1969 begann in dem Werk eine Weberei zu produzieren.

1964 mußte sich die Freiwillige Feuerwehr zum Auszug aus dem Gerätehaus am Markt entschließen, weil die Straßenverbreiterung der Max-Rothhand-Straße (heute Riemannstraße) den Abriß eines Teils des bisherigen Feuerwehrgebäudes erforderte. Vorübergehend wurde die Feuerwehr in den Garagen der ehemaligen Werkstatt Grenzdörfer in der Anklamer Straße 4, einer Scheune in der Pasewalker Straße und der Schulungs- und Aufenthaltsraum im Wiegertschen Haus Anklamer Straße 6 untergebracht.

Im April 1964 wurde ein neuer Kindergarten eingeweiht. Er erhielt 1971 den Namen „Freundschaft". Das Haus hatte fünf große Räume, in denen jeweils 25 Kinder betreut werden konnten. Im gleichen Jahr feierte das Friedländer Turnen sein 150jähriges Jubiläum.

1965 erfolgte die endgültige Einstellung des Personenverkehrs der MPSB zwischen Friedland und Uhlenhorst. Die letzte Fahrt wurde am 27. September 1969 anläßlich der 725-Jahr-Feier der Stadt Friedland durchgeführt. Fünf der sechs Lokomotiven verkaufte man gemeinsam mit einigen Wagen ins Ausland. So sang- und klanglos sollte diese einstmals große und dennoch kleine Bahn jedoch nicht verschwinden.

Im August 1966 wurde in der Allendestraße (jetzt Schwanbecker Straße) ein neues Gerätehaus der Freiwilligen Feuerwehr eingeweiht. Das Provisorium in der Anklamer Straße war damit beendet.

Ab Mitte der 60er Jahre wurden die Landwirtschaftsbetriebe durch weitere Zusammenschlüsse flächenmäßig vergrößert und spezialisiert. Dadurch konnte die landwirtschaftliche Produktion bedeutend gesteigert werden. Aber durch den Bau großer Viehzucht- und Mastanlagen sowie den Einsatz chemischer Dünge- und Schädlingsbekämpfungsmittel wurde die Umwelt erheblich belastet.

Die letzte Fahrt der MPSB

Die Friedländer LPG „Karl Liebknecht" begann 1966 mit ihren Nachbar-LPG Kotelow und Sandhagen auf dem Gebiet der tierischen Produktion und 1967 in der Feldwirtschaft zu kooperieren. Dieser Kooperationsgemeinschaft schlossen sich 1967 auch die LPG Lübbersdorf, Klockow und Schwichtenberg an. Sie umfaßte damit sechs LPG mit etwa 7500 ha.

Die bestehende BSG „Empor" bildete sich auf Grund eines Trägerwechsels am 9. Februar 1967 in die BSG „Traktor" um. Sponsoren, die diese Sportgemeinschaft mit erheblichen finanziellen Mitteln ständig unterstützten, waren unter anderen die Zwischenbetriebliche Einrichtung (ZBE) Frischeierproduktion in Bresewitz, die Meliorationsgenossenschaft „Friedländer Große Wiese" und die LPG „Karl Liebknecht".

1967 stellten die Fliesenwerke im alten Werk I die Fliesenproduktion wegen Baufälligkeit der alten Ringöfen ein, ohne daß neue Produktionskapazität geschaffen wurde.

Ende der 60er Jahre wurde die bisherige Warmbadeanstalt neben der Fischerburg umgebaut. Sie beherbergte danach als Teil des städtischen Feierabendheims ältere Bürger der Stadt.

Für die protestantischen Christen in der DDR und damit auch für die Friedländer Kirchgemeinde verband sich mit dem 10. Juni 1969 ein einschneidendes Ereignis. Die Evangelischen Landeskirchen auf dem Gebiet der DDR, darunter auch die Evangelische Landeskirche Greifswald und die evangelisch-lutherische Landeskirche Mecklenburgs, gründeten an diesem Tag den Bund der Evangelischen Kirchen in der DDR (BEK). Mit diesem Schritt endet die Zugehörigkeit dieser rechtlich selbständigen Landeskirchen zur 1948 gegründeten Evangelischen Kirche in Deutschland (EKD).

Die 1970 in der BRD gewählte sozial-liberale Koalition unter Willy Brandt und später unter Helmut Schmidt brachte so manche menschliche Erleichterung für die Deutschen in der DDR. Die Menschen konnten nun wenigsten ab und an zu besonderen Familienfesten in die BRD reisen. Da Geld der BRD ihnen nicht zur Verfügung stand, gingen viele westdeutsche Städte dazu über, den Besuchern aus der DDR ein sogenanntes Begrüßungsgeld auszuzahlen.

Informationen für Besucher aus der DDR

Liebe DDR-Bürgerin,
lieber DDR-Bürger,

die Stadt Nürnberg begrüßt Sie recht herzlich zu Ihrem Besuch in unserer Stadt. Zusammen mit einer Reihe anderer Organisationen hat sich die Stadt Mühe gegeben, Ihnen Aufenthalt so angenehm wie möglich zu gestalten. Dieses Informationsblatt will Ihnen einige wichtige Hinweise geben.

Begrüßungsgeld
Sie erhalten einmal jährlich gegen Vorlage Ihres Ausweises ein Begrüßungsgeld von 100 DM, beim zweiten Besuch nochmals 40 DM (nicht bei der Post).
Folgende Stellen zahlen es aus:
Sozialamt der Stadt Nürnberg, Kirchenweg 56
Amt für Statistik und Stadtforschung, Unschlittplatz 7a
beide Stellen geöffnet montags bis samstags 6.30 bis 16 Uhr und sonntags 8 bis 13 Uhr
Meistersingerhalle, Münchner Str. 21 montags bis donnerstags 6.30 bis 16, freitags bis 18, samstags bis 17 und sonntags 8 bis 13 Uhr
Hauptpost (im Postladebahnhof)
Kundenbüro der VAG im U-Bahnhof Hauptbahnhof, Aufgang zum Handwerkerhof
beide geöffnet montags bis freitags 6.30 bis 18, samstags bis 17 Uhr und sonntags 8 bis 13 Uhr
Bayerische Vereinsbank, Handwerkerhof, täglich 10 bis 13 und 14 bis 18.30 Uhr
Stadtsparkasse, Lorenzer Straße 2, samstags 6.30 bis 15 Uhr
Deutsche Bank, Karolinenstr. 30, samstags 8 bis 16 Uhr
Dresdner Bank, Bischof-Meiser-Str. 2, samstags 8 bis 12 Uhr
Die Dresdner Bank und die Hypo-Bank, Königsstr. 1, zahlen auch während der Woche zu den normalen Öffnungszeiten aus.
Änderungen der Öffnungszeiten bei den Banken sind besonders am Wochenende möglich.

Weitere Angebote
Zusammen mit dem Begrüßungsgeld erhalten Sie eine kostenlose Tageskarte für die öffentlichen Verkehrsmittel in Nürnberg und Fürth. Gegen Vorlage Ihres Ausweises können Sie alle städtischen Museen sowie das Germanische Nationalmuseum, das Verkehrsmuseum und die Burg kostenlos besichtigen. Dies gilt ebenso für den Tiergarten und die städtischen Hallenbäder.

Rat und Hilfe
Das Büro für Bürgerhilfe, Hauptmarkt 18, hat am Samstag und Sonntag zwischen 8 und 13 Uhr geöffnet und bemüht sich, Ihnen bei Problemen weiterzuhelfen. Die Tourist-Informationen am Hauptbahnhof (montags bis samstags 9 bis 20, sonntags geschlossen) und am Hauptmarkt 18 (montags bis donnerstags 9 bis 20, freitags und samstags 9 bis 21 und sonntags 10.30 bis 20 Uhr) stehen ebenfalls zur Verfügung.
Die Caritas hält ihr Haus Obstmarkt 28 montags bis donnerstags zwischen 8 und 17, freitags von 7.30 bis 18 und sonntags von 7 bis 19 Uhr geöffnet.

Übernachtung
Das Bayerische Rote Kreuz, Sulzbacher Str. 42, Tel. 5301279, hat eine Übernachtungsbörse eingerichtet, die Ihnen Zimmerangebote von Nürnberger Bürgerinnen und Bürgern vermittelt. Sie können sich außerdem jederzeit, auch in den Abend- und Nachtstunden an die Bahnhofsmission im Hauptbahnhof wenden.
Beide Stellen vermitteln Ihnen Unterkünfte oder Quartiere, für die Sie allerdings selbst Kissen und Schlafsack mitbringen müssen.
Diese Informationen gelten bis Weihnachten 1989. Sie sind nach bestem Wissen zusammengestellt worden (Stand: 28. November); es besteht jedoch die Möglichkeit, daß aus organisatorischen Gründen Änderungen notwendig werden. Für diesen Fall bitten wir Sie um Ihr Verständnis.

Wir wünschen Ihnen einen guten Aufenthalt.
Stadt Nürnberg

1971 richteten Eisenbahnfreunde und Eisenbahner in Friedland auf dem Großbahnhof in einem Güterwagen der MPSB eine kleine Ausstellung ein. Weiter ließen beherzte Eisenbahner eine noch im Reichsbahn-Ausbesserungswerk Görlitz befindliche, aber defekte Lok und von der Pioniereisenbahn in der Berliner Wuhlheide einen kompletten Personenwagen wieder nach Friedland überführen. Ein gedeckter Güterwagen und zwei weitere Waggons nebst einer Motordraisine konnten in Friedland selbst gerettet werden. Auf einem eigens für die kleine Fahrzeugsammlung eingerichteten Gleis mit Unterstand auf dem Friedländer Bahnhof fanden die Fahrzeuge ihren Platz.

Schon mit Beginn des Jahres 1972 profilierten die staatlichen Organe die Genossenschaftsbetriebe und die Betriebe mit staatlicher Beteiligung zu volkseigenen Betrieben um. Auch die Friedländer PGH wurden in die kommunalen Volkseigenen Betriebe VEB (K) Bau und VEB (K) Dachbau und Rohrisolierung umgebildet. Andere Friedländer Betriebe mit staatlicher Beteiligung wurden selbständige VEB oder man schloß kleinere Betriebe größeren VEB einfach an. Dadurch schränkte der Staat zum Beispiel das Reparaturprogramm im Bauwesen zugunsten von Neubaumaßnahmen unverantwortlich ein. Die Altbausubstanz, teilweise schon die Altneubauten, wurden mehr oder weniger dem Verfall preisgegeben. Bei der Realisierung des Wohnungsbauprogramms zur Lösung des vorhandenen gravierenden Wohnungsproblems zählten in erster Linie Neubauten.

Bei der Verwirklichung dieses Wohnungsbauprogramms zeigten sich die verantwortlichen Baufachleute und Architekten von jeglicher Bindung an örtliche Traditionen frei. Sie bauten ein neues Friedland auf, daß leider größtenteils aus gesichtslosen Neubauten und Plattenbauten bestand. Das gesamte Ratswesen der Stadt wurde in wenig attraktiven Baracken in der Karl-Liebknecht-Straße (ehemals Mühlenstraße) untergebracht.

Auch für die Betriebe anderer Gewerke, ob PGH oder Betriebe mit staatlicher Beteiligung, führte die Umbildung zu einem hohen Maß an staatlicher Reglementierung. Damit wurde die persönliche Initiative der Leiter der Betriebe auf ein Mindestmaß herabgedrückt.

Die Mühlenstraße 1972

Die ehemalige Kaiserstraße 1974

Die Marienkirche 1972

Letztendlich führte dies zu einem stetigen Niedergang der Wirtschaftlichkeit der nunmehr volkseigenen Betriebe. Dazu kam ein immer stärker werdender Materialmangel auf allen Gebieten von Produktion und Bauwesen.

1974 nahm in der ehemaligen Hanfröste, jetzt in VEB Plakotex umbenannt, eine Rundstrickerei ihre Arbeit auf.

Am 8. Dezember 1975 wurde die neuerbaute Poliklinik mit Apotheke in der Allendestraße (jetzt Schwanbecker Straße) eröffnet. Das alte Landambulatorium am August-Bebel-Platz blieb weiterhin in Betrieb. Und im gleichen Jahr öffnete das neue großzügig angelegte Schwimmbad an der Woldegker Chaussee als „Zentrum der aktiven Erholung" zur Nutzung für die Bevölkerung.

Am 1. Januar 1976 erfolgte die Gründung der LPG Tierproduktion in Friedland und am 23. Juni 1976 der Agrar-Industrie-Vereinigung (AIV). Die einzelnen bestehenden volkseigenen Baubetriebe wurden ebenfalls in diesem Jahr zusammengeschlossen. Daraus entstand der VEB (K) Bau Friedland in der Anklamer Straße.

1977 entstand die 1. Frauen-Brandschutzgruppe der Friedländer Freiwilligen Feuerwehr. Sie erreichte bei Ausscheiden oft vordere Plätze. Ihre hauptsächliche Aufgabe bestand in Brandschutzkontrollen.

Zu Ehren Carl Leuschners wurde 1978 in Roga bei Friedland ein Gedenkstein eingeweiht. Und im gleichen Jahr gelang es endlich, die nach Schwerin ausgelagerten Teile der Friedländer Kirchenbibliothek aus dem staatlichen Besitz wieder in kirchliches Eigentum zurückzuführen.

Am 23. März 1978 fanden sich 18 sangesfreudige Erzieherinnen der Friedländer Kindereinrichtungen zusammen und gründeten den Friedländer Frauenchor. Walter Streblow übernahm die Leitung des Chores.

Die Kinderkombination in der Rudolf-Breitscheid-Straße öffnete am 18. September 1978 ihre Pforten. Es war eine kombinierte Einrichtung Krippe und Kindergarten. Damit gab es in Friedland eine weitere Möglichkeit der Betreuung der Kinder arbeitender Mütter.

In der alten Friedländer Wassermühle arbeitete noch bis zum Jahr 1978 ein Mischfutterwerk der Friedländer LPG. Danach wurde bis 1987 noch in der Mühle geschrotet.

1980 stellte der VEB Plakotex seinen Webereibetrieb wieder ein. Dafür installierte man im Zuge einer neuen Umprofilierung Automaten zur Herstellung von Damenhygieneartikeln. Die Zuckerfabrik beendete im gleichen Jahr die Produktion von Rohzucker. In diesem Betrieb erfolgte die Umstellung auf die Herstellung von Dicksaft, der in Prenzlau und Anklam zu Zucker weiterverarbeitet wurde. Ein Großfeuer vernichtete große Teile des VEB Holzbau Neubrandenburg, Werk II Friedland im Bauersheimer Weg, dem ehemaligen Grundstück des Baugeschäfts Kreienbring.

Die Fliesenwerke errichteten von 1977 bis 1984 ein Werk III am Pleetzer Weg. Hier stellte man ausschließlich Tonmehl und Tonmehlprodukte her. Die lange Dauer des Neubaus deutete auf zahlreiche Probleme hin, die mit dem Aufbau des Werkteils und der Entwicklung der neuen Produkte verbunden waren.

1984 wird das Neubrandenburger Tor von der staatlichen Bauaufsicht endgültig für den Öffentlichkeitsverkehr gesperrt. Bereits 1981 erwarb der Rat der Stadt vorsorglich eines der ältesten Wohnhäuser der Stadt, das sogenannte „Kaehlersche Haus" in der Karl-Liebknecht-Straße 1 (heute wieder Mühlenstraße). In mühevoller Kleinarbeit wurde dieses Haus von Handwerkern und ehrenamtlichen Helfern unter der Leitung des damaligen Museumsdirektors Karl Spietz saniert. Am 4. Oktober 1984 zog das Museum in sein neues Zuhause ein.

1985 integrierte man auch die LPG Tierproduktion Friedland in die AIV.

Am 6. Dezember 1986 brach einer der Stapelteiche der Stärkefabrik an der Chaussee nach Bresewitz. Die Umweltschäden waren verheerend. Die Schwanbecker Chaussee wurde teilweise weggespült.

Die Friedländer Wassermühle stellte am 1. September 1987 der Rat des Kreises Neubrandenburg unter Denkmalschutz.

Gegen Ende der 80er Jahre wuchs in Friedland der Unmut und die Unzufriedenheit unter allen Bevölkerungsschichten über die wirtschaftliche Abwärtsentwicklung und die allgemeine politische Entwicklung in der DDR. Auch die Abgrenzung gegenüber Staaten mit einer anderen Gesellschafts- und Wirtschaftsordnung stieß auf zunehmende Ablehnung.

Bereits im Herbst 1987 äußerten Friedländer Bürger auf selbstgefertigten Flugblättern ihre Unzufriedenheit mit den hiesigen Verhältnissen. Dies wurde fortgesetzt durch eine Friedländer Rockmusikgruppe mit selbstgedichteten und vertonten Liedern. Die Folgen waren Geldstrafen, Auftrittsverbote und andere Repressalien.

1988 stecken spielende Kinder die gerade rekonstruierte Oberschule II in Brand.

Auf Initiative des Rates der Stadt fand vom 10. bis 16. Dezember 1988 der 1. Friedländer Weihnachtsmarkt auf dem Marktplatz statt. Viele Friedländer fanden den Weg zum Marktplatz. Der Markt zog wieder Käufer und Verkäufer aus nah und fern an.

1989 begann die Marktbebauung an der Max-Rothhand-Straße (ehemals Kaiserstraße), Rudolf-Breitscheid-Straße (ehemals Königsstraße), Turmstraße und Am Markt. Dabei versuchte man endlich von der üblichen eintönigen Plattenbauweise abzugehen durch das Einflechten von auflockernden Elementen.

Dieses Jahr war auch das Jahr des Endes der Rekonstruktion des Stadtkulturhauses am Wall. Diese Rekonstruktion dauerte viele Jahre.

Für die Ausführung der Arbeiten fehlten ständig die notwendigen Investitionsmittel. Außerdem behinderte die schlechte Materiallage in der Wirtschaft die Arbeiten, so daß der Umbau nur unter großen Anstrengungen unter Leitung des VEB (K) Bau Friedland vollendet werden konnte. Trotzdem war das Stadtkulturhaus vor und nach dem Umbau immer der kulturelle Mittelpunkt der Stadt. Viele schöne und gut besuchte Veranstaltungen erfreuten die Friedländer in diesem Haus.

Am 18. Oktober 1989 trat der langjährige Vorsitzende des Staatsrates der DDR Erich Honnecker von allen seinen Ämtern zurück. Auch die gesamte Regierung unter Ministerpräsident Willi Stoph trat zurück. Neuer Ministerpräsident wurde Hans Modrow.

Eine starke Gruppe von über zwanzig Jugendlichen hatte sich vorbereitet, 1989 über Ungarn in den westlichen Teil Deutschlands, die Bundesrepublik Deutschland (BRD), aufzubrechen. Einberufungsbefehle zur Nationalen Volksarmee (NVA) und die Unvorsichtigkeit eines bereits einberufenen Jugendlichen dieser Gruppe ließen alle Pläne scheitern.

Bei einer Nacht- und Nebelaktion schaffte es der Rest der Gruppe aber doch, einen Tag vor der Sperrung der deutsch-tschechischen Grenze über Prag nach Westdeutschland zu flüchten. Die Eltern der Jugendlichen bangten tagelang um ihre Kinder, die über Nacht verschwunden waren.

Analog zu dieser Entwicklung organisierten die Friedländer Frauen Beate Schulz und Ute Nietosdatek, beide Mitglieder der LDPD in der DDR, mit anderen Frauen in Zusammenarbeit mit dem evangelischen Landessuperintendenten Herrn Winkelmann die Friedensgebete in der Friedländer St. Marienkirche. Durch das Pastorenehepaar Gebser aus Schwichtenberg, Pastor Schröder aus Schönbeck, den katholischen Pfarrer Eberlein aus Friedland, Herrn Döblitz aus Staven und durch die Aktivitäten der Frauen Fehland, Schulz und Nietosdatek sowie Herrn Haake wurden die Friedensgebete 1989 zur Demonstration vieler Friedländer gegen die entstandene Entwicklung in der DDR.

Diese Friedensgebete mit anschließender Diskussion und Demonstration durch die Stadt mit brennenden Kerzen besuchten die Friedländer Bürger oft so zahlreich, daß die Räume der St. Marienkirche nicht ausreichten. Es mußten Lautsprecher aufgestellt werden, um alle am Geschehen in der Kirche teilhaben zu lassen. Bei einer dieser Veranstaltungen wurden zum Beispiel mehr als 2500 Personen gezählt.

Da die SPD in Friedland eine große Tradition besaß, aber seit dem Zusammenschluß von SPD und KPD 1946 in der DDR nicht mehr existierte, hatten sich schnell wieder 150 Interessenten, vor allem junge Bürger, zusammengefunden. Sie gründeten zunächst einen Interessenverband. Hans Preininger, der spätere Bürgermeister Friedlands von 1990 bis 1992, war maßgeblich an diesem Geschehen beteiligt.

Um den noch illegalen Zusammenschluß zu ermöglichen, stellte die damalige PGH Kraftfahrzeuge vom Besendahlweg (ehemals Firma Schnak) dem neugegründeten Verband die Räume des Autoreparaturstützpunktes zur Verfügung. Später wurden die Veranstaltungen in den Räumen der Winterkirche von St. Marien durchgeführt.

Das Jahr 1989 wurde zum Jahr echter demokratischer Veränderungen. Viele glaubten oder hofften, die DDR werde in reformierten Form weiterbestehen. Aber die Zeichen der Zeit gingen in Richtung Vereinigung der beiden deutschen Staaten.

Die Zeit war so bewegt, daß nicht alle Ereignisse aufgeführt werden können. Jeden Tag gab es Neuigkeiten in der Republik und auch in anderen Ländern Osteuropas. So traten nacheinander in Polen, Ungarn, der Tschechoslowakei, Bulgarien und Rumänien die bisherigen sozialistischen Regierungen zurück.

Am Abend des 9. November 1989 wurde auf einer Pressekonferenz in Berlin verkündet: „Privatreisen nach dem Ausland können ohne Voraussetzungen beantragt werden. Ständige Ausreisen können über die Grenzübergangsstellen der DDR zur BRD beziehungsweise Berlin-West erfolgen." Nach 28 Jahren konnten auch viele Friedländer ihre Verwandten und Bekannten in der BRD wieder ungehindert besuchen.

Die ersten freien Volkskammerwahlen in der DDR fanden am 18. März 1990 statt. Stolzer Gewinner war damals die CDU. Sie stellte den Ministerpräsidenten Lothar de Maiziere. Danach gab es deutsch-deutsche Gespräche über die vertragliche Ausgestaltung der Vereinigung beider deutscher Staaten. Im Ergebnis dieser Verhandlungen unterzeichneten die Unterhändler der DDR und der BRD am 31. August 1990 den ausgearbeiteten Einigungsvertrag. Er regelte unter anderem die Wiederherstellung der alten Länder in der DDR. Dadurch entstand auch das Land Mecklenburg/Vorpommern wieder. Außerdem legte er die Privatisierung der ehemals volkseigenen Betriebe durch eine zu bildende Treuhandanstalt fest.

Am 26. April 1990 fanden die ersten Kommunalwahlen nach der politischen Wende in der DDR statt. Als Bürgermeister der Stadt wurde Hans Preininger (SPD) gewählt.

Ab 1. Juli 1990 ist die Deutsche Mark der Bundesrepublik Deutschland nur noch alleiniges Zahlungsmittel in ganz Deutschland. Viele gesetzliche Bestimmungen wurden zu diesem Zeitpunkt bereits von der Bundesrepublik übernommen.

Schließlich traten am 3. Oktober 1990 zum Abschluß dieser Entwicklung die neu gebildeten Länder der DDR der BRD bei. Die DDR war von der Landkarte verschwunden.

5.5. Der Neubeginn 1990

Der Zusammenbruch der DDR war ein Staatsbankrott. Da aber gleichzeitig der gesamte ehemalige Ostblock zusammenbrach, hatten auch die Erzeugnisse der DDR-Industrie schon bald keinen Markt mehr. Firmen brachen reihenweise zusammen. Wo westliches Management einzog, setzte eine drastische Gesundschrumpfung der Betriebe ein. Offen entwickelte sich eine rasant steigende Arbeitslosigkeit.

Am 14. Oktober 1990 fanden nach über 40 Jahren wieder Landtagswahlen statt, nach denen dann die Landesregierungen gebildet werden konnten. Auf dem Gebiet der ehemaligen DDR entstanden fünf neue Bundesländer, eines davon ist Mecklenburg/Vorpommern.

Mecklenburg-Vorpommern hatte zu Beginn der tiefgreifenden gesellschaftlichen, wirtschaftlichen und staatlichen Veränderungen, die seit 1990 vollzogen wurden, in mehrfacher Hinsicht extreme und vielfach ungünstige Ausgangspositionen. Im Vergleich zu den anderen neuen Bundesländern war der Anteil der in der Land- und Forstwirtschaft beschäftigten am höchsten und der im verarbeitenden Gewerbe tätigen am geringsten, die Arbeitslosenquote dagegen am höchsten.

Zum Teil große soziale Probleme als Folge davon führten zu tiefer Enttäuschung bei den Menschen nach der ersten Begeisterung über die Einheit Deutschlands. Die „blühenden Landschaften", die im Wahlkampf 1990 versprochen wurden, ließen auf sich warten. Das Hochgefühl und die Aufbruchstimmung vieler Bürger um die Jahreswende 1990 verdrängten Emotionen, die als Schwanken zwischen Hoffnung und Verunsicherung bezeichnet werden konnten. Die Geburtenraten hatten einen enormen Rückgang zu verzeichnen. Im Jahre 1992 wurden in Friedland nur 48 Kinder geboren.

Auch der Friedländer wirtschaftliche Glanz verblaßte ab 1990 zunächst völlig. Wirtschaftlich wurden nach der Vereinigung der beiden deutschen Staaten viele einheimische Betriebe stillgelegt oder so umprofiliert, daß von einer starken wirtschaftlichen Kraft Friedlands keine Rede mehr sein konnte. Die meisten größeren Betriebe wurden einer nach dem anderen „abgewickelt", das heißt aufgelöst.

Die Stärkefabrik hat am 15. Juli 1991, die Zuckerfabrik am 30. Juni 1991, die Molkerei am 30. Juni 1991 und viele andere Friedländer Firmen haben ebenfalls nach 1990 ihre Produktion eingestellt. Andere Betriebe nahmen völlig neue Strukturen an.

So erfolgte 1990 die Umwandlung des ehemaligen volkseigenen Betriebes Fliesenwerke in das Industriemineralwerk GmbH. Die Fliesenproduktion im Werk II wurde wegen mangelnder Rentabilität im Mai 1990 eingestellt. In den Jahren der DDR waren keine Investitionen in die Erneuerung der technischen Ausrüstung dieses Betriebes durchgeführt worden.

Teilweise, wie bei der Stärkefabrik an der Salower Chaussee und einem Teil der alten Fliesenwerke, planierte man später die Gebäude und Anlagen. Sie wurden dem Erdboden gleichgemacht. Die Nebenbahn nach Neubrandenburg lebt zur Zeit fast ausschließlich vom Schrott-Transport von Friedland aus.

Nachdem in Friedland viele Industriebetriebe geschlossen wurden, befand sich die städtische Wirtschaft in einem schwierigen Umstrukturierungsprozeß. Der Marktwirtschaft standen die Menschen oft skeptisch und teilweise hilflos gegenüber.

Vor dem im Oktober 1992 neugewählten Stadtparlament und dem seither an der Spitze der Stadt stehenden parteilosen Bürgermeister Wilfried Block stand also eine große und sehr schwierige Aufgabe.

Es entstanden Mitte der 90er Jahre zunächst zunehmend neue kleine mittelständische Betriebe. Bereits 1993 waren in Friedland wieder 208 Gewerbetreibende registriert.
Aber die Ansiedlung von Industrie und mittelständischen Unter-

nehmen blieb und bleibt Sorgenkind der Stadt. Gleichzeitig empfingen in der Stadt 1993 660 Menschen Arbeitslosengeld, 56 Familien oder Einzelpersonen lebten von Sozialhilfe.

Die Einwohnerzahl Friedlands sank von 1989 mit 8369 Einwohnern auf 8079 Einwohner im Jahr 1993.

Nach dem Niedergang der Friedländer Industrie und der Verarbeitung von landwirtschaftlichen Produkten mußten und müssen neue Wege gefunden werden zur Schaffung von Arbeitsplätzen. Unübersehbar sind bereits die Veränderungen, die unser Stadtbild prägen. Sie lassen ein Aufblühen der Stadt in naher Zukunft erahnen.

Nach 1990 wurde der Wochenmarkt wieder jeden Mittwoch zum festen Bestandteil des Friedländer Handels auf dem traditionsreichen Boden des alten Marktplatzes.

1991/92 wurde in der Pasewalker Straße auf dem ehemaligen Poggenpuhl eine neue Neuapostolische Kirche erbaut.

Und die Friedländer Geschichte mit ihrem ständigen Auf und Nieder, mit vielen Kriegswirren und den daraus entstandenen materiellen und moralischen Schäden, mit vielen Bränden und Trümmern zeigt, wie die Friedländer in all den Jahrhunderten durch Fleiß, Solidarität und Nächstenliebe weitaus schwierigere Zeiten gemeistert haben. Die kommenden Jahre werden zeigen, ob der eingeschlagene hoffnungsvolle Weg für unsere schöne Stadt Friedland das bringt, was er bis hierher verspricht. Kommende Chronisten werden darüber zu berichten wissen.

Kaiserstraße

Spritzenprobe auf dem Markt

Blick über den Wassermühlenwall

Blick in die Kaiserstraße

Anhang 1

Das Stadtwappen der Stadt Friedland

Das ursprüngliche Stadtwappen, daß der Stadt Vredeland anläßlich der Gründung der Stadt übergeben wurde, zeigte nach Angaben der alten „Chronik der Stadt Friedland" von Rektor Simonis aus dem 18. Jahrhundert:

- im Schild einen schwarzen Büffelkopf mit goldener Krone und goldenem Ring in der Nase auf rotem Feld,
- auf einem Helm einen roten Turm mit drei Zinnen,
- darunter einen schwarzen Doppeladler,
- neben dem Adlerschild zwei geharnischte Gestalten, die Markgrafen Johann I. und Otto III., die in der einen Hand ein Schwert und in der anderen Hand einen Spieß halten.

Dieses Wappen soll sich nach Angaben von Simonis bis zum Beginn des 18. Jahrhunderts, bis zum großen Brand im Jahre 1703, am alten Friedländer Rathaus befunden haben. Bei der Renovierung und Verzierung des Rathauses im Jahre 1728 wurde es - so Simonis - wieder am Rathaus angemalt.

Im Laufe der Zeit veränderte und modifizierte man das Stadtwappen oft. So zeigt eine weitere Version aus dem 18. Jahrhundert im Schild statt des brandenburgischen Adlers den mecklenburgischen Büffelkopf mit goldenem Ring in der Nase.

Auch in den folgenden Jahrhunderten sieht man andere Abbildungen, modifizierte Darstellungen des Friedländer Stadtwappens.

Das älteste bekannte Stadtsiegel aus dem Jahre 1343 zeigt bereits einen doppelten Mauerboden, der nach unten in der wachsenden Lebenslilie ausläuft.

Auf dem Mauerbogen stehen drei gezinnte rote Türme als Sinnbild für die befestigte Stadt mit ihren ehemals drei Stadttoren. Der mittlere Turm ist höher, breiter und gerautet. Er wird von einer Mauerplatte mit fünf Zinnen gekrönt. Diese sind durch Streben gestützt.

Die beiden niedrigen Seitentürme haben je ein Wachfenster oder Turmtor und je eine Mauerplatte mit vier Zinnen. Unter der Lebenslilie steht ein silberner Dreiecksschild mit einem roten Adler in der Mitte.

Links und rechts vom Schild unter je einem Mauerbogen befinden sich die Brustbilder der beiden Markgrafen Johann I. und Otto III., bekleidet mit einem Schuppenpanzer, mit Lockenhaar und einer Sturmkappe als Kopfbedeckkung.
Die rechte Figur hält in der rechten Hand ein Schwert und in der linken Hand eine Lanze.

Die linke Figur hält in der rechten Hand ebenfalls ein Schwert, in der linken Hand aber eine Standarte.

Die Umschrift lautet: *SIGILLUM: BURGENSIUM:DE:FRIDELAN*
Dieses Siegelbild ist seit dem Anfang des 19. Jahrhunderts identisch mit dem Stadtwappen der Stadt Friedland.

Auf Grund eines Beschlusses der Stadtvertretung der Stadt Friedland vom 18. März 1998 wird das derzeit gültige Stadtwappen für die Stadt wie folgt beschrieben:
„In Silber ein doppelter roter Mauerbogen, der im Schnittpunkt unten in eine Lilie ausläuft, mit drei roten Türmen, von denen der mittlere eine durch Streben gestützte Mauerplatte

mit fünf Zinnen trägt, die niedrigeren Seitentürme je ein Fenster und je eine Mauerplatte mit vier Zinnen haben; darunter die Brustbilder zweier blauer Geharnischter mit goldener Helmspange und goldenem Gurt, der zur Rechten in der rechten Hand ein silbernes Schwert mit goldenem Griff und in der linken Hand eine goldene Lanze mit silberner Spitze, der zur Linken in der rechten Hand ein silbernes Schwert mit goldenem Griff und in der linken Hand eine goldene Fahnenstange mit silberner Spitze und einer quergestreiften rot-weißen Fahne, zwischen den Geharnischten ein gotischer Schild, darin in Silber ein roter Adler."

Die neue Stadtfahne wird in diesem Beschluß so gekennzeichnet: „Die Flagge ist gleichmäßig längsgestreift von Rot und Weiß. In der Mitte liegt auf jeweils zwei Drittel der Höhe des roten und des weißen Streifens übergreifend das Stadtwappen. Die Länge des Flaggentuchs verhält sich zur Höhe wie 5 zu 3."

Anhang 2

Bürgermeister der Stadt

um 1600	Joachim Tiede
?	Achim Brettschneider
um 1637 ... 1647	Joachim Piseler
um 1676	Albert Schulze
bis 1698	Elias Pippow (gestorben 14. Juli 1698)
um 1703	Joachim Schulz (gestorben 9. Februar 1710) Mathias Piseler
?	Zizow
um 1708 ...1714	Joachim Spiegelberg (gestorben 21. Oktober 1717)
um 1728	Johann Mestelin
?	?
um 1796	Hofrat Berlin
?	?
1824 bis 1835 (?)	Schröder (gestorben 1868)
1835 bis 1849 (?)	Martin Jacob Samuel Besendahl (gestorben 1849)
1850 bis 1874	Karl Ludwig Berlin (1874 Amt niedergelegt)

18. 3.187 bis 9. 3.1905	Rat Hermann Voß
um 1909 bis 1921	Max Bruhns
1921 bis 1933	Dr. Werner
1933 bis 1942 (?)	Heinrich von Stuckradt
1942 (?) bis 1945	Wiedermann
Mai 1945	Studienrat Schröder
15. 5. 1945 bis September 1945	Herbert Schwebs
September 1945 bis 1948	Willi Geist
1948 bis 1956	Hans Peters
1956 bis 1957	Fritz Berndt
1957 bis 1959	Kurt Flögel
1959 bis 1963	Alfred Tesch (gestorben 8.4.1963)
1.9.1963 bis 20.8.1986	Kurt Hahn (ausgeschieden 65. Lebensjahr)
August 1986 bis 30.6. 1990	Fred Asmus
1.7.1990 bis 1992	Hans Preininger (1992 Ruhestand)
ab Oktober 1992	Wilfried Block

Anhang 3

Rektoren der Gelehrtenschule, des Realreformgymnasiums und des Gymnasiums

(ab 1570 Entwicklung einer Gelehrtenschule aus einer etwa seit 1337 bestehenden Universalschule mit Lateinschulanteil)

rector scholae:

1575	Michael Martens (gestorben 1578)
1578 – 1580	Nikolaus Kasseburg
1580 – 1582	Magister Markus Wasserhuhn (gestorben 1583)
1582 – 1584	Jakob Möller (ab 1584 Prediger, gestorben 1603)
1589 –1599	Martin Bartcke (gestorben 1599)
1600 – 1631	Magister Samuell Mumm (gestorben 1631)
1631	Magister Johannes Cremon (gestorben 1644)
1644 – 1650	Baccalaurus Christian Gurius
1650 – 1667	Dr. Johann Zeisos (gestorben März 1667)
1667 – 1672	Gregor Ristner (1672 Rektor in Anklam)
1672 – 1676	David Schultze (gestorben 22.5.1676)
1676 – 1695	Joachim Schulze
1695 – 1714	Magister Jacobus Herold
29.11.1714 – 1715	Samuel Henricus Bartholdi
1715 – 8.6.1718	- ohne Rektor –
1718 – 1746	Enoch Friedrich Simonis
1746 – 1758	David Bernhard Röhl
1758 – 1775	Johann Ernst Sprengler
1775 – 1797	Heyn
1797 – 1828	Prof. Dr. phil. Peter Wegner (Ostern 1828 wegen Krankheit Amt niedergelegt)
1828 – 1830	J. C. Hahn
1830 – 1831	J. C. C. Heinrichs – ad interim –
1831 – 1836	Johann Eduard Voß

1836 – 1842   Prof. Dr. phil. Hermann Schmidt
1842 —   ?   Prof. Unger
  ?   — 1875   Dr. phil. Fritz Steinhausen

(Dezember 1881 Erhebung der Gelehrtenschule zum humanistischen Gymnasium)

1875 – 1882   Dr..phil. Julius Stange
Michaelis1882 –
2.1.1907   Dr. phil. Karl Ubbelohde
1907   Konrektor Prof Marx - ad interim
1907 – 1928   Dr. phil. Philipp Illmann

(1926 Umwandlung des humanistischen Gymnasiums durch Zusammenlegung mit der höheren Mädchenschule zum Reformrealgymnasiums)

1928 – 1933   Oberstudienrat Johannes Portmann
1933 – 1945   Oberstudienrat Richard Schreckhas

(1945 versank die schola fridlandensis mit den Trümmern des Dritten Reiches)

(mit dem Schuljahr 1991/92 wurde ein neues Gymnasium eröffnet, das nach vierjähriger Planungs- und Bauzeit 1996 im Neubau am Hagedorn ein endgültiges Domizil fand)

ab 1991   Wolfgang Barthel

Anhang 4

Friedländer evangelische Prediger

1525	Henning Krukow
1532	Georg Behrenfeld
1535	Lucas
1536	Fabian Wegner
	Jacob Glaser
	Joachim Klingenberg
	(gestorben 29.11.1581)
	Gregorius Jentzkow
	(gestorben 1581 an der Pest)
1581 – 1584	Johannes Schmidt
1582 – 1583	Marcus Wasserhuhn
1584 – 1601	Andreas Löper
1584 – 1603	Jacob Möller
1591 – 1603	Andreas Westphal
1600 – 1634	Heinrich Bisenthal
1602 – 1606	Nicolaus Guttan
1604 – 1638	Christian Böckeler
1606 – 1626	Peter Bernhardi
1627 – 1636	Ulrich Prenger
1635 – 1652	Johannes Wittstock
1636 – 1638	Heinrich Schivenhövel
1639 – 1651	Franz Meyen
1641 – 1667	Friedrich Böckeler
1653 – 1666	Franz Clinge
1653 – 1687	Johannes Pistorius
1667 – 1677	Caspar Lupelow
1668 – 1690	Ludwig Gerhard
1680 – 1727	Hiob Hartmann
1687 – 1726	Johannes Pistorius
1692 – 1704	Albert Clinge
1707 – 1755	Joachim Gottfried Schultz
1723 – 1764	Gottfried Joachim Rudolphi
1727 – 1744	Friedrich Schultz
1745 – 1764	Joachim Erasmus Pistorius

1757 – 1770	Johann Georg Wilhelm Thiele
1757 – 1786	Polykarp Gottfried Rudolphi
1765 – 1793	Adolf Ludwig Karl Göden
1771 – 1818	Johann Joachim Daniel Spiegelberg
1786 – 1838	Johann Gottlieb Polykarp Rudolphi
1794 – 1834	Johann Gottlieb Lawrenz
1819 – 1855	Johann Karl Konrad Heinrichs
1835 – 1872	Heinrich Arminius Riemann
1839 – 1877	Gustav Friedrich Christian Horn
1856 – 1907	Karl Bossart
1872 – 1905	Achim Mayer
1878 – 1926	Gerhard Plenz
1907 – 1950	Friedrich Kuhblanck
1928 – 1929	Johannes Will
1929 – 1934	Hans-Heinrich Fölsch
1936 – 1937	Hermann Blankerts
1937 – 1939	Erich Heß
1941 – 1945	Johannes Kuhlmann
1939 – 1948	Waldemar Schumacher
1950 – 1958	Gotthard Stegen
1948 – 1955	Friedrich Jonath
1956 – 1966	Timm Roland
1958 – 1963	Gerhard Bergold
1963 – 1975	Joachim Hübner
1967 – 1972	Arnold Zarft
1973 – 1988	Eckhard Neumann
1985 – 1988	Ingeborg Neumann
1991 – 1995	Hans Gernert
seit 1990...	Thomas Waack

Anhang 5
Friedländer katholische Prediger

Ab ca. 1295 bis 16. Jahrhundert war Friedland Sitz des bischöflich-
havelbergischen Propstes

..1290..1295...	Propst Nikolaus zu Friedland
.. um 1525...	Heinrich Hasse
..1525 – 1527	Liborius Schwichtenberg

Herbst 1891 Neugründung der katholischen Gemeinde

1912 – 1920	Paul Müscher
1920 – 1950	Karl Nawrath
1950 – 1980	Heinrich Kruse
1980 – 1985	Josef Marquard
1985 – 1990	Horst Eberlein
1990 – 1994	Manfred Sturm
ab 1994	Anton Beer

Anhang 6
Stammtafel des mecklenburgischen Fürstenhauses

Stammtafel
des mecklenburgischen Fürstenhauses.

(Es sind nur die männlichen Mitglieder aufgenommen. Regierende Fürsten sind durch Sperrdruck kenntlich gemacht.)

Niklot, um 1130 Fürst der Obotriten, † 1160.   Lubimar.

Pribislaw.   Wertislaw.   Prislaw.
1167—1179.   † 1164.

Heinrich Burwy I.   Nikolaus, Fürst zu Rostock.
1179—1227.   † 1201.

Heinrich Burwy II.   Nikolaus.
† 1226.   † 1225.
          Landesteilung um 1230/35 zwischen Heinrich Burwys I. vier Enkeln (S. 77).

Johann I.,   Nikolaus,   Heinrich Burwy III.,   Pribislaw I.,
Herr zu Mecklenburg. Herr zu Werle.   Herr zu Rostock.   Herr zu Parchim.
† 1264.   † 1277.   † 1278.   † um 1265.
                    Das Haus Werle   Das Haus Rostock   Das Haus Parchim
                    besteht bis 1436. besteht bis 1314.   besteht bis 1281.
                    S. 135.   S. 109.   S. 93.

Heinrich I., der Pilger.   Albrecht I.   Nikolaus.   Poppo.   Johann.   Hermann.
1264—1302.   † 1265.   † 1289.   † 1299.

Heinrich II., der Löwe.   Johann.
1302—1329.   † 1289.
(Er erwirbt Rostock und
Stargard.)

Albrecht II., der Große,   1348 Mecklenburg Herzogtum.   Johann I.,
Herzog von   1352 Landesteilung in Mecklen-   Herzog von
Mecklenburg-Schwerin.   burg-Schwerin und Mecklenburg-   Mecklenburg-
1329—1379.   Stargard.   Stargard.
(Während seiner Unmündigkeit   S. 113. 114.   1352—1392.
bis 1336 führt für ihn Graf   Das Haus Star-
Heinrich III. von Schwerin die   gard erlischt 1471
Regierung. Albrecht erwirbt   mit Ulrich II.
die Grafschaft Schwerin.   S. 136.
S. 114 f.)

Heinrich III., der Henger.   Albrecht III.,   Magnus I.
1379—1383   König in Schweden 1364—1389.   1379—1384.
                            Gefangen in Schweden 1389—1395.
                            Herzog von Mecklenburg 1395—1412.

Albrecht IV.   Erich.   Albrecht V.   Johann IV.
1383—1388.   † 1397.   1412—1423.   1384—1422.

                              Heinrich IV., der Dicke.   Johann V.,
                              1412—1477.   Mitregent.
                              (Für ihn führt während   † 1442.
                              seiner Unmündigkeit bis
                              1436 seine Mutter Katha-
                              rina die Regierung. Hein-
                              rich erwirbt Wenden und
                              Stargard.)

Albrecht VI.   Johann.   Magnus II.   Balthasar,
1477—1483.   † um 1474.   1477—1503.   Mitregent.
                                          † 1507.

Heinrich V., der Friedfertige.   Erich,   Albrecht VII., der Schöne.
1503—1552.   Mitregent.   1503—1547.
                                          † 1508.

Magnus.   Philipp.   Johann   Ulrich,   Georg.   Christoph.   Karl,
† 1550.   † 1557.   Albrecht I., 1555—1603.   † 1552. † 1592.   1603—1610.
                     1547—1576.   in Güstrow.   in Güstrow.
                     Bis 1555 in
                     Güstrow,
                     dann in
                     Schwerin.

                     Johann VII.,   Sigismund August.
                     1576—1592 in Schwerin. † 1600.
                     (Für ihn während seiner
                     Unmündigkeit bis 1585 sein
                     Güstrower Oheim.)

Adolf Friedrich I.,   Für beide Herzöge während ihrer Unmündig-   Johann Albrecht II.
von   keit bis 1608 ihr Güstrower Großoheim   von
Mecklenburg-Schwerin.   Karl.   Mecklenburg-Güstrow.
1592—1658.   (1611) 1621—1636.
                            Landesteilung 1611. (S. 192 ff.)

Christian I.   Karl.   Johann   Gustav   Friedrich   Adolf Friedrich II.   Gustav Adolf.
(Louis).   † 1670. † 1675. Rudolf. † 1688.   von   1636—1695.
1658—1692.   † 1670.   Mecklenburg-Strelitz.   (1701 Hamburger Ver-
                                                      1701—1708.   gleich. S. 240 ff.)

Friedrich   Karl Leopold.   Christian   Adolf Friedrich III.   Karl Ludwig Friedrich.
Wilhelm.   1713—1747.   Ludwig II.   1708—1752.   † 1752.
1692—1713.   1747—1756.

Friedrich   Ludwig.   Adolf Friedrich IV.   Karl.
1756—1785.   † 1778.   1752—1794.   1794—1816.

                               Friedrich   Georg.   Karl.
                               Franz I.   1816—1860.   † 1837.
                               1785—1837.

Friedrich Ludwig.   Gustav.   Karl.   Adolf.   Friedrich   Georg.
† 1819.   † 1851.   † 1833. † 1831. Wilhelm.   † 1876.
                                                1819—1904.

Paul Friedrich.   Albrecht.   Magnus.   Adolf   Nikolaus.   Georg   Karl
1837—1842.   † 1834.   † 1816.   Friedrich V. † 1854.   Alexander.   Michael.
                                                1904—1914.   † 1909.

Friedrich Franz II.   Wilhelm.   Adolf   Karl Borwin.
1842—1883.   † 1879.   Friedrich VI. † 1908.
                                                1914—1918.

Friedrich Franz III.   Paul   Nikolaus. Johann   Alexander. Friedrich   Adolf   Heinrich.
1883—1897.   Friedrich.   Albrecht. † 1859.   Wilhelm.   Friedrich.
                                                                   † 1897.

Friedrich Franz.   Christian Ludwig.
Friedrich Franz IV. (Für ihn während seiner Unmündigkeit bis 1901 sein Oheim Johann Albrecht.)

Friedrich Franz IV., welcher vom Februar bis November 1918 in Strelitz die Regentschaft führte, mußte am 16. November d. J. für beide Mecklenburg abdanken.

Quellennachweis

Enoch Friedrich Simonis
„Vorhandene Nachricht von der im Stargardischen Kreyse des
Herzogthum Mecklenburg belegenen Stadt Friedland"
Heinrich E. Dobberstein, Neubrandenburg 1739
(Nachdruck Hubert + Co., Göttingen 1985)

Dr. Werner Reinhold
„Chronik der Städte Friedland, Neubrandenburg und Woldegk"
Teil 1
Anklam 1838 (Fotokopie)

Pastor Achim Mayer
„Chronik der Stadt Friedland"
Neustrelitz 1896 (Fotokopie)

Klaus-Dieter Albrecht
„Friedländer Münzprägung im Mittelalter"
Festschrift 1244 – 1994 Friedland

Werner Beumelburg
„Sperrfeuer um Deutschland"
Verlag Gerhard Stabing, Oldenburg

J. Dorfmüller
„Wilhelm Sauer – weltbekannter Orgelbauer aus Friedland"
Friedländer Heimatblätter 3/1991

Siegfried Eckert
„Der Kreuzzug gegen die Wenden"
Nordkurier 6.12.1997

Frank Erstling
„Zur Ur- und Frühgeschichte – Die Bronzezeit
Friedländer Heimatblätter 3/1991

„Ur- und Frühgeschichte der Gemarkung Friedland"
Friedländer Heimatblätter 1989

„Zur Ur- und Frühgeschichte – Die Steinzeit"
Friedländer Heimatblätter 2/1990

„Die Germanenzeit"
Friedländer Heimatblätter 4/1993

„Die Slawenzeit"
Friedländer Heimatblätter 5/1993

„Die Stiftungsurkunde der Stadt Friedland"
Festschrift 1244- 1994 Friedland

K. U. Freiheit
    „Einige Betrachtungen zum Bestand an Häusern und Haushalten
    in Friedland nach dem II. Weltkrieg"
    Friedländer Heimatblätter 3/1991

Dr. Dietrich Grünwald
    „Friedland – Pflanzstätte des Turnens in Mecklenburg"
    Festschrift 1244 – 1994 Friedland

Heinz Günther
    „Aus der Friedländer Kirchengeschichte"
    Friedländer Heimatblätter 3/1991

„Das Friedländer Stadtwappen im Wandel der Zeit"
Friedländer Heimatblätter 1989

„Das Friedländer Handwerk im Wandel der Zeiten"
Friedländer Heimatblätter 2/1990

Lothar Hörig / Erwin Schulz
    „Die Kapelle zur Heiligen Gertrud vor Friedland"
    Friedländer Heimatblätter Nr. 6

D. Krüger
„Was geschah im Jahre 1945 in Friedland wirklich?"
Friedländer Heimatblätter 3/1991

Wolf-Dietger Machel
„Die Mecklenburg-Pommersche Schmalspurbahn"
Sonderausgabe der Friedländer Heimatblätter

Christian Madaus
„Der Aufstieg des Nationalsozialismus in Mecklenburg von 1924
bis 1932"
Verlag Stock + Stein GmbH Schwerin 1997

Achim Mayer
„Aus alten Friedländer Chroniken"
Friedländer Heimatblätter Nr. 6

„Kriegsdrangsale"
Friedländer Heimatblätter 4/1993

Hans Preininger
„Die Zeit der Wende in Friedland"
Friedländer Heimatblätter 3/1991

Dr. Volker Schmidt
„Archäologische Forschungen in der Friedländer Region"
Festschrift 1244 – 1994 Friedland

K. H. Schönbeck
„Carl Leuschner – Begründer des Friedländer Turnens"
Friedländer Heimatblätter 1989

„Traditionslinie und Traditionspflege im Friedländer Sport"
Friedländer Heimatblätter 1989

„Entstehungs- und Entwicklungsgeschichte der Fliesenwerke"
Friedländer Heimatblätter 1989

„Aus der Geschichte des Friedländer Volksschulwesens"
Friedländer Heimatblätter 4/1993

Alfred Schulz
    „Aus der Geschichte von Mecklenburg (995 bis zur Gegenwart)"
    Friedländer Heimatblätter Nr. 6

Joachim Schultz-Neumann
    „Mecklenburg 1946"
    Universitas-Verlag 1989

Karl Spietz
    „Das Anklamer Tor (Steintor)"
    Friedländer Heimatblätter 1989

„Das Friedländer Burgtor"
Friedländer Heimatblätter 2/1990

„Flurnamen im stadtnahen Bereich – Die Wallanlagen unserer Stadt"
Friedländer Heimatblätter 2/1990

G. Sprengel
    „Markttreiben in Friedland"
    Friedländer Heimatblätter 1989

Hartmuth Stange
    „Neue archäologische Forschungen in Friedland"
    Friedländer Heimatblätter Nr. 6

„Eine slawische Burg in Friedland"
Friedländer Zeitung 10/1996

Rainer Szczesiak
    „Archäologische Stadtkernforschung in Friedland"
    Friedländer Heimatblätter 4/1993

Otto Vitense
  „Geschichte von Mecklenburg"
  Lizenzausgabe für Weltbildverlag GmbH, Augsburg 1994

Prof. Dr. Horst Wernicke
  „Die Gründung der Stadt Friedland – Umstände und Ereignisse"
  Festschrift 1244 – 1994 Friedland

Bernd Wüstemann
  „Die Neubrandenburger-Friedländer Eisenbahn
  Friedländer Heimatblätter Nr. 6

Dokumentation II
  „25 Jahre Agrarpolitik der SED"
  Kulturhistorisches Museum Neubrandenburg

„725 Jahre Stadt Friedland – gestern-heute-morgen"
Festschrift Rat der Stadt Friedland 1969

„Großer Atlas zur Deutschen Geschichte"
Isis-Verlag AG Chur/Schweiz 1994

„175 Jahre Turnen in Friedland/Meckl."
Vorstand der BSG Traktor „Max Leistner", Friedland 1987

Friedländer Heimatzeitungen aus den Jahren
1908 – 1909 – 1912 – 1916 – 1919 – 1929 – 1930 – 1931 – 1939
  – 1940 – 1944

Chronik der Pfarrgemeinde St. cNorbert Friedland
(Handschrift)

Fotos: aus der Sammlung von Horst Neumann

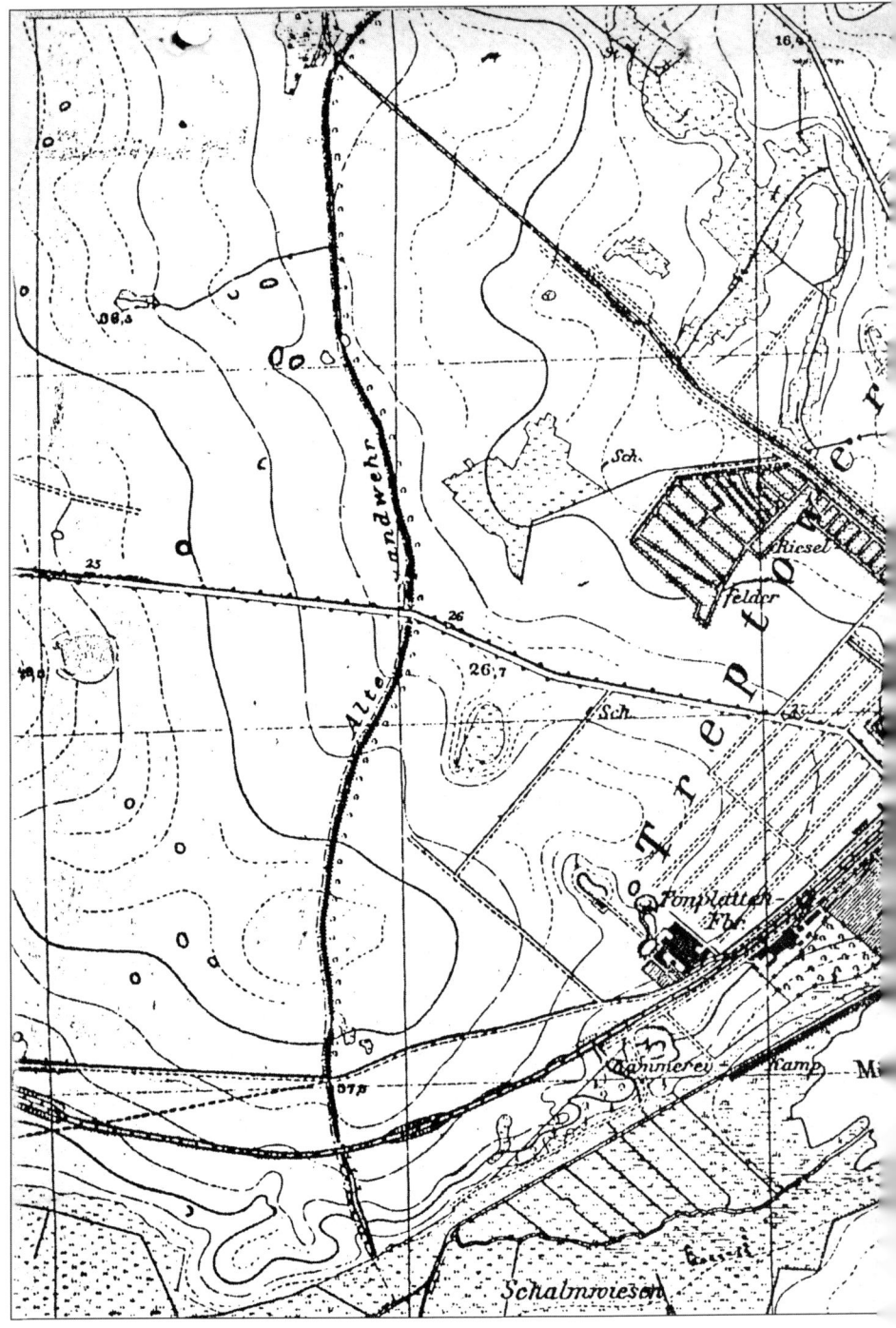

Meßtischblatt

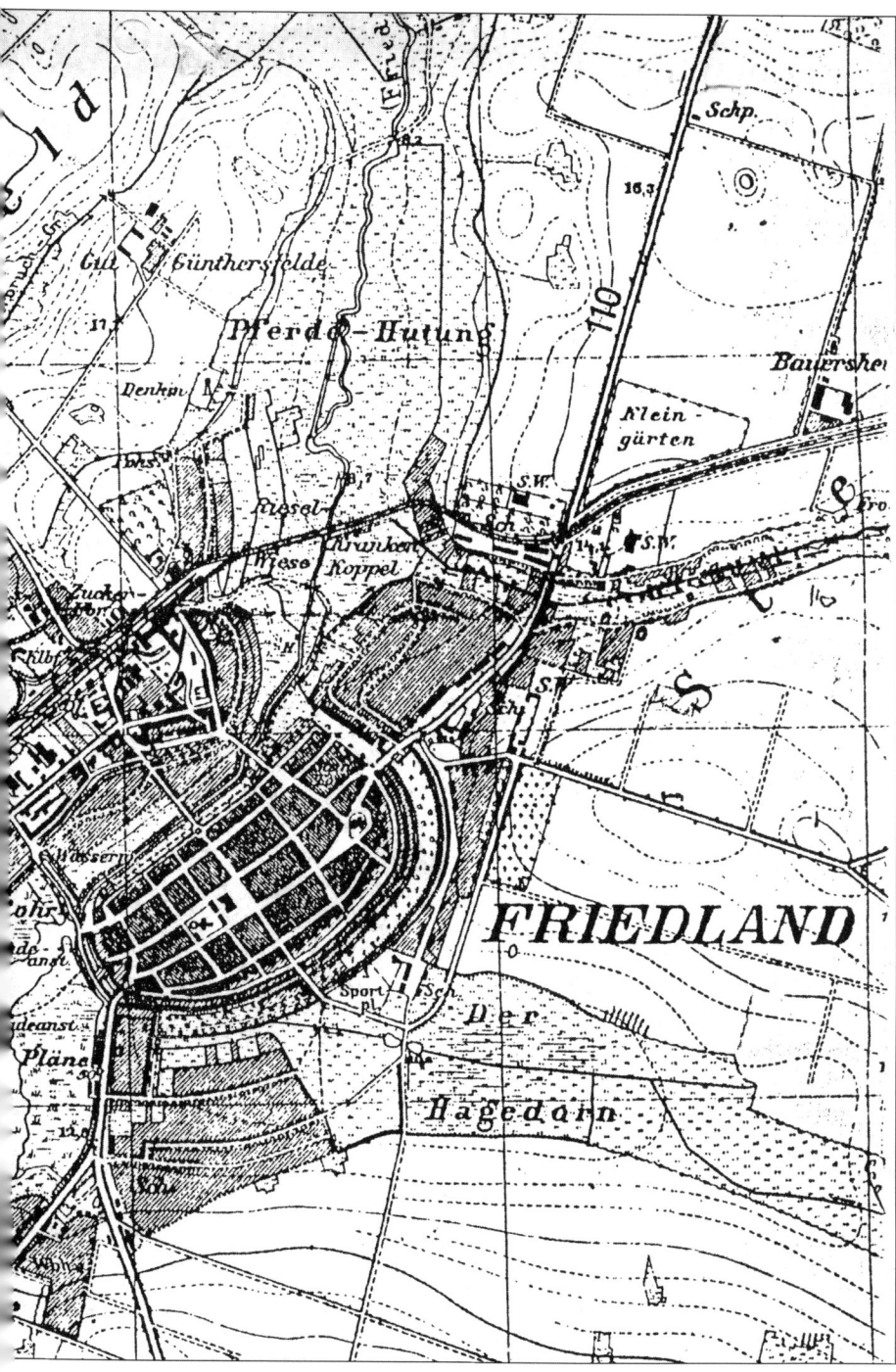

Stand 1936

Neubrandenburger Tor

Poggenpohl mit Feuerwehrturm